Herbert Jost-Hof / J. Martin Faulkner

Vintage-Glamour

Herbert Jost-Hof / J. Martin Faulkner

Vintage-Glamour

Geschichte als totales Designprinzip

Impressum

Bibliografische Informationen der Deutschen
Nationalbibliothek
Die Deutsche Nationalbibliothek verzeichnet diese
Publikation in der Deutschen Nationalbibliografie;
detailierte bibliografische Daten sind im Internet
über http://dnb.d-nb.de abrufbar.

ISBN: 978-3-95894-012-3

Korrektorat: Berenike Schaak

© Copyright: Omnino Verlag, Berlin / 2015
www.omnino-verlag.de

Inhaltsverzeichnis

Vorworte der Autoren   **8**

Herbert Jost-Hof: Der Beginn eines Abenteuers   8
J. M. Faulkner: Bekenntnisse eines Überzeugten   13

**I. Die Vintage-Bewegung in England –
Eine Spurensuche**   **20**

1. Am Anfang war das Wort –
Vintage im historischen Kontext   20
1.1 Vintage verstehen – Eine Begriffsdefinition   22
1.2 Die Ursprünge des Phänomens –
Von den 1960er-Jahren bis heute   31
2. Zeichen, nicht nur an der Wand –
Die Symbole der Vintage-Bewegung   42
2.1. Ein Satz mit unzähligen Variationen –
Keep calm and carry on   43
2.2 Heimweh mit Zuckerguss – Die Cupcakes   50
3. Die Säulen der Nostalgie –
Über die Quellen der Vintage-Begeisterung   53
3.1 Vintage-Pioniere – Die Vorreiter   53
3.2 Vintage (er)leben – Tanz und Bühne   62
3.3 Vintage zeigen und propagieren –
Der Einfluss der Medien   72
3.4 Vintage-Design und Mode –
Look und Glamour der Vergangenheit   95
3.5 Vintage kaufen und verkaufen –
Der Gebrauchtwarenmarkt   109
3.6 Vintage bewegen und bewegt sein –
Autos und Eisenbahnen   118
3.7 Vintage darstellen und vermitteln –
Lebendige Geschichte   124

**II. Klare Standpunkte – Gespräche über
die Vintage-Szene**   **142**

1. Dawn – Historikerin, Lehrerin und Künstlerin   146
2. James und Shona – Inhaber eines Modegeschäfts   158
3. Len – Zeitzeuge und Veteran   168
4. Lisa – Kuratorin der Kostümsammlung im Museum
Norwich   173
5. Natasha – Archäologin, Anthropologin und
Historikerin   179
6. Paula – Buchhalterin und Vintage-Anhängerin   186
7. Rob – Vintage-Unternehmer   193
8. Ruth – Kuratorin der Kostümsammlung im Museum
Norwich   198
9. Tracey – begeisterte Vintage-Anhängerin   204
10. Heidi – PR-Leiterin eines Museums   211
11. Sabine – Übersetzerin in Paris   220

**III. Theorien und Erklärungen –
Gedanken zur Urteilsfindung**   **224**

1. Überzeugungstäter und Mitläufer –
Menschen in der Vintage-Szene   224
2. Mode, Markt und Postmoderne –
Zur ‚Physik‘ der Vintage-Bewegung   236
2.1 Aspekte der Postmoderne –
Die Geschichte als Baukasten   237
2.2 Gesetze der Mode – Leben zwischen
Zugehörigkeit und Abgrenzung   252
2.3 Prinzipien des Marktes – Die Dynamik
sich selbst verzehrenden Feuers   259
3. Vintage aus Überzeugung, Frustration
oder einer Laune – Die soziologische Sicht   265
4. Das andere postmoderne Leben –
Außerhalb der englischen Vintage-Szene   274

Anhang

Danksagung   282
Abbildungsnachweis   283
Quellenverzeichnis   284
Online-Artikel   285
Anmerkungen   286

Vorworte der Autoren

Herbert Jost-Hof: Der Beginn eines Abenteuers

Eines Tages im Sommer 2013 betrat ich in der hessischen Kleinstadt, in der ich wohne, den Copy-Shop, machte die von mir benötigten Kopien und als ich an der Kasse stand, war ich doch sehr erstaunt, dort u. a. das Angebot eines Schokoladenriegels mit der Aufschrift *Keep calm and eat chocolate* (etwa ‚Bewahre die Ruhe und iss Schokolade‚‚) vorzufinden.

Herbert Jost-Hof in einer Bibliothek auf der Spur des Phänomens Vintage.

Was mich daran überraschte, war nicht der Umstand, dort Süßigkeiten kaufen zu können. Schließlich leben wir in einer Zeit, in der Post-Filialen Reisegutscheine anbieten und in der man an jeder Tankstelle nicht nur seinen Wagen mit Benzin, sondern auch sich selbst mit Sekt und anderem Alkohol betanken kann. Nein, meine Verwunderung galt der Aufschrift dieses Riegels und ihres Layouts, das eindeutig eine der unzähligen Varianten des in England enorm verbreiteten Slogans

Keep calm and carry on (etwa ‚Bewahre die Ruhe und mach' weiter,‚) darstellt.

Er ist inzwischen zu so etwas wie einem der Symbole der britischen Nostalgie-Bewegung geworden, weshalb er auch in diesem Buch entsprechende Würdigung erfahren wird. Also hatte es dieses Zeugnis eines in Deutschland wenig bis gar nicht bekannten Phänomens nun auch zu uns geschafft, obwohl die meisten Menschen hier kaum von seinem Ursprung oder seiner Bedeutung wissen. Was übrigens auch für mich selbst gegolten hätte, wäre ich zu diesem Zeitpunkt nicht schon eine gewisse Zeit lang mit der Betrachtung der englischen Vintage-Szene befasst gewesen. Was, wie die meisten Dinge im Leben, durchaus nichts mit Zufall zu tun hat.

Ein Schokoriegel mit Botschaft: Keep calm and eat chocolate.

Tatsächlich glaube ich, es war unvermeidlich, dass mein englischer Partner (John) Martin Faulkner und ich uns dazu entschlossen, dieses Buch zu schreiben. Wenn auch unser Interesse an dem Gegenstand auf unterschiedlichen Motivationen beruht und wir ihn aus verschiedenen Perspektiven betrachten, erscheint es fast natürlich, dass wir uns auf jenen Prozess einließen, der schließlich den Ihnen vorliegenden Text hervorgebracht hat.

Am Beginn unseres Projekts erschienen viele Dinge noch vage. Es gab Ideen und Theorien in Hülle und Fülle und wir wussten von Anfang an, wir würden eine Menge recherchieren und eine Reihe von Menschen befragen müssen, die in unterschiedlicher Form Teil der Vintage-Bewegung sind oder ihr nahestehen. Mit jeder neuen Information, jeder neuen Meinungsäußerung, die uns erreichte, wurde der Gegenstand zunehmend komplexer und interessanter. Als wir uns schließlich mit dem Einfluss der (Massen-)Medien befassten, kamen wir an einer Person und ihrem Werk nicht vorbei: Agatha Christie. Sie ist nicht nur unerreicht in ihrem Erfolg als Kriminalschriftstellerin. Niemand anderem ist es gelungen, die Essenz des Britisch-Seins so einzufangen und zu transportieren, wie sie es in ihren Geschichten getan hat. Seit Jahrzehnten leben Millionen und Abermillionen Menschen in England und der ganzen Welt mit den von ihr geschaffenen Bildern und Vorstellungen typischer englischer Kultur in ihren Herzen und ihren Köpfen. Das ist ein bedeutender Teil des großen Vermächtnisses dieser ungewöhnlichen Frau. Mit dem insgesamt so anheimelnden, obwohl immer wieder von Morden erschütterten ländlichen Idyll einer *Miss Marple* und mit der hohen Kunst des Tötens in der gepflegten Atmosphäre der Englischen Oberschicht, in der *Hercule Poirot* stets aufs Neue zum Einsatz seiner berühmten grauen Zellen animiert wird, hat sie einen zeitlosen und höchst attraktiven, das Publikum und seine Phantasie vereinnahmenden und prägenden Entwurf britischer Realität geschaffen, der wesentlich mit der Zeit der 1920er bis 1950er-Jahre verbunden ist. Bei eingehenderer Betrachtung ihrer unsterblichen Kriminalisten stießen wir zu unserem Erstaunen auf eine gewisse Parallele zu unserer eigenen Arbeit an diesem Buch. Miss Marples Genialität beruht darauf, dass sie ein Insider ist, hingegen ist Hercule Poirot als Belgier ein Außenstehender. Miss Marples Brillanz beruht auf ihrer Intuition, die sich auf ihre Erfahrung mit ihren Mitmenschen stützt, Poirots hingegen auf seinem Verstand. In gewisser Weise sind unsere Voraussetzungen und Ansätze ähnlich ... Martin ist Engländer und ich bin Deutscher ... er war ein Teil der Vintage-Bewegung und ist so durchaus emotionaler beteiligt, während ich sie mit dem distanzierten und sachlicheren Blick eines interessierten Forschers betrachte ...

Anders als Mrs. Christies findige Charaktere nehmen wir nicht in Anspruch, diesen von uns übernommenen Fall zu lösen. Es bleibt Ihnen überlassen, sich einen Eindruck von der Vintage-Bewegung zu verschaffen und sich vielleicht auch über dieses sehr interessante soziale Phänomen ein Urteil zu bilden. Im ersten Teil des Buches werden wir so zunächst einige Facetten der überaus lebendigen, großen und vielgestaltigen Vintage-Szene aufzeigen. Es ist jedoch unmöglich, all ihren Protagonisten männlichen oder weiblichen Geschlechts gerecht zu werden, all ihren Motiven nachzuspüren, ihre Stimmungen und Meinungen wiederzugeben. Selbst wenn in diesem Zusammenhang etwas Ähnliches wie die üblichen Verdächtigen existieren sollten, wären das noch immer zu viele, um sie alle hier zu zitieren.

Martin Faulkner kann aufgrund seiner persönlichen Vorgeschichte und seiner Interessen aus persönlichem Erleben berichten und wird das hier auch tun: Überall dort, wo im ersten Teil des Textes Passagen in einer anderen Typografie gedruckt sind, spricht er gewissermaßen direkt zu Ihnen, um Sie an seinen Erinnerungen, Erfahrungen und Gedanken teilhaben zu lassen. Wir werden Ihnen Definitionen, Fakten und Interpretationen präsentieren, manchmal auch sehr persönliche Stellungnahmen, die auf eigener Wahrnehmung und Erfahrung beruhen.

Im zweiten Teil werden wir Ihnen einige Menschen vorstellen, die wir interviewt und zu ihren Erlebnissen, Meinungen und Einschätzungen befragt haben. Der dritte Teil des Buches ist gewissermaßen der Theoriebildung gewidmet. Es geht darum, einige wichtige Begriffe des wissenschaftlichen Diskurses einzuführen und die Vintage-Bewegung zu ihnen in Bezug zu setzen. Wir erachten das als erforderlich, um zu erklären, wie diese Bewegung im heutigen England zu verstehen ist, welche Rolle sie spielt für die Menschen, die sich ihr in unterschiedlichem Maße und in verschiedener Form angeschlossen haben und worin ihre gesamt-gesellschaftliche Bedeutung besteht.

John Martin Faulkner: Bekenntnisse eines Überzeugten

Als ich gefragt wurde, ob ich mir vorstellen könnte, mich an diesem Projekt zu beteiligen, war ich zunächst besorgt, dass es nicht genügend Material gäbe, um solch ein Buch zu füllen. Was ließ sich schon sagen über die Vintage-Bewegung, das nicht allein durch ihre bloße Existenz für den Beobachter und erst recht den Beteiligten ganz und gar offensichtlich war? – Wie sehr ich mich irrte!

John Martin Faulkner: Künstler und Therapeut, im Garten von Buckingham Palace.

Nachdem wir einmal begonnen hatten, erkannten wir rasch, die Büchse der Pandora geöffnet zu haben; und wir stellten fest, dass jeder Weg, dem unsere Recherchen folgten, zu einem anderen führte, an den wir vorher nicht gedacht hatten – mit Kreuzungen und Sackgassen, Einbahnstraßen, Doppelbödigkeiten, unerwarteten Verbindungen, woraus sich die Notwendigkeit ergab, auch auf die allerkleinsten und mitunter unwahrscheinlichen Hinweise zu achten. Dieser ganze Prozess hat mich wiederholt dazu geführt, meine eigenen Empfindungen gegenüber der Vintage-

Szene zu überprüfen und hat mein Verständnis für ihre Ursprünge und für die Motivationen der an ihr beteiligten Menschen vertieft. Das wiederum hat sich als extrem nützlich dafür erwiesen, meine persönliche Rolle in der Szene und die meiner Arbeit für die Szene besser zu verstehen und in Folge dessen zu verfeinern. Es war höchst faszinierend und ich habe sehr viel daraus gelernt. Bedeutsam daran ist, dass ich nach 30 Jahren aktiver Mitgestaltung in der Szene mein Wissen, meine eigenen Motive und Ziele als bekannt annahm, wie man das eben so tut. Die Arbeit an dem Buch veränderte das und wurde in gewisser Weise für mich zu einem Stück Selbstfindung und -erkenntnis. Meiner Arbeit hat das gut getan, ein sehr willkommener Nebeneffekt, wie ich zugeben muss.

Aber vielleicht sollte ich Ihnen kurz umreißen, wer ich bin und wie ich dorthin gekommen bin, wo ich mich jetzt befinde. Ich wurde in einer Zeit geboren, die in Großbritannien das Ende einer Ära darstellte: die der Dampflokomotiven. Wir lebten in London, gleich neben dem größten Rangierbahnhof im Norden der Stadt, der entsprechend die nördlichen Express-Routen bediente. Da selbst noch in den 1960er-Jahren die bezahlbaren Vergnügungen rar waren für junge Ehefrauen von einfachen Seeleuten, wie meine Mutter eine war, gingen wir oft den steilen Hügel hinauf zur Brücke über die Bahngleise, wo wir uns dann bei gutem Wetter eine Weile niederließen und den Zügen zusahen, die kamen und gingen, darunter auch einige der letzten mit Dampf getriebenen Lokomotiven. Damals entfachte sich meine Leidenschaft zu Dampflokomotiven. Als ich vier Jahre alt war, bekam ich zu Weihnachten einen aufziehbaren Zug, zwei Jahre später eine elektrische Eisenbahn. Selbst in diesem Alter konnte ich erkennen, dass Dampfmaschinen etwas waren, was in eine Zeit gehörte, die man Vergangenheit nannte und die vor meiner Geburt lag. Ich weiß noch, wie sehr ich mir wünschte, in ihr zu leben. Wenn man einmal anfängt, sich ernsthaft in Bücher über Eisenbahnen zu vertiefen oder seiner Anlage Zubehör hinzuzufügen, bekommt man notwendigerweise einen Blick dafür, wie Dinge aussehen oder auszusehen haben – Häuser, Lieferwagen und andere Autos, Menschen. Ist man, wie ich es bereits als Kind war, zumindest ein wenig obsessiv, verspürt man natürlich den Ehrgeiz, all diese Details wirklich möglichst authentisch zu gestalten. Also befasst man sich ganz intensiv mit entsprechender Literatur und mit Fotografien von Zügen in Bahnhöfen und Landschaften. Die Tatsache, dass meine Eltern mich auch seit meiner frühen Kindheit mit *Matchbox*-Spielzeugautos beschenkten, führte unweigerlich zu einer ähnlichen Liebe für Oldtimer. Nun wurden Eisenbahn und Autos zwar nicht nur erfunden, um Menschen zu transportieren, aber wenn diese Menschen zu den Zügen und Autos passen sollten, mussten sie die richtige Kleidung der jeweiligen Zeit tragen. Sie ahnen schon, wohin das führt. Nehmen Sie als letzte Bedingung noch hinzu, dass ich schon immer gemalt habe, seit ich auch nur einen Stift halten konnte und später das Zeichnen zu meiner anderen großen Leidenschaft wurde, dann ist wohl klar, dass ich mich damit beschäftigte, Züge und Autos mit Menschen und allem Zubehör zu zeichnen und später auch damit, meine eigenen Modelle zu bauen. Das bis dahin noch sehr rudimentäre und eher beiläufige Interesse an Mode bekam eine Initialzündung, als ich neun Jahre alt war und zum ersten Mal den Film *Thoroughly Modern Millie*[1] sah, wodurch ich augenblicklich auf die Mode der 1920er-Jahre als Thema fixiert wurde. Ich erinnere mich, dass ich schon am nächsten Tag vor meinem Skizzenbuch saß und aus der Erinnerung Kostüme aus dem Film nachzeichnete, speziell die, die Julie

Andrews getragen hatte. Dieser Film ist mir für immer ans Herz gewachsen und ich kann ihn auch heute noch sehen, ohne mich im Geringsten dabei zu langweilen. Bleiben wir bei den Verbindungen, dann ist das letzte Puzzle-Teilchen die Musik, die untrennbar mit Tanz und Mode verbunden ist. Meine Mutter war in den 1950er-Jahren aufgewachsen und liebte die Musik dieses Jahrzehnts. Dadurch, dass sie in meiner Kindheit diese Lieder zu Hause gespielt hat, nahm sie auch Einfluss auf meinen Musikgeschmack. Dergestalt früh geprägt und durch die Art, wie sich diese Musik mit meinen anderen Interessen harmonisch verbinden ließ, konnte ich wohl nie zeitgenössischer *Pop*-Musik etwas abgewinnen. Mein Geschmack schien vom Jahr meiner Geburt an rückwärtsgewandt und entwickelte sich über *Rock'n'Roll*, *Swing*, der Musik britischer Tanzorchester, frühem *Jazz* und *Ragtime* zur klassischen Musik hin. Als die Zeit nahte, die Schule zu verlassen, wusste ich, ich wollte Künstler werden; dementsprechend war eine Kunsthochschule die naheliegende Wahl. Ich spezialisierte mich auf Grafisches Design und Illustration. Es war nicht schwer zu entscheiden, mich auf die Reproduktion der Stile jener Zeiten zu konzentrieren, die ich kannte und so sehr liebte. Genau das tat ich, sobald ich genügend professionelle Erfahrung gesammelt hatte, um mich selbständig zu machen. Ich erstand einen *Morris Minor aus den sechziger Jahren*, der allerdings in dieser Form unverändert seit 1948 produziert worden war, was ihn für mich akzeptabel machte. Er ist die englische Variante eines amerikanischen *Holzkombis* aus den 1940er-Jahren. Natürlich begann ich auch, mich passend dazu im Stil der 1940er-Jahre zu kleiden. Dann kam eine unerwartete, jedoch in der Rückschau fast unvermeidliche Wendung: Meine Cousine Monica, mit der ich aufgewachsen war, wollte Tanzen lernen, um bei der Weihnachtsfeier der Firma, für die sie arbeitete, ihren Chef zu beeindrucken. Dummerweise hatte sie niemanden, der sie als ihr Tanzpartner begleiten würde. Ich war schrecklich schüchtern zu dieser Zeit und blieb lieber im Hintergrund. Doch meine Mutter gab mir einen Schubs und sagte: „Du magst doch Tanzmusik und wolltest immer lernen, wie man tanzt – warum nutzt du nicht diese Gelegenheit?". Mir ist gut in Erinnerung, wie wenig mir diese Aufforderung gefiel. Auch wenn ich dem Argument widerwillig zustimmen musste, schätzte ich es überhaupt nicht, dergestalt in die Enge getrieben zu werden. Wir suchten uns also eine Tanzschule in der Nähe und ich war von Anfang an begeistert. Nachdem ich all die Jahre als Kind und Jugendlicher immer völlig unsportlich gewesen und jegliche Form physischer Ertüchtigung nach Möglichkeit vermieden hatte, war wohl niemand mehr überrascht, als ich selbst, in mir einen Tänzer zu entdecken, für den diese Art der Bewegung völlig selbstverständlich, natürlich und hochgradig motivierend war. Als Monica schließlich über ihre Katze stolperte und sich die Zehen brach, machte ich ohne sie weiter, mit immer größerer Begeisterung, bestand sämtliche Prüfungen und wurde zu einem professionellen Tänzer. So verdanke ich dieser Katze eine ganze Menge. Denn als Monica ausfiel, lernte ich die Dame kennen, die schließlich meine professionelle Tanzpartnerin werden sollte.

Wir wurden *Ruby Fox und Johnny Martin*, die originäres Entertainment im Stil Hollywoods boten u. a. im Auftrag der berühmtesten Hotels und Clubs in London und in bedeutenden TV-Produktionen wie etwa *Poirot*.

Eine weitere bizarre Wendung des Schicksals brachte mich später zusammen mit meiner nächsten professionellen Tanzpartnerin, *Miss Dawn Purkiss*, der Gründerin und Direktorin der Tanz- und

Theatercompagnie *Baroque' n' Roll*, der ich mich als Erster Tänzer und künstlerischer Direktor anschloss. Die Gruppe deckt mit ihrem Repertoire Tänze aus 500 Jahren ab, von 1485 bis 1960. Unser Einsatzgebiet reichte von *First Class* Hotels über private Veranstaltungen und Kostümfeste bis zu Museen und Unterrichtseinheiten in Schulen.

J. M. Faulkner als Johnny Martin, Pionier der Vintage-Bewegung, in den 1980er-Jahren.

Obwohl ich heute nicht mehr als Tänzer auftrete, bin ich noch immer im Bereich Bildung und Erziehung in vielfältiger Weise aktiv. Dazu gehören Vorträge zu kulturgeschichtlichen Themen anlässlich wissenschaftlicher Veranstaltungen wie des Internationalen Symposiums der *Costume Society* 2013 in Norwich, aber auch speziell produzierte historische Programme für Veranstaltungen wie *Village At War* (Dorf im Krieg) des Museums Gressenhall sowie die Beratung von öffentlichen Einrichtungen wie der Textilsammlung des Museums der Stadt Norwich.
Heute fließen all die unterschiedlichen Vorlieben und Erfahrungen meines Lebens in meiner Arbeit zusammen und formen eine Einheit. Das ist ein gutes Gefühl und ich bin dafür sehr dankbar - nicht zuletzt, weil mich mein Weg nun hierher geführt hat, zur Arbeit an diesem

Buch, das Sie in Händen halten und von dem ich hoffe, es wird Ihnen Freude bereiten und vielleicht auch ein paar Anregungen und Einsichten vermitteln.

I. Die Vintage-Bewegung in England – Eine Spurensuche

1. Am Anfang war das Wort – Vintage im historischen Kontext

Wenn Sie das Wort Vintage in Ihre Internet-Suchmaschine eingeben, wird Ihnen sogleich ein ebenso interessantes wie imposantes und aufschluss-

„Nur wo ‚Vintage‚‚ draufsteht …" – Die Büchse der Pandora für alle, die sich mit dem Phänomen befassen.

reiches Angebot von Definitionen und Verweisen präsentiert werden: *Absolute Vintage*, *Vintage Home*, *vor retro*, *vintage* als qualifizierende Altersangabe für Wein – hier liegt der Ursprung des Begriffs, der sich deshalb nicht wirklich ins Deutsche übersetzen lässt –, für Automobile, Definitionen von Jahresangaben, im Zusammenhang mit Möbeln, *Shabby Chic* und bezeichnenderweise sogar die Frage, ob die Begriffe Vintage und Antik die gleiche Bedeutung haben. Im Zusammenhang mit Kleidung hat sich eingebürgert, damit alles zu bezeichnen, was über 20 Jahre alt ist[2]. Geht es um Autos, werden Fahrzeuge mit diesem Begriff belegt, die zwischen 1919 und 1930 gebaut worden sind, je nachdem, wer das Wort benutzt. Weiter gefasst kann es alles von 1919 bis 1945 oder sogar 1960 einschließen – und dann haben wir da ja noch *post-vintage*, *klassisch*, von der Verwendung für Weine ganz zu schweigen. Es ist ziemlich verwirrend. Wir als Autoren dieses Buches vertreten natürlich unsere eigene Meinung zu dieser Frage, die innerhalb unserer Ausführungen ihren Ausdruck finden wird. Klar ist, das wird niemand bestreiten, der die gegenwärtige Pop-Kultur in England beobachtet, dass Vintage sich zu einer Massenbewegung entwickelt hat[3], mit allen dazugehörigen bzw. daraus folgenden Konsequenzen. Während der letzten etwa zehn Jahre hat sich eine regelrechte Explosion der Vintage-Szene vor allem in England und sehr viel reduzierter auch in einigen anderen Ländern ereignet. In Großbritannien begann sie als eine zunächst in ihrem Umfang und ihrer Beachtung sehr beschränkte, etwas absonderliche, exzentrische, altmodische (soweit der

Kleidungsstil und die Musik betroffen sind) Angelegenheit, die teilweise mitunter Elemente des *Underground* aufwies. Doch sie entwickelte sich bis heute zu einer inzwischen sogar stilistisch tonangebenden *Mainstream*-Bewegung von großer Bedeutung – nicht allein für ihre Anhänger[4], sondern für die gesamte populäre Kultur in England und damit auch für die Wirtschaft und die Gesellschaft. Anders gesagt: Niemand mit einem Bewusstsein davon, was in England auf der Straße, in den Geschäften und in den Medien vor sich geht, kann die Existenz und Beliebtheit der Vintage-Szene leugnen. Sie ist allgegenwärtig und sie ist in vielerlei Hinsicht prägend, als signifikanter Einfluss auf Design und als Mode-Trend, als selbstgewählter Lebensstil von Enthusiasten und Puristen. Tatsächlich haben unsere Recherchen, zu denen nicht zuletzt auch eine Reihe von Interviews gehörte, zu unserem eigenen Modell dieses Massenphänomens geführt, das wir speziell im dritten Abschnitt des Buches darstellen und erläutern werden. Zuvor werden wir uns jedoch mit der Geschichte der Vintage-Bewegung beschäftigen und einige ihrer wichtigsten Einflüsse betrachten.

1.1 Vintage verstehen – Eine Begriffsdefinition

Die Frage, was Vintage ist, lässt sich wohl nur beantworten, wenn man versucht, zwischen der sich natürlich vollziehenden Entwicklung und der öffentlichen Akzeptanz eines Stils oder einer Bewegung eine Art Ausgleich herzustellen. Dieses Gleichgewicht kann sich im Laufe der Zeit jedoch immer wieder verschieben: Erhält ein Stil oder eine Bewegung eine etwas größere Anerkennung, verändern sich auch seine Natur und seine eigenen oder ihm zugeschriebenen Definitionen und damit sogleich das, was *per definitionem* mit ihm assoziiert wird. So hat z. B. der Begriff Art Déco gar nicht existiert, bis in den 1960er-Jahren eine Neubelebung des Stils einsetzte und er wieder modern und damit auch diese Bezeichnung geprägt wurde[5]. Zuvor hatte sich die Bezeichnung ausschließlich auf die Pariser Ausstellung *Arts Décoratifs* von 1925 bezogen[6] und vieles von dem, was wir heute unzweifelhaft mit dem Ausdruck Art Déco belegen, war *Stromlinienform, Moderne, Bauhaus, Modernismus* – alles unterschiedliche und eigenständige Design-Bewegungen. Wer genau hinsieht, wird feststellen, dass nicht alles, was in den 1920er- und 1930er-Jahren entstand, Art Déco ist[7] und nicht alles, was Art Déco ist, aus den 1920er- und 1930er-Jahren stammt. In Amerika beispielsweise, wo Design und Produktion weniger vom Zweiten Weltkrieg beeinflusst waren, wird Art Déco als bestimmend von 1920 bis 1950 wahrgenommen. In England war sein Einfluss in der Vorkriegszeit eher zufällig als absichtlich spürbar, dafür jedoch noch immer präsent in den Fünfzigern und den frühen *Sixties*. Hinsichtlich Kunst und Design hat er seine Ursprünge, besonders auf dem Europäischen Kontinent, bereits um 1909 oder sogar schon früher, wenn man nicht nur seine frühesten auffindbaren Ausdrucksformen, sondern seine Manifestation in den Arbeiten von Designern wie *Mackintosh* und der *Wiener Sezession* berücksichtigt, obwohl diese dem Jugendstil zugerechnet werden. Ähnliches gilt für den Gebrauch des Begriffs Antiquität innerhalb des Antiquitätenhandels. Normalerweise muss ein Gegenstand wenigstens 100 Jahre alt sein, um das Etikett *antik* rechtmäßig zu tragen. Je weiter die Zeit also voranschreitet, desto mehr Dinge, die einst *modern* waren, werden antik. Die Beschleunigung in der Weise, wie wir neue Artikel und neue Stile produzieren und konsumieren, hat zur Folge, dass überall diese 100-Jahre-Regel immer weiter reduziert wird und Gegenstände, die deutlich jüngeren Datums sind, heute durchaus als antik akzeptiert werden. Dies gilt insbesondere, wenn sie auch als Stücke von klassischem Design angesehen werden, was als akzeptabler Wertmaßstab erachtet wird. Die Parallele hierzu im Kontext der Kleidung ist, dass wir vor 25 Jahren *post-antike* Garderobe als *zeitgeschichtlich* bezeichneten und mit Vintage und Retro alles gemeint war, was sich nach 1950 entwickelt hat. Jetzt sind diese Grenzen erheblich verwischt. Eine Schwierigkeit besteht darin, dass heute die Moden schneller wechseln, als die Gesellschaft als Ganzes sie so aufnehmen kann, wie sie es in der Vergangenheit getan hat. Von etwa der Wende des 19. Jahrhunderts bis ungefähr zu den 1980er-Jahren hielt sich jede unterschiedliche und klare Mode für etwa ein Jahrzehnt, bevor die Zeit reif für den nächsten Wechsel war.

Doch seit den 1980er-Jahren haben sich Kleidermoden, visuelle Kunst und Ausstattungsdesign aufgesplittert und ihre Richtung verloren, wobei sie sich heftiger Anleihen, insbesondere bei den Stilen der

Vergangenheit, bedienten. Mag sein, das ist ein Zeichen dafür, dass wir unsere Identität und das Verständnis für unseren Platz in der Geschichte verloren haben, etwas, was früher selbst in Zeiten großer Traumata, sozialer oder politischer Umbrüche einfach nicht geschehen ist. Wenn überhaupt ein Effekt auftrat, so schien er sogar in einer Stärkung der visuellen Identität der Gesellschaft zu bestehen. Das frappierendste Beispiel hierfür ist die Zeit des Zweiten Weltkriegs, die eine unglaublich starke, sofort erkennbare visuelle Identität hervorbrachte. So ist die Popularität des Vintage-Stils vor allem auf die 1940er-Jahre fokussiert, was auf den ersten Blick sehr ironisch wirkt, aber auch darüber Aufschluss gibt, wie unsicher und instabil unsere Gegenwart und Lebenswelt empfunden wird: mit ihrem Klima aus wirtschaftlicher Rezession, Umweltzerstörung, Auflösung der biologischen und sozialen Geschlechterrollen und -identitäten und Generationszugehörigkeit, der unsicheren Arbeitsmärkte und politischen Ungereimtheiten. Vielleicht kann aus dem Rückbezug zu einer Zeit stärkerer Identität gefolgert werden, dass die Essenz der subtilen und authentischen Bedeutung des Begriffs Vintage nicht die Idee einschließen muss, den Ursprung des jeweiligen Gegenstands oder des Stils an sich in einer anderen Zeit zu verorten. So dass es eher darum geht, ihn als Manifestation klassischen, ästhetisch ansprechenden Designs und hochwertiger Verarbeitung zu erkennen, egal aus welcher Periode er stammt. Das bedeutete dann, es geht um den diesen Vorgaben entsprechenden, in ihm verkörperten *Geist*, um Vorstellungen von Schönheit,

Funktionalität, Eleganz und Qualität.

Bis vor kurzem wurde der Begriff Vintage im Zusammenhang mit Kleidung mehr in Amerika als in England benutzt. Hierbei hat sich vor allem bei Kleidungsstücken die Bedeutung ‚mehr als 20 Jahre alt‘ eingebürgert.

Doch diese Definition bezieht sich tatsächlich eher auf den Modetrend der angesagten Geschäfte: eine Vermischung aus wiederaufbereiteten Stilen und Modeeinflüssen der Vergangenheit plus kommerziellen *Recyclings* oder *Upcyclings*, wie es jetzt genannt wird, von *Secondhandkleidung*, das oft sogar eine Überschneidung aufweist zu jenem Stil der 1980er-Jahre, den wir noch als *Grunge* kennen.

Auch Mainstream-Mode-Labels haben Vintage-Kollektionen aufgelegt. Der Begriff, mit dem diese Dinge richtiger bezeichnet werden sollten, ist *Retro* – das heißt: heute produziert, aber mit Referenzen an den Stil der Vergangenheit versehen. Ist es eine Kopie oder so eindeutig dem Erscheinungsbild einer bestimmten, vergangenen Zeit nachempfunden, dass es als Original durchgehen könnte, dann ist dies eine *Reproduktion*. Für einen Gegenstand jedoch, der tatsächlich aus einer früheren Epoche stammt, aber noch eindeutig *post-antik ist*, verwendet man in der Regel die Bezeichnung *Vintage*. Wo genau und wann der entscheidende Zeitpunkt angesetzt wird, der die Klassifizierung als Vintage rechtfertigt, bleibt Ansichtssache. Doch selbst wenn man großzügig ist, sind 20 Jahre in der Vergangenheit ein wenig willkürlich. Sicher, wenn wir uns eines Adjektivs bedienen, das ursprünglich dazu genutzt wurde, die

„Klassisch" oder „vintage" – oder beides: ein Rolls Royce von 1929.

Exzellenz von Weinen und Automobilen einer bestimmten Zeit zu beschreiben, dann muss das Wort Vintage das Konzept eines Klassikers zum Ausdruck bringen. Das heißt, es muss eine Güte von andauerndem Wert, gutem Geschmack und zeitloser Qualität beschreiben, deren herausragende Erscheinung von allen Moden unberührt bleibt.

Vintage also, sofern es um Kleidung, eine bestimmte Lebensart, Inneneinrichtung, Produktgestaltung, Musik, Geschmack und Stil generell geht, lässt sich definieren als einen verkürzenden Ausdruck für etwas, das aus der Zeit von 1918 bis 1963 stammt und diese wiederbelebt bzw. nachempfindet. Dabei seien die geneigten Leser stets daran erinnert, dass es hier um eine Betrachtung der Verhältnisse in England geht. Hinsichtlich des Stils, des kulturellen Wandels, technischer Innovation und Stabilität, lässt sich erkennen, dass die Viktorianische Ära[8] eine sehr deutlich konturierte Periode war. Gleiches gilt für die ihr nachfolgende, wesentlich kürzere Epoche, die Ära König Edwards[9]. In den 1920er-Jahren stoßen wir dann auf eine augenfällige Veränderung in Aussehen, Haltung und Geist, die bis zur nächsten größeren kulturellen Revolution in den 1960er-Jahren weitgehend unverändert fortbestand. Diese wiederum begann etwa 1964 mit jener Moderevolution *Mary Quants*, mit dem Massenerfolg des Minirocks und des *Chelsea Looks* und mit den *Beatles*. Und es sind oftmals wirklich diese Zeit, die jeweiligen Qualitäten und Werte, ihre Lebensweise, ihr Stil etc., wonach es Menschen, die sich in der Vintage-Szene bewegen, wirklich verlangt. Bei allem, was danach kam und als *zeitgenössisch* verstanden wird, ist einfach noch nicht genügend Abstand gegeben, um es als vintage zu bezeichnen. Und wenn dieses Verlangen nach etwas, das wir als besser empfinden als die Gegenwart, einen hohen Grad an Nostalgie enthält, so ist vielleicht die deutsche Bedeutung des Wortes *Nostalgie* hier mehr als zutreffend: Heimweh, die Sehnsucht nach etwas Vertrautem. Uns erscheint in der Tat *Nostalgie* sehr viel klarer zu definieren, worum es in dieser Bewegung geht. In England sind bisher die Begriffe *nostalgic* und vintage immer klar getrennt benutzt worden. Vielleicht, da Vintage als mit mehr Stil versehen und *cooler* erschien. *Nostalgie* war immer eher jenes Gefühl, das Mütter und Großmütter für altmodische Sachen empfanden. In einem populären Verständnis bezieht sich Vintage auf das vordigitale Zeitalter und beschreibt ein Gefühl der Sehnsucht und Rückbesinnung nach *Heimat* und der Suche nach den eigenen Wurzeln. Vielleicht aber wurde *Nostalgie* auch nur in solch inflationärem Maß benutzt (ähnlich wie heute Vintage), dass die wahre Tiefe seiner Bedeutung verlorenging. Vintage im Kontext dieses Buchs ist modern aber nicht zeitgenössisch, vergangen aber nicht alt-modisch, charmant aber noch immer stylish und definitiv klassisch. Es erscheint uns dabei nicht als Zufall, wenn in einem populäreren Verständnis (z. B. einfach ‚älter als 20 Jahre‘) Vintage sich wirklich auf das vor-digitale Zeitalter bezieht.

Die Vintage-Bewegung, auch wenn sie sich selbst entsprechender Errungenschaft bedient, ist – so eine unserer Thesen – eine Reaktion auf jene Gesellschaft,

Vintage, so weit das Auge sieht: Ausstellung im „50er-Jahre-Museum"
in Büdingen (2014).

die dieses digitale Zeitalter hervorgebracht hat. Ein Gedanke, der, wie wir zeigen werden, ein tieferes Verständnis dafür vermittelt, warum dieses Phänomen überhaupt existiert, vor welchem Hintergrund und mit welcher Motivation es entstehen konnte und was es schließlich ausgelöst hat.

Bei all dem stellt sich jedoch die Frage, aus welchen Gründen wir uns nur so stark zu einer vergangenen Epoche wie der Zeit des Zweiten Weltkriegs hingezogen fühlen, die durch so viel Gewalt, extreme Belastungen, Härten, Gefahren und Traumata geprägt ist.

1.2 Die Ursprünge des Phänomens – Von den 1960er-Jahren bis heute

Die 1960er-Jahre waren höchst bedeutend für die Entstehung dessen, was wir heute als Vintage-Bewegung bezeichnen. Aufgrund der erschütternden kulturellen und sexuellen Revolutionen, die sich damals vollzogen, waren sie vielleicht auch der Beginn einer Gegenrevolution, eines Rückzugs zu allem, was vertraut und sicher war – um an Werten und Stilen festzuhalten, von denen man bereits sehen konnte, dass sie bald überholt und verschwunden sein würden[10].

In der Regel muss immer eine gewisse Zeit vergehen, bevor etwas wiederbelebt werden kann, bevor es sich durchsetzen kann, bevor der Moment gekommen ist, wo das nostalgische Interesse in einem ausreichenden Maß vorhanden ist. Diese Zeitspanne scheint in England durchgehend etwa 25 bis 30 Jahre zu betragen. Das ist eine Generation. Dabei entwickeln die Jüngeren eine Sehnsucht zu etwas Vergangenem hin, das sie jedoch nicht selbst erlebt haben. Das war in Großbritannien und wohl auch in Amerika schon immer so: In den 1940er-Jahren war man verrückt nach der *Vaudeville*-Zeit und der Jahrhundertwende, in den Fünfzigern wandte man sich den 1920er-Jahren zu. Das belegen nicht zuletzt Filme wie *Singing in the Rain*[11] und Billy Wilders Klassiker *Some like it hot*[12]. Ein bestimmter Zyklus hierfür wurde bereits vor Längerem erkannt und schon in den 1980er-Jahren diskutiert.

Demnach wird ein Stil, dessen sich unsere Eltern vielleicht aus ihrer Kindheit erinnern, zunächst als etwas Altmodisches betrachtet, das man so schnell wie möglich hinter sich lassen sollte. Es vergehen dann einige Jahre und er wird schließlich als anheimelnd empfunden, bekommt etwas von einer Kuriosität, vielleicht etwas Exzentrisches, worüber man sich möglicherweise lustig macht. Dann, nach einigen weiteren Jahren, beginnt man ihn als klassisch anzusehen, da seine eleganteren Eigenschaften die Assoziation des Altväterischen überdecken – und er wird nun vielleicht als ein wenig elitär und speziell wahrgenommen. Schließlich, wenn sozusagen eine entsprechende Zahl an Menschen diesen Stil wiederentdeckt hat, kann es sein, dass auch die Öffentlichkeit auf ihn aufmerksam wird, die Zahl derer, die sich ihm anschließen, rapide ansteigt, er somit ein *Revival* erlebt und schließlich wieder als *cool* gilt. Lässt sich die aktuelle Vintage-Bewegung also als etwas verstehen, das ein Ausdruck des üblichen Zyklus der Wiederbelebung darstellt, dann können wir ihre Wurzeln in den frühen 1960er-Jahren entdecken und sie mit dem *Revival* des Art Déco identifizieren. So sind auch die ersten Pioniere dieser Wiederbelebung wie *The Temperance Seven*, *The Pasadena Roof Orchestra* oder das Modelabel *Biba* überwiegend eine Reaktion auf die kulturelle und sexuelle Revolution, die dem aufkommenden digitalen Zeitalter teilweise sehr skeptisch gegenübersteht.

The Temperance Seven wurden 1955 in England gegründet. Sie spielten leichten, humorvollen Jazz und populäre Musik aus den zwanziger und dreißiger Jahren sowie das *Revival* des eher am Mainstream orientierten Traditional Jazz der gleichen Zeit. In einer großen Öffentlichkeit erlangten sie 1961 Ruhm mit ihrer Cover-Version von *You're Driving Me Crazy*, die zum Hit wurde. Ihr Ansatz hatte etwas Parodistisches, er präsentierte eine Art Ulkversion der Zwanziger und Dreißiger. *The Pasadena Roof Orchestra, das* heute noch bekannt, beliebt und aktiv ist, wurde 1969 gegründet und spezialisierte sich mehr auf eine ernsthafte, den Geist der Zeit wiederbelebende *Hommage* an die Hits der 1920er- und 1930er-Jahre und auf *Swing*.

Vier Jahre später wurde das *Palm Court Theatre Orchestra* ins Leben gerufen, als eine Art Verschmelzung der Ansätze seiner beiden Vorreiter. Man kann sie als „die Großen Drei" der 1960er- und 1970er-Jahre bezeichnen, als die 1920er- und 1930er-Jahre in England wirklich groß in Mode waren. Mit den 1980ern und der Zeit danach setzten sich die 1940er-Jahre als Einfluss auf die Popkultur durch, der seinen Höhepunkt zum Ende des ersten Jahrzehnts des 21. Jahrhunderts erreichte.

Mit seinem 1968 erschienenen Buch Art Déco *of the 20s and 30s*[13] hat der Historiker Bevis Hillier ein Interesse an dieser Periode und ihrem Design ausgelöst, das seitdem anhält und sogar bis heute exponentiell gewachsen ist, indem er einen Stil, der zuvor weitestgehend unbeachtet geblieben war, definiert hat.

Aschenbecher in klassischem Art Déco Design.

Damit kann Hillier heute als einer der Initiatoren des Phänomens Vintage-Bewegung angesehen werden. Er erkannte, dass Art Déco als formgebendes Design-Prinzip nicht nur Architektur und Technik beeinflusste, sondern tatsächlich alle gestalteten Produkte seiner Zeit, von der Kleidung bis zum Laternenpfahl und vom Möbel und der Tapete bis zur Puderdose. Damit bestätigte er ihn als die starke soziale Kraft, die er verkörperte.

Er wurde auch beschrieben als letzter großer Stil mit Bezügen zur Vergangenheit. Äußerungen wie diese enthalten den Schlüssel zum Verständnis der Motivation hinter der Vintage-Bewegung, die dem Erwachen des Art-Déco-Revivals in den letzten vierzig

Jahren gefolgt ist. Das ist eine lange Lebensdauer für die Wiederbelebung eines Stils; eine Wiederbelebung, die nach wie vor keine Zeichen der Abnutzung zeigt und die nun bereits länger andauert als der Stil selbst zu seiner Zeit. Hinsichtlich der Mode kamen die auf Vintage spezialisierten Bekleidungsgeschäfte als legitime, eigenständige Stil-*Outlets* im Gegensatz zu den früheren *Secondhand*kramläden in den späten siebziger und frühen achtziger Jahren auf. Das war noch vor *Punk*, als der Mainstream in der Mode an Richtung verlor und es sich durchsetzte, dass nicht mehr ein einzelner Look einen Zeitabschnitt bestimmte. So gewannen in dieser Zeit alternative Wege der Selbstdarstellung an Bedeutung. Dies war die Folge jenes Verlusts an Identität, der sich nicht nur in der Mode, sondern in der generellen Lebensgestaltung bereits seit den 1950er-Jahren entwickelt hatte. In ihrem Ethos, in dem, wofür sie steht und warum sie Menschen anzieht, erscheint diese Entwicklung wie eine moderne Lifestyle-/Mode-/Musik-Version der Arts & Crafts-Bewegung des 19. Jahrhunderts. Eine vergangene Epoche noch einmal für sich selbst oder andere aufleben zu lassen, ist gewiss nicht immer ganz preiswert. Sowohl als Hobby wie auch als Lebensart ist ein Vintage-Lebensstil zum Beispiel mit recht beträchtlichen Kosten verbunden. Luxus bedeutet hier auch, sich auf dauerhafte Werte zurückzubesinnen, gleichermaßen materiell wie immateriell. Es geht um Werte für Geld – Objekte suchen, finden und erwerben, die vor 60 und mehr Jahren produziert wurden und die so hochwertig verarbeitet sind, dass sie ihre modernen

Gegenstücke überleben werden. Es geht darum, wertvolle Dinge und damit Qualität anzuerkennen.

Bestimmte geschichtliche Abschnitte verfügen über einen starken, einen einzigartigen Zeitgeist, der sofort wiedererkannt werden kann, schnell klassisch wird und für Jahrzehnte oder sogar Jahrhunderte geschätzt bleibt. Bemerkenswert in zweifacher Hinsicht ist, dass die zwanziger bis fünfziger Jahre ein solcher Abschnitt geworden sind. Bemerkenswert ist dies einerseits, da es so rasch geschehen ist und andererseits, weil diese Epoche so kurz war. Und trotzdem behauptet sich diese Zeit neben solch bunten und klar definierten historischen Abschnitten wie in England der Viktorianischen Ära, der Edwardianischen Epoche, der Zeit der *Tudors*, oder auch dem Barock, dem Mittelalter und der römischen Herrschaft. Tatsächlich kann die Zeit *Edwards VII.* insofern ähnlich angesehen werden, als sie ebenfalls sehr kurz war. Trotzdem hatte sie ihren eigenen Stil und ist so tief verwurzelt in der Vorstellung und den Herzen der Engländer. Wir sprechen hier hinsichtlich Vintage über eine Zeitspanne von gerade einmal 40 Jahren, die neben ganzen Jahrhunderten oder sogar noch länger andauernden Epochen der Geschichte steht. Viele Menschen suchen auch heute noch nach Fluchtmöglichkeiten, um im Alltag bestehen zu können, so wie auch die Menschen in den dreißiger und vierziger Jahren. Für sie war es die Flucht in eine glamouröse, privilegierte und schöne Welt des Reichtums, Wohlstands und gehobener Lebensart oder in eine geschönte Vergangenheit, beides bereitgestellt von den Filmproduzenten, speziell natürlich denen Hollywoods[14]. Nun, verglichen mit unseren Vorfahren der dreißiger und vierziger Jahre, haben wir tatsächlich ein Maß an Überfluss erreicht, von dem man damals nur träumen konnte. Trotzdem wenden auch wir uns einer geschönten Version dieser Vergangenheit zu, wenn der Glamour, der seinerzeit als eskapistisches Mittel heraufbeschworen wurde, so unglaublich stark und attraktiv ist, dass er auch noch uns heute noch anzieht, wie enorm muss er auf die Menschen damals gewirkt haben, die so viel weniger besaßen als wir?

Es ist höchst erstaunlich sich vorzustellen, dass der Reiz und die Kraft der Musik, des Tanzes, der Mode und der Filme dieser Zeit auch 60, 70, 80, 90 Jahre später immer noch nichts von ihrer Magie verloren haben. Vielleicht ist dies aber auch eine Folge des alarmierenden Trends zum sogenannten *Umgekehrten Snobismus*, der sich in den letzten circa zwanzig Jahren in England beobachten lässt: So gilt man in der Oberschicht als modern, wenn man sich eher zurücknimmt und sich in einer Art zu präsentiert, die man in früheren Zeiten als gewöhnlich bezeichnet hätte. Was aber stellen die zwanziger, dreißiger, vierziger und fünfziger Jahre letztlich für uns dar?

Zunächst einmal Vorstellungen und Werte, Ideale und Ziele wie Familie, Respekt, Glamour, Sicherheit, Eleganz und Modernität. Jeder Begriff, der uns dazu einfallen mag, wird dabei Qualitäten enthalten, von denen wir wissen, dass sie bereits aus dem modernen Leben verschwunden sind oder in absehbarer Zeit verschwinden werden. So beklagt beispielsweise auch

Perfekt gekleidet im Stil der 1940er-Jahre.

Ronnie Corbett, britischer Schauspieler und Kabarettist, die beleidigende Aggressivität moderner Komiker und die Art ihrer Garderobe, mit der sie die Bühne betreten. Es scheint allgemein nicht mehr wichtig zu sein, sich für spezielle Anlässe zu kleiden, sei es für ein Essen im Restaurant oder für das Theater, nicht einmal mehr für den Besuch einer Vorstellung in der Oper. Demgegenüber geben bestimmte Konventionen, die als wichtiger Bestandteil das Leben in jenen heute nostalgisch betrachteten Jahrzehnten des 20. Jahrhunderts prägten, soziale Sicherheit und sind nicht zuletzt deshalb auch ein bedeutender Bestandteil von Vintage-Veranstaltungen. Doch wenn wir zurückblicken auf die 1920er bis 1950er-Jahre, was bedeutete es, sich sicher und geborgen zu fühlen? Was, wenn man aus einer religiös-fanatischen Familie stammte? Oder wenn man schwarz war? Oder zur Unterschicht gehörte? Unter all diesen und vielen anderen Bedingungen war eine soziale Sicherheit keineswegs immer gegeben. Im Gegenteil: Jede einzelne davon war dazu angetan, die betreffenden Personen zu brandmarken, zu isolieren, ihr Leben zu überschatten. Kann es angesichts aller Ignoranz und Vorurteile der Vergangenheit sein, dass die positiven Werte dieser Jahrzehnte stark genug waren, die negativen Seiten aufzuwiegen oder sogar mehr als auszugleichen? Oder dass trotz aller Erschwernisse des Zusammenlebens alles irgendwie besser war, sodass wir diese Epoche heute nur sehr selektiv und stark romantisierend wahrnehmen? Aber vielleicht liegt die untergründige Verlockung auch ganz einfach im sogenannten

Britisch-Sein, in hübschen Kleidern, eingängiger Musik oder malerischen Autos und Eisenbahnen? Ein kleiner Exkurs über die typischen englischen Häuser der 1930er-Jahre soll zeigen, wie sehr diese Bauweise bis heute für die meisten Briten jene Qualitäten verkörpert, die sie mit *Heim* in Verbindung bringen. Die in den dreißiger Jahren einsetzende rege Bautätigkeit in England war einer Notwendigkeit geschuldet: Es musste möglichst schnell günstiger Wohnraum geschaffen werden, um in den Randlagen der Städten den Bedarf einer an Wohlstand gewinnenden Bevölkerung zu befriedigen. Die Häuser, die so entstanden, waren für unzählige Familien die erste Gelegenheit, eigenen Grundbesitz zu erwerben. Sie waren funktional gestaltet, trotzdem in ihrer Erscheinung eher traditionell als der Moderne verpflichtet, die von Konzepten wie denen des *Bauhauses* bestimmt wurde und Zweckdienlichkeit zum obersten Prinzip erklärten. Viele Neu-Eigentümer kamen mit und in ihren Häusern zum ersten Mal in den Genuss einer Vollausstattung mit elektrischem Licht und mit Toiletten, die mit Wasserspülungen versehen waren und die sie nicht mit Nachbarn teilen mussten. Doch auch für die nachfolgenden Generationen bis heute haben diese Häuser ihren Reiz bewahrt. Der englische Architekturhistoriker Greg Stevenson fasst die Bedeutung dieser Bauwerke so zusammen: „Sie bewiesen ohne Zweifel die Bedeutung romantischer Ideen im Britischen Bewusstsein und [...] warnten vor der Stabübergabe des aufkommenden internationalistischen Stils.

Ein Beispiel für jene Häuser im Stil der 1930er-Jahre, die sich noch heute größter Beliebtheit erfreuen.

Heute werden die in den 1950er und 1960er Jahren hochgezogenen ‚Wohnmaschinen' abgerissen, da nur wenige Menschen in ihnen leben möchten, während die zwischen den Weltkriegen erbauten Häuser generell ihren Wert und Status auf dem Immobilienmarkt für Wohnhäuser halten. Vielleicht wird das Heim der 1930er Jahre immer ein angenehmer Platz zum Leben sein – weil es die romantische Seite unserer Natur widerspiegelt und nicht nur unsere Bedürfnisse."[15] Es ist schon sehr bemerkenswert, dass gerade in Kunst, Kultur und Design die Zeit zwischen den beiden Weltkriegen und den Jahren nach dem Zweiten Weltkrieg damals wie heute als etwas Ideales wahrgenommen wird. Man wendet sich gleichermaßen vom Modernismus ab und versucht, durch die Hinwendung zu einer früheren Zeit, das eigene Britisch-Sein in einer bestimmten Art und Weise zu definieren.

Die Vintage-Bewegung erweist sich dabei als eine große Hilfe, die Symbole dieser vergangenen Zeiten wiederbeleben zu lassen und zu einem stärkeren Bewusstsein einer nationalen Identität zu gelangen.

2. Zeichen, nicht nur an der Wand – Die Symbole der Vintage-Bewegung

In der modernen englischen Gesellschaft, deren Öffentlichkeit sich für drei und mehr Jahrzehnte zunehmend gegen die Monarchie, das Establishment und gegen bestimmte Tradition ausrichtete und sich stattdessen verstärkt der Vereinheitlichung, Globalisierung, dem Materialismus und der Technologie zuwandte, ist es nicht ohne Ironie, dass ausgerechnet der *Union Jack,* die britische Nationalflagge, heute auf fast jedem Produkt als Bestandteil des Designs erscheint. Man besinnt sich offenbar zurück auf vergangene Zeiten und identifiziert sich mit ihnen. Doch was hat es mit diesem postmodernen Patriotismus in der englischen Gesellschaft auf sich? Ist dies nur ein kurzweiliger Werbetrend, der bald wieder vergessen sein wird oder kommt dadurch in der Tat ein Nationalbewusstsein zum Ausdruck, das aufrichtig und ernst gemeint ist?

Patriotische Aussage und/oder bloßes Dekor? - Der „Union Jack" ist allgegenwärtig, auf Papiertüten wie auf Untersetzern und unzähligen anderer Gebrauchsgegenstände.

2.1. Ein Satz mit unzähligen Variationen –
Keep calm and carry on

Schauen wir uns nun das bereits in einem der Vorworte zitierte, nach dem Gebrauch des *Union Jacks* wohl auf- und augenfälligste Symbol der Vintage-Bewegung etwas genauer an: Es handelt sich dabei um den schon im Geleitwort erwähnten Appell, der im Original in weißer Schrift auf rotem Grund der englischen Bevölkerung moralische Festigkeit angesichts der Bedrohung des Zweiten Weltkriegs geben sollte: *Keep calm and carry on.* Als dieser Text 1939 in fünf Zeilen gesetzt unter einer Krone, die ihn als Aufruf des Könighauses auswies, auf einem Plakat erschien, war er einer von drei Slogans, die im Rahmen einer Kampagne zur Förderung des patriotischen Geists an der Heimatfront gestaltet worden waren. Sie sollten der englischen Bevölkerung den Rücken stärken, um auch im Falle der befürchteten Bombenangriffe auf wichtige strategische Ziele, vor allem Großstädte, oder gar bei einer Invasion durchzuhalten[16]. Dazu wurde dieses Poster im Auftrag des Britischen Informationsministeriums in einer Auflage von mehr als 2,5 Millionen Stück gedruckt; allerdings kam es nie zum Einsatz[17]. Da es speziell für die Beruhigung der Menschen bei einer möglichen Besetzung gedacht gewesen war, wurde das Motiv nicht mit den anderen beiden eingesetzt. Als bereits die ersten beiden Plakate bei den Engländern auf große, durch die Zeitungen offen formulierte Ablehnung stießen, wurde bis auf wenige Ausnahmen die gesamte Auflage wieder vernichtet[18]. Im Jahr 2000 fanden *Stuart* und *Mary Manley*, die Inhaber des Verlags *Barter Books* in Alnwick (Northumberland), einige Exemplare des bis dahin der Öffentlichkeit unbekannten Posters in einem Lager ihres Unternehmens. Es gefiel ihnen. Sie mochten die klare Aufmachung und auch die kurze Botschaft erschien ihnen durchaus sinnreich. Also rahmten sie ein Exemplar, hängten es in ihren Geschäftsräumen auf und fügten einen Nachdruck des Motivs in ihr Verlagsprogramm ein[19]. Dann geschah für mehrere Jahre recht wenig. Die *Manleys* verkauften ihre Poster mit gutem, jedoch noch nicht wirklich überragendem Erfolg. Der stellte sich erst mit dem Jahr 2007 ein. Die Finanzkrise hatte England im Griff und in den Zeitungen tauchte plötzlich dieses alte Poster auf – ein ironischer Kommentar zum Zeitgeschehen. Wie relevant und passend er war, zeigte das mit einem Mal fast überbordende Interesse an diesem alten Plakatmotiv. Nicht nur *Barter Books* konnten ihre

Auflagen der Poster enorm steigern, *Keep calm and carry on* wurde ein Design-Hit. In der ursprünglichen Form, teilweise mit veränderter Farbgebung, darüber hinaus aber auch in unzähligen mehr oder minder sinnvollen oder geistreichen Variationen wurde der Slogan auf den unterschiedlichsten Produkten eingesetzt.

Eine Einladung zur Erquickung an englischer Literatur im Tea-Room einer Buchhandlung.

Was schließlich einen findigen Geschäftsmann namens *Mark Coop* auf den Plan rief, der sich tatsächlich einige der Verwertungsrechte schützen ließ und damit nun – ungeachtet diverser Proteste aus der Bevölkerung[20] – Gewinne macht. Das Beispiel kann man durchaus auch als einen gewichtigen Beweis für folgende These betrachten: Wenn die Zeiten hart sind, sind traditionelle Werte gefragt.

Mag sein, Menschen haben mehr Mut, die Risiken avantgardistischer Ansichten einzugehen, wenn die Dinge einfacher sind – im evolutionären Verständnis würde das sicher Sinn machen. So könnte man sagen:

Je rauer die Zeiten, desto mehr greifen wir auf etwas zurück, das in der Vergangenheit liegt und uns Sicherheit gibt – oder zumindest auf etwas Vertrautes. Das scheint für *Keep calm and carry on* insofern nicht zutreffend, als das Motiv selbst zur Zeit seiner Entstehung nicht in Umlauf kam. Doch es steht im Layout für Tradition und für die Simplizität einer alten, dabei zeitlosen Weisheit, die in unserer schnelllebigen Zeit ihr letztes Refugium auf den Seiten von Selbstmanagement-Ratgebern gefunden hat. Indes ist der Gedanke, die Erfüllung des Wunsches nach einer besseren Zeit in der Vergangenheit zu suchen, in der Tat nicht neu. Das gilt vielleicht in besonderem Maße für die englische Gesellschaft. In den dreißiger und vierziger Jahren selbst schaute man zurück auf ein allgemeines Bild eines idealisierten Englands der Mitte des 19. Jahrhunderts, eine geschönte heile Charles-Dickens-Welt mit Kutschen, verlässlichen Wintern voller Schnee, fröhlichen Dienern mit roten Bäckchen, Bauern und Arbeitern sowie Zylinder tragenden Männern in roten Gehröcken und Damen in Krinolinen sowie märchenhaften, mit Stroh gedeckten *Cottages*, umgeben von einem idealen Cottage-Garten, stets bestückt mit Königskerzen. Wir sehen diese beständigen, stark beziehungsreichen Motive auf bestickten Bezügen jener Zeit, die bis in die 1960er-Jahre überaus beliebt waren. Und wir finden sie natürlich noch immer auf Weihnachtskarten. Gleichermaßen gibt es in der Mode der späten dreißiger Jahre und dann wiederholt im *New Look* der Nachkriegszeit sowie bei den *Teddy Boys* der 1950er-

Jahre einen bewussten Rückgriff auf den Stil der Zeit *Edwards VII.* (daher der Begriff *Teddy Boy*, *Teddy* als familiäre Koseform für Edward). Und als sich der Edwardianische Stil – im Wesentlichen eine verfeinerte und zarte Form des Viktorianischen – um 1910 selbst seinem Ende zuneigte, war es wieder Zeit für etwas Neues. Der radikale neue Stil versuchte, die Brücke zu schlagen zwischen dem Viktorianischen, dem Jugendstil und Art Déco. Auch galt der exotische, von östlichen Einflüssen getragene Stil des *Ballets Russes* durch seine innovativen Ideen mit Elementen aus der Vergangenheit als sehr attraktiv, da er – zumindest in der Kleidermode – von dem bezeichnenderweise *Empire* genannten Stil herrührte, der 100 Jahre zuvor prägend gewesen war. Dieses Beispiel zeigt, wie gut wir in der Lage sind, stets etwas Vertrautes – und damit Sicheres – zu finden, wenn wir uns bedroht fühlen. Die Rückbesinnung auf die 1940er-Jahre, die heute in der britischen Bevölkerung beobachtet werden kann, zeigt sich beispielsweise in der Begeisterung für Gedanken des Ausbesserns und Flickens, der Selbstversorgung mit Lebensmitteln aus dem eigenen Garten oder auch der Hühnerhaltung. Tatsächlich haben diese Dinge, die während des Krieges eine Notwendigkeit des täglichen Überlebens darstellten, jetzt fast den Rang von untrüglichen Zeichen für wirklich modernes Leben, ganz besonders, wenn man an so etwas wie die Hühnerhaltung denkt. Ungeachtet des Preisanstiegs für Nahrungsmittel übertrifft der Aufwand an Zeit und Geld für eigene Tierhaltung den Preis eines jeden auch noch so teuren im Supermarkt verfügbaren Freilandhuhns oder seiner Eier bei Weitem. In den Vierzigern war die eigene Hühnerhaltung oft ein realistischer Weg zur Aufbesserung des mageren Speiseplans; heute – selbst in härtesten ökonomischen Zeiten – macht es wirtschaftlich nicht wirklich Sinn und muss daher als ein Ausdruck einer bestimmten Lebensart verstanden werden. Es scheint, dass sich hier eine Bewegung etabliert hat, die als ein eigenes kulturelles Phänomen betrachtet werden kann und die darüber hinaus selbst die Nostalgie der dreißiger und vierziger Jahre in den Schatten stellt, die immerhin die härteste zeitgenössische Epoche markierte. Interessanterweise schauen wir in Großbritannien nicht so sehr auf die 1930er-Jahre zurück, was – da wir uns ja nicht im Krieg befinden aber im größten ökonomischen Desaster seit 1929 – eine bessere Vorlage für uns sein könnte. 1917 sagte *Sir Edward Elgar* über seine Zeit: „Alles Gute und Nette und Saubere und Frische und Süße ist weit entfernt, um nie zurückzukehren."[21] Klagend und traurig klingen diese Worte, die eine tiefe Sehnsucht zum Ausdruck bringen, ein Gefühl, das von vielen seiner Zeitgenossen vermutlich auch so wahrgenommen wurde. Was wohl Elgar über das Leben im 21. Jahrhundert denken würde?

Um den positiven Aspekten vergangener Zeiten auch in der eigenen Lebenswelt genügend Raum zu geben, bietet der Markt (fast) alles, was das Herz begehrt: angefangen bei Vintage-Kleidung, über Küchenutensilien, antike Möbel, klassische Automobile bis zu Fahrkarten für die Fahrt auf Nostalgie-Zügen oder die

Tickets für die Teilnahme an bestimmten Veranstaltungen.

Wir kaufen uns ein in diese verführerischen Werte, von denen sicherlich viele nützlich und schön sind, doch auch damals war nicht alles nur gut: Drogenmissbrauch, Alkoholismus, Kindesmissbrauch, Armut, Rassismus, sexuelle Diskriminierung, schlechte Gesundheitsversorgung, ungerechte Arbeits- und ungleiche Lebensbedingungen gehörten – wie auch heute noch – zum alltäglichen Leben dazu.

Aber trotzdem: Was können wir aus dieser vermeintlich guten alten Zeit lernen? Was gilt es zu bewahren und lebendig zu halten – hier und heute?

Ob Genuss von Tee, Kaffee, Wein oder Schokolade – die Empfehlung, die Ruhe zu bewahren, scheint zu allem zu passen.

2.2 Heimweh mit Zuckerguss – Die Cupcakes

Vintage, das scheint immer deutlicher, meint gar keinen visuellen oder ästhetischen Stil, sondern mehr ein Gefühl, etwas wie *Zu-Hause-Sein*, wobei dieses *zu Hause* verstanden wird als ein Ort, an dem Werte klar definiert sind, wo die psychologischen Abgrenzungen, die wir als Menschen benötigen, klar gezogen sind. Es ist ein Platz, an dem die Rollen von Frauen und Männern eindeutig geklärt und die Werte des Alltags stabil, solide und verlässlich sind. Ein Platz, an dem das Heim eine Art Heiligtum ist, an dem es gutes Design gibt und klare Vorstellungen von Moral, Sicherheit, Respekt, Einfachheit, Schönheit, Glamour und Eleganz. Und wo klar definierte Identitäten und soziale Erwartungen ein lebendiges Gefühl von Absicherung und Bewusstsein vermitteln, selbst wenn sie nicht vollkommen sein mögen – und wo all das in einer angemessenen Geschwindigkeit genossen werden kann. Alles zusammengenommen macht das wohl die Heimeligkeit aus, nach der sich viele Menschen heute sehnen – ein jedoch nie wirklich real gewesenes Ideal im Zentrum nostalgischer Gefühle und Bestrebungen.
Mag sein, dass es bei dem Vintage-Phänomen wirklich nicht um eine bestimmte Epoche geht und auch nicht um einen bestimmten Stil, sondern eher um das, was hier symbolisiert wird.
Einen Beleg hierfür könnten die Cupcakes liefern, die inzwischen ebenso stark mit der Vintage-Bewegung assoziiert werden wie *Keep calm and carry on*. Diese kleinen, mitunter geradezu lächerlich winzigen Kuchen, sind den inzwischen auch in Deutschland

etablierten *Muffins* nicht ganz unähnlich. Heute besteht ein *Cupcake* normalerweise aus einem kleinen Kuchen aus Biskuitteig, der vielleicht in einer Kaffeetasse Platz finden könnte. Er wird in der Regel in einer Papiermanschette gebacken und aufwendig mit Zuckerguss, Schokolade, Früchten oder beliebigen anderen Dingen garniert und oft auch noch mit Fähnchen und anderen nicht für den Verzehr geeigneten Gegenständen dekoriert.

Dieses beschriebene Ensemble namens *Cupcake* ist meist nicht nur ausgesprochen ungesund und kalorienhaltig, sondern auch vergleichsweise teuer.

Klein, süß, und eigentlich überhaupt nicht vintage: ein Cupcake.

Der Ursprung des Begriffs *Cupcake* liegt in Amerika und lässt sich mehr oder minder eindeutig bis ins 18. Jahrhundert zurückverfolgen. Allerdings waren seinerzeit damit Kuchen gemeint, die nach Rezepten hergestellt wurden, bei denen die Mengenangaben der Zutaten in Tassen als Maßeinheit erfolgten. Die heute mit dem Namen belegte Form von Kleingebäck entspricht eigentlich dem *Fairy-Cake*, einer Art mit süßer Glasur überzogenem Muffin. Die modernen *Cupcakes* sind also durchaus ein Produkt der Gegenwart, das durch populäre Fernsehserien wie *Sex And The City* der Öffentlichkeit bekannt gemacht wurde. Mittlerweile findet man sie überall und besonders innerhalb der Vintage-Bewegung gehören sie als feste Bestandteile des Speisenangebots zu jeder Veranstaltung. Betrachtet man sich den Aufwand, der zur Herstellung eines heute typischen *Cupcakes* betrieben wird, versteht man nicht nur deren leicht absurde Preise, sondern wird sehr schnell auch begreifen, dass in Zeiten der Lebensmittel-rationierung wie beispielsweise während des Zweiten Weltkriegs allein die Idee, dergleichen herzustellen, als obszön angesehen worden wäre – von der praktischen Seite, die nötigen Zutaten zu beschaffen, ganz abgesehen. Trotzdem feiern *Cupcakes* auch und gerade dort fröhliche Urstände, wo es angeblich darum geht, den Geist dieser Zeit auferstehen zu lassen.

So scheint es offenkundig nicht um historische Details oder die Wiederbelebung einer vergangenen Realität zu gehen, sondern einzig um die Illustration einer Empfindung. *Cupcakes* sind das, wovon Menschen glauben wollen, ihre Mutter oder Großmutter hätte es ihnen gebacken haben können. Die kleinen Kuchen wirken auch in großer Auflage individuell, da sie nur für eine Person gedacht sind – für eine ganz spezielle Person, wie man sich leicht einreden kann. *Cupcakes* sind nicht einfach ein Gebäck, sondern sie sind die Erinnerung an eine persönliche Vergangenheit, die jedoch so niemals existiert hat. Sie sind der süße Ausdruck einer großen Illusion und die Sehnsucht nach einer einfachen, verständlichen und heilen Welt. Einer Welt, die in den Augen all derer weder heute existiert noch morgen existieren wird. Was bleibt also anderes übrig, als sich der Vergangenheit zuzuwenden?

3. Die Säulen der Nostalgie – Über die Quellen der Vintage-Begeisterung

Es ist nun an der Zeit, das Augenmerk auf das *Wer* und das *Womit* zu richten, um dadurch auch das *Wie* verstehen zu können. Im Folgenden soll es darum gehen, die Einflüsse auf die Bewegung und die unterschiedlichen Quellen aus denen sie gespeist wird, näher zu betrachten, um auch verschiedene Formen der persönlichen Beteiligung ihrer Mitglieder unterscheiden zu können.

3.1 Vintage-Pioniere – Die Vorreiter

Wie jede andere soziale Bewegung, wie jede Mode hat auch die heutige Vintage-Szene mit dem persönlichen Interesse und Einsatz einiger weniger Enthusiasten begonnen. Da sind auf der musikalischen Seite die bereits erwähnten *Big Bands*, die als Wegbereiter einer neuen *Swing-* und *Jazz*-Begeisterung über die Lieder dieser Zeit ihren Geist wiederbelebten und Anlässe schufen für die Fans, sich entsprechend zu kleiden. Da sind andere darstellende aber auch bildende Künstler, die mit ihrem Gefühl für Stil, Rhythmus, Farbe und Design Inspiration von den

Vorbildern der Vergangenheit schöpften und ihnen in Anerkennung ihres Werks die Aufmerksamkeit neuer Generationen sicherten, indem sie sie kopierten, nachempfanden, sich zu eigen machten und ihre spezifische Zeichensprache in den Kontext einer anderen Epoche übersetzten. Da sind die Verantwortlichen in den Redaktionen der Medien und die kreativen Menschen, mit denen sie zusammenarbeiten, die in Fiktion und Dokumentation die inzwischen entfernten Jahrzehnte beschwören, ihnen ein mehr oder minder authentisches Gesicht geben, um gleichzeitig das Interesse in der Bevölkerung zu befriedigen und Lust auf vermeintlich Neues zu wecken. Und da sind natürlich jene, die mit modischem Geschmack, mit dem richtigen Gefühl für Selbstinszenierung die Mode vergangener Tage für sich entdeckt, adaptiert oder interpretiert haben. Sie alle sind Pioniere der Vintage-Bewegung und haben jeweils auf ihre eigene Art dazu beigetragen, sie zu dem zu machen, was sie heute ist. Das Problem, das sich in der Rückschau fast immer stellt, liegt darin, einzelne dieser Personen zu identifizieren und zu fassen zu bekommen, um von ihnen als seinerzeit aktiv mitgestaltende Zeitzeugen Aussagen über die Anfänge solcher Bewegungen zu bekommen.

Als Grafik-Designer, der auf historische Stile, besonders Art Déco spezialisiert ist, habe ich, durch meine Titel- und anderen Illustrationen für namhafte Medien wie *Punch*, *Radio Times* oder *Country Life Magazine* sicherlich viel zur Beliebtheit des Stils und seiner visuellen Präsenz beigetragen und bin unter dem Künstlernamen *Johnny Martin* als Darsteller und als

Das Flair der 1940er und doch ein Produkt der 1980er: "April Showers", eine der Illustrationen von Martin Faulkner, die als Postkarte veröffentlicht wurden.

Showtänzer in der Begleitung der musikalischen Pioniere der Vintage-Bewegung öffentlich auf der Bühne aufgetreten. Ich möchte an dieser Stelle einige persönliche Erfahrungen schildern, wie ich die Anfänge dieser großen Bewegung erfahren habe: So erinnere ich mich daran, dass, als ich in den 1970er-Jahren aufwuchs, Erwachsene Witze über Hosen mit Aufschlägen zu machen pflegten, die ihrer Meinung nach nie wiederkommen würden, gerade als wären sie etwas so Grässliches, dass sie kollektiven Hass und beißenden Spott verdient hätten.

1983, als ich die Schule verließ und begann, selbst Geld zu verdienen und meine Kleidung erstmals auch selbst aussuchen und kaufen konnte – was man nicht tat, solange man von den Eltern unterstützt wurde –, legte ich größten Wert darauf, dass die ersten Hosen, die ich erstand, Aufschläge hatten. Zugegeben, man konnte sie nicht in jedem Laden kaufen; ich bekam sie von einem wundervollen Versandhändler namens Jolliman, der sich auf den Markt für ältere Erwachsene spezialisiert hatte. Ich hatte mich ja bereits im Alter von neun Jahren entschieden, dass ich lieber in den 1930er-Jahren gelebt hätte und beschlossen, so schnell es möglich war alles zu besorgen, was für einen dem angemessenen Lebensstil erforderlich wäre. Diese Hosen waren aus grauem Flanell, dick und kratzig, aber sie hatten die magischen Aufschläge, einen Latz mit Knöpfen und Bundfalten, was alles zu dieser Zeit nirgendwo sonst zu bekommen war, sofern man nicht reich war und sich Maßanzüge leisten konnte. Und ich fühlte mich ins Jahr 1935 zurückversetzt, wenn ich sie voller glühendem Stolz trug. Wenn ich mir heute Fotografien ansehe von diesem ungelenken Versuch, mich im Stil der Dreißiger zu kleiden, muss ich sagen: ich sah 20 Jahre älter aus, als ich wirklich war – aber ich war glücklich. Ihnen folgte, als ich dann in London arbeitete und mir teurere Dinge anschaffen konnte, eine hübsche Armbanduhr, die die Kopie eines Originals aus den 1920er-Jahren war, eine Taschenuhr an einer Kette für die Gelegenheiten, zu denen ich eine Weste trug, eine Brille mit Goldrand im Stil von *Glenn Miller*, meine erste Anzug-Schleife seit meinem dritten Lebensjahr und – das Beste von allen: mein erster Hut. Ein wunderschöner olivgrüner Fedora aus Filz von *Dunn & Co* am Strand[22] in London mit umgeschlagener Krempe. Soweit ich mich entsinne, zahlte ich damals 20 Pfund Sterling für den Hut, einen fürstlichen Betrag und für mich ungemein extravagant. Ich erinnere mich auch noch daran, dass die ganze Erfahrung und ihre Umstände über die Maßen köstlich waren. Als ich aus dem Geschäft trat, fühlte ich, dass dieser bedeutende Einkauf ein Übergangsritual bedeutete in die Welt der erwachsenen Männer; es war gleichzeitig die Initiation in ein Vintage-Leben. Ich war dabei, den Stil richtig hinzubekommen und sah nicht länger wie mein eigener Großvater aus, wenn ich das sagen darf. Stattdessen begann ich wirklich so etwas Ähnliches wie ein elegantes und vornehmes Äußeres an den Tag zu legen.

Ich erinnere mich auch an das phantastische Gefühl, wenn ich meinen kostbaren Hut mit dem khaki-farbenen zweireihigen Regenmantel meines Vaters trug, der aus den 1950er-Jahren stammte, aber im unveränderten Schnitt der Dreißiger hergestellt worden war. Den Hut nannte ich meinen Indiana-Jones-Hut, er hatte dieselbe Farbe und denselben Stil und Indiana Jones war mein Held. Der Look wurde vervollständigt mittels eines Stockschirms, den ich in dem herrlichen viktorianischen Geschäft von *James Smith & Sons* in der Oxford Street erworben hatte. Dazu hatte ich eines Tages die ganze Mittagspause lang im Park geübt, in der richtigen Art mit dem Schirm zu gehen, mich in dieser zackigen militärischen Weise zu bewegen, die ich als

Kind an meinem Vater und anderen Männern gesehen hatte – das kann man mit keinem einfach nur gefalteten Schirm schaffen! Der Schlüssel dazu ist Rhythmus, wenn man ihn einmal gefunden hat, verliert man ihn nie wieder – aber es erfordert einige Mühe und Konzentration, es zu lernen. Außerdem gehörte zu dem Ensemble mein heißgeliebter *Fair-Isle-Pullover*, den meine Mutter für mich gestrickt hatte und ein beige-farbenes Tweed-Jackett, auch ein Erbstück meines Vaters. Um eine Rechtfertigung dafür zu haben, diese schwere und sehr warme Kombination zu tragen, hoffte ich auf schlechte Wetterbedingungen und ergötzte mich an jeder Minute, die mir so damit vergönnt war.

Die Alt-Männer-Hosen und das wenig schmeichelhafte beige Jackett wurden bald ersetzt durch meinen frühesten und gelungensten Secondhandfund, der den Standard setzte für alles, was danach kam: ein wunderschönes, marineblaues zweireihiges Serge-Jackett aus den Dreißigern mit breiten Schulterpolstern und auf Passform geschneiderter Brust und Taille und ein Paar marineblauer Serge-Hosen aus den Dreißigern mit hohem Bund, Knöpfen für Hosenträger, einem geknöpften Hosenlatz und Aufschlägen, wobei ich erstaunlicherweise beide in *Charity-Shops*[23] verschie-dener Städte gefunden hatte. Wundersamerweise passten sie perfekt zusammen und formten so meinen allerersten Dreißiger-Jahre-Anzug; das, so glaube ich, markiert den Moment, an dem ich wirklich den Stil so gut hinbekommen habe, dass er für mich selbstver-ständlich wurde und ich nicht mehr länger Gedanken daran verschwenden musste. Ich glaube, ich war einer der ersten Männer, die im Alltag Vintage-Kleidung getragen haben.

Jedoch habe ich damit nicht grundsätzlich die Aufmerksamkeit anderer auf mich gezogen und es hat auch nichts für meine Selbstsicherheit getan. Ich erinnere mich sehr deutlich, dass man zu dieser Zeit auch noch gelegentlich den Stadt-Gentlemen mit Bowler-Hut sehen konnte – nicht im Sinne einer besonderen Aufmachung, sondern als Teil der alltäglichen Arbeitskleidung. In der Mitte der 1980er-Jahre waren sie komplett verschwunden – interessanterweise zur selben Zeit, als die beliebten roten 1938er-Züge der U-Bahn nach 50 Jahren treuen Dienstes verschwanden. Und ab 1986 trugen alle Männer wieder Hosen mit Aufschlägen.

Professioneller Glamour und Swing: Die darstellerischen und tänzerischen Auftritte von Ruby Fox und Johnny Martin gaben Veranstaltungen 1940er-Jahre-Flair und inspirierten eine Schar von Epigonen.

1987 waren meine Partnerin und ich als *Ruby Fox & Johnny Martin* ein professionelles Tanzpaar unter insgesamt sechs Gruppen unterschiedlicher Personenstärke im Vereinigten Königreich, die sich der seriösen, künstlerischen und möglichst authentischen Wiederbelebung des Stils, der Kleidung, der Tänze und der Sozialgeschichte der 1920er-, 1930er- und 1940er-Jahre verschrieben hatten. Die anderen waren die historische Tanz- und Theatergruppe *Baroque'n'Roll* (gegründet 1986), die *London Swing Dance Society* (1986), die Jazz-/Swing- Tanzgruppe *Zoots & Spangles* (gegründet 1987), die Ballettgruppe *The Jiving Lindy-*

In Uniform und mit dem richtigen Gefühl für Swing verwandelte die Big Band *Opus One* als erste Flugzeughangars in Partyzonen.

hoppers (gegründet 1983) und *Opus One*, die erste der Glenn-Miller-Style-Bands (gegründet 1983). In den mehr als 25 Jahren, die seitdem vergangenen sind, hat sich die Zahl epigonaler Swing-Bands, Tanzpaare und -gruppen und von Personen, die sich mit dem Nachstellen und -spielen von Geschichte befassen, fast explosionsartig vermehrt; aber die Genannten waren nach meinem Wissen die Ersten und damit die Originale, die oft kopiert wurden; und sie verdienen Achtung und Anerkennung dafür, die Pioniere jener heutigen Bewegung gewesen zu sein. *Ruby Fox & Johnny Martin* waren damals das erste Tanzpaar, das sich *Ginger Rogers* und *Fred Astaire* zum Vorbild genommen hatte, sie präsentierten Material von 1900 bis 1955 und empfanden in ihren auf sorgfältiger Recherche beruhenden Auftritten sehr authentisch den Glamour Hollywoods nach.

Baroque'n'Roll war die erste Gruppe, die den Geschichtsmarkt eroberte und sie waren die Ersten, die *Lebendige Geschichte* und professionelle Nachstellungen vergangener Epochen präsentierten, wobei sie ebenso ambitioniert wie erfolgreich den enormen Zeitraum von 1485 bis 1959 mit ihren historisch stimmigen Kostümen und wohl recherchiertem, geschichtlich belegtem Material für Museen und Schulen abdeckten.

The *Jiving Lindyhoppers* wiederum waren die Ersten, die an die Ursprünge des Charleston und Lindy Hop vordrangen und die Tänze historisch korrekt zeigten; und *Opus One* waren die erste 21-köpfige Band im Glenn-Miller-Stil, die in vollständigen, authentischen US-Army-Uniformen des Zweiten Weltkriegs auftraten.

Ihnen gebührt der Ruhm, die heute durchaus häufigen *Forties Nights* erfunden zu haben, komplett mit all den Vehikeln und Flugzeugen des Zweiten Weltkriegs als Staffage, Fish-and-Chips-Catering, Lebensmittelmar-

ken, Flaggen, Luftangriffen und Personal in zeitgenössischen Kostümen.

3.2 Vintage (er)leben – Tanz und Bühne

Wir werden an dieser Stelle noch ein wenig
verweilen, wenn wir nicht nur den Wurzeln der
Vintage-Bewegung, sondern auch ihrer inneren
Dynamik etwas mehr auf die Spur kommen wollen.
Musik und Tanz spielen eine ganz zentrale Rolle dabei.
Sie passiv als Zuschauerin oder Zuschauer zu erleben
und sie erst recht aktiv auf dem Tanzboden
auszuleben, ist ein Vergnügen, das fast zwangsläufig
nach Vervollkommnung verlangt, je öfter man sich
ihm hingibt und damit andere Bereiche des Lebens
erfasst.

Die Wurzeln der Vintage-Szene, wie wir sie heute
kennen, liegen vermutlich im Tanz. Von den achtziger
Jahren an hat es eine ganze Reihe von Tanzstilen
gegeben, die neu entdeckt und wiederbelebt wurden:
der *Lindy Hop*, der *Rock'n'Roll* der 1950er-Jahre, der
Argentinische Tango und der *Charleston*, der als einer
der Hauptantriebe der Vintage-Bewegung verstanden
werden kann. Wer sich als Tänzerin oder Tänzer für
einen dieser Stile begeistert, der möchte sich auch
passend kleiden – die richtige Garderobe macht den
Spaß definitiv erst komplett. Mode und Tanz waren
jeweils in der Zeit der Entstehung untrennbar
miteinander verbunden. So wäre etwa der Charleston
nicht denk- und erst recht nicht tanzbar gewesen ohne
die neue Beinfreiheit der Kleider in den 1920er-Jahren,
während umgekehrt auch der Tanz die Reize der Mode
voll ausschöpfte und betonte. Man denke hier auch an

den Rock'n'Roll und die wirbelnde Röcke und Petticoats
der Tänzerinnen.

Vom Menuett zum Jitterbug: Der Name der Gruppe „Baroque‘n‘Roll"
von Dawn Purkiss war in der Tat Programm.

Das Interesse am Tanz brachte daher auch eine
gesteigerte Nachfrage nach der authentischen Kleidung
der jeweiligen Zeit mit sich. Ein angemessenes
Ambiente wurde ebenfalls benötigt. So wurden
Tanzveranstaltungen und Vierziger-Jahre-Wochenenden
in stillgelegten Luftwaffenstützpunkten und
restaurierten Tanzsälen, auf Vintage-Messen und
Märkten mit Beiprogrammen zunehmend populärer.

Auch jene, die nicht selbst tanzten, bekamen
genügend Aufmerksamkeit und Anerkennung allein
durch ihre Garderobe, Frisuren und ihr passendes
Make-up. Tatsächlich sind etwa die *Jiving
Lindyhoppers* als *Revival*projekt angetreten. Ihr
Bestreben lag in der authentischen Wiedergabe des

Tanzstils, auf die Kostüme wurde nur insofern geachtet, als dass sie in etwa den richtigen Schnitt haben mussten, um die nötige Bewegungsfreiheit zu gewährleisten. Niemand fragte danach, aus welcher Zeit die Kleidung stammte. So waren, wenn man nur die Aufmachung betrachtet, einige Personen im Publikum mit ihrer Garderobe der ursprünglichen Epoche des Tanzes angemessener gekleidet als die Mitglieder der Gruppe selbst. Der Einfluss, den ihre Darbietung hatte, war jedoch nicht auf die Inspiration beschränkt, den Tanz selbst zu erlernen und dann bei passender Gelegenheit die Erfolge dieser Bemühung zu präsentieren. Es waren wohl nur wenige im Publikum in der Lage, dieses spezielle und intensive Training auf sich zu nehmen. Statt der Authentizität im Tanz war man also eher bestrebt, ein bestimmtes Verhalten und Aussehen in den Vordergrund zu stellen.

Das Beispiel soll nicht für sich allein stehen. Was hier exemplarisch zu beobachten ist, ist das Prinzip, das der Dynamik aller *Revival*-Bestrebungen zugrunde liegt: Es wird nur ein bestimmter Teil der populären Kultur einer vergangenen Zeit ausgewählt, den es neu zu beleben gilt. Dabei bedeutet diese Beschränkung zum Teil auch eine Neuinterpretation, da der Originalkontext oftmals nicht mehr zugänglich ist. So entsteht ein Stück Folklore, das selbst wieder zum Bestandteil der aktuellen populären Kultur wird, wenn es genügend Beachtung erfährt und das dann, wenn das Interesse lange genug anhält oder sich Umstände ergeben, die zu einem Aufflackern führen, seinerseits wieder Gegenstand des gleichen Vorgangs wird. Es ist wie die Fotokopie eines Bildes, die bestimmte kontrastreiche Passagen hervorhebt und perfekt abbildet, während der Rest verschwimmt. Mit jeder weiteren Kopie verstärkt sich dieser Effekt und auch die noch beim ersten Ablichten scharf zu erkennenden Konturen werden immer weniger sichtbar. Anders gesagt: Je länger ein aus der Vergangenheit in die Gegenwart transferiertes Thema im Blickfeld der Öffentlichkeit bleibt und/oder je häufiger es ins Zentrum persönlicher Interessen rückt, desto größer ist möglicherweise die Abweichung der aktuellen Interpretation vom historischen Vorbild. Wie sehr dabei die Gegenwart durch das Interesse an der Vergangenheit beeinflusst wird, kann ebenfalls anhand des Beispiels *Tanz* verdeutlicht werden. Bis in die 1980er-Jahre hinein konnten Menschen, die den Gesellschaftstanz liebten, nur bei bestimmten Veranstaltungen diesem Hobby oder Sport nachkommen. *Tanztees* etwa boten dafür, insbesondere für die ältere Generation, eine gute Gelegenheit. Dabei deckte die Musik in der Regel das Repertoire der Standardtänze ab. Das neue Interesse an *Swing*-Musik und die in dessen Folge angebotenen Events gaben dann auch den Jüngeren eine Plattform, wobei insbesondere schnelle und besonders beliebte Rhythmen wie die des *Jive* oder des *Conga* auf dem Programm standen. Die Nachfrage nach *Swing*musik führte dabei nicht nur zu einer Erweiterung des Angebots der Tanzschulen, sondern auch zu einer Vielzahl von Kurs- und Workshop-Angeboten mehr oder minder begabter Profis und Laien. Dadurch wurde der musikalische Schwerpunkt bei

Veranstaltungen immer weiter verengt, bis außer dem *Jive* fast nichts mehr vermittelt wurde. Eine besondere Bedeutung innerhalb jenes großen Spektrums, das die Vintage-Szene heute zu bieten hat, kommt einer ganz anderen Form des Tanzes zu: *Burlesque,* oder genauer *American Burlesque.* Die Tradition der amerikanischen *Burlesque-Shows* reicht zurück bis in die 1920er-Jahre. Sie entwickelten sich aus *Vaudeville,* das etwa der englischen *Music Hall* entsprach, und aus den großen Tanzrevuen des *Broadways,* den *Follies.* Im Zentrum des *Vaudeville* standen *Comedy* und *Sketch,* aber auch Musik und Tanz. Das Revuetheater der *Follies* konzentrierte sich in Nachahmung Pariser Vorbilder wesentlich auf Gesang und Tanz, wobei *Tanz* hier vor allem ein Heer schöner junger Tänzerinnen meinte, die in mehr oder weniger freizügigen Kostümen das Publikum begeisterten. Diese Darbietungen waren durchaus erotisch, jedoch so stilisiert und diskret in Szene gesetzt, dass auch ein anspruchsvolles Theaterpublikum sich wohlfühlen konnte. Die *Burlesque-Shows* hingegen boten eine eher einfache und mitunter auch recht subversive Form der Unterhaltung für Menschen, die sich nichts aus Theater und nicht allzu viel aus Kunst machten. Ihr Gegenstand war die Parodie, vornehmlich von literarischen Werken, von Musikstücken – und der *großen Revuewelt.* Einen Eindruck von solchen Shows bieten die Szenen aus dem *Kit Kat Club* im Musical *Cabaret,* das Bob Fosse 1972 verfilmte[24]. Die Karrieren einer ganzen Reihe berühmter späterer Hollywoodstars begannen in *Burlesque-Shows,* darunter *Mae West,* die zunächst in diesem Umfeld den ihr eigenen geschliffenen, zweideutigen Witz und die Figur der taffen Sirene entwickelte, die sie danach höchst erfolgreich auch im Film spielte. Die gewagten Darstellungen der *Burlesque-Shows* standen von Anfang an in einer dialektischen Beziehung zur erotischen Fotografie. Sie griffen deren Motive und Posen auf und inspirierten gleichzeitig auch wieder Fotografen zu neuen Werken. Die *Pin-ups*[25], die die amerikanischen Soldaten bei ihren Einsätzen im Zweiten Weltkrieg begleiteten, waren zum großen Teil Arbeiten des peruanischen Malers *Alberto Vargas* oder kopierten dessen bis heute maßgebenden Stil, auch auf Fotos mit Filmstars wie *Betty Grable* oder *Rita Hayworth*. Sie wurden in den *Burlesque-Shows* von Künstlerinnen wie der legendären *Bettie Paige* umgesetzt und gewissermaßen über die Kriegszeit hinaus getragen. *Paige* ist mit ihrer typischen Frisur, ihren Korsagen, schwarzen Strümpfen mit sichtbarer Naht und den hochhackigen Schuhen nicht nur zu einer Ikone der amerikanischen *Pop*kultur der 1940er-Jahre geworden. Sie dient auch modernen Frauen immer wieder als Modell – und nicht nur Künstlerinnen. Beigetragen zur enormen Beliebtheit dieser *Burlesque*-Form hat in der Gegenwart nicht zuletzt der Erfolg der US-amerikanischen Schauspielerin *Dita von Teese,* die in ihren Auftritten den Stil und den Look der 1940er-Jahre-Shows perfekt trifft. Inzwischen ist innerhalb der englischen Vintage-Szene ein eigener Bereich entstanden, der sich zu einer Art kleiner *Burlesque*-Industrie entwickelt hat. Kurse und Workshops versprechen Frauen jeden

Alters, sich in erotische Verführerinnen zu verwandeln, Heerscharen von spezialisierten Friseuren und Visagisten bieten die dazu notwendige Verwandlung der äußeren Erscheinung an und ebenso viele Fotografen versprechen, die so aufgerüsteten Damen in typischen Posen festzuhalten und sie so in all ihrer Unwiderstehlichkeit für die Nachwelt zu dokumentieren. Den Haarkünstlerinnen (meist sind es Frauen) und Visagisten, die sich mit dem jeweiligen Zeitgeschmack nicht immer so gut auskennen, geht es dabei weniger um Authentizität als vielmehr um die Schaffung eines verführerischen Aussehens. So ist auch hier Nostalgie im Sinne eines *Heimwehs* im Spiel. Eine verdrängte Sehnsucht nach einer Frauenrolle, die man heute nicht mehr als adäquat und politisch korrekt ansehen würde. Es kann kaum verwundern, dass es kein männliches Äquivalent gibt, obwohl die sogenannten *Beefcake*-Bilder, also männliche *Pin-up*-Fotografien, ab dem Ende des Zweiten Weltkriegs durchaus in der amerikanischen Kultur präsent waren. Die Rolle der Männer in der Gesellschaft hat sich zwar ebenfalls gewandelt, doch in eine andere Richtung: Spärlich bekleidete männliche Models sind inzwischen als Werbeträger ein Bestandteil unseres Alltags und die meisten von ihnen stellen physisch ihre Vorfahren der vierziger und fünfziger Jahre in den Schatten – wobei das Mehr an Muskeln durchaus als Versuch eines optischen Ausgleichs für ein Weniger an gesellschaftlicher Relevanz verstanden werden darf. Denn diese hat für das männliche Geschlecht in den letzten sechzig Jahren unbestreitbar erheblich abgenommen. Die *Burlesque*-Szene hat nicht allein durch ihre aktuelle Leitfigur, die bereits erwähnte *Dita von Teese* und deren Publikationen, auch eine Verbindung zum Sadomasochismus, zu Leder und Peitschen. Dies spielt zwar im Mainstream der Vintage-Szene keine bedeutende Rolle, öffnet aber die Tür zu anderen Bereichen, die – wie *Burlesque* selbst – mit Literatur und bildender Kunst verbunden sind: dem sogenannten *Cyberpunk* mit seinen diversen Untergruppen. Unter *Cyberpunk* versteht man eine Spielart der *Science-Fiction*, bei der bestimmte wissenschaftlich-futuristische Elemente mit Versatzstücken aus unserer Gegenwart oder sogar zurückliegenden Epochen verbunden werden. Die Subkategorien dieses Genres greifen jeweils bestimmte Zweige der Wissenschaft, etwa Physik oder Biologie, auf. Die Titelbilder der entsprechenden Bücher oder andere von ihnen inspirierte Illustrationen zeigen nicht selten Frauendarstellungen, die von *Burlesque* und *Pin-up* inspiriert sind. Sie verschmelzen vor allem auch *Art-Déco*-Elemente mit Darstellungen von bereits vorhandener oder zukünftiger Technik, wobei die Variante, die sich speziell mit Technik befasst, als *Steampunk* bezeichnet wird, unter Bezugnahme auf die Dampfmaschinen, die am Beginn der Industriellen Revolution standen.

So neu auch Bezeichnungen wie *Cyberpunk oder Steampunk* sein mögen, was sie beschreiben, hat durchaus eine lange Tradition, an deren Beginn u. a. die *Flash Gordon*-Comics des amerikanischen Autors und Zeichners *Alex Raymond* standen, die zuerst 1934 und damit in der Ära des Art Déco erschienen. Die darin geschilderten Abenteuer von Menschen auf dem Planeten Mongo sind eine opulente Phantasie einer Welt, in der zwar mit Raketen geflogen, doch mit Schwertern gekämpft wird, um Königreiche zu erobern und schöne Frauen in Hollywood-tauglichen Roben aus gefährlichen Situationen zu retten. Eine stete Quelle der Inspiration für die Künstler des *Cyber-* oder *Steampunk* ist das *Setdesign* des 1927 von *Fritz Lang* inszenierten Filmklassikers *Metropolis*[26], der 1984 durch einen zeitgenössischen Soundtrack von Produzent *Giorgio Moroder*, zu dem Stars wie *Queen* und *Adam-Ant-Musik* beisteuerten, neue Aufmerksamkeit erfuhr.

Der zwei Jahre zuvor erschienene Science-Fiction Film *Blade Runner*[27] von *Ridley Scott* nach einer Vorlage des Autors *Philip K. Dick* liefert ebenfalls mit dem Bild eines Los Angeles des Jahres 2019, in dem perfekt im Stil der 1940er-Jahre *gestylte* Frauen auftreten, eine brillante Studie in *Cyberpunk*. Ein filmisches Beispiel für *Steampunk* ist die 1999 erschienene Kino-Version der 1960er-Jahre US-Fernsehserie *Wild Wild West* mit *Will Smith*[28]. Purer *Cyberpunk* ist auch in *Kerry Conrans Sky Captain And The World Of Tomorrow*[29] und in diversen Folgen der englischen Kult-TV-Serie *Doctor Who*[30] zu finden. All die bewegten Bilder der Filme oder die unbewegten der Buchillustrationen transportieren Eindrücke, *Images* des Art Déco und tragen somit zur Präsenz des Stils im Bewusstsein des Publikums bei. Wesentlich größer noch ist in England jedoch der Einfluss von Filmen und TV-Serien, die direkt in der

Epoche angesiedelt sind und von Dokumentationen, die sich mit der Geschichte des Landes befassen. Es ist daher an der Zeit, hier die Bühne zu verlassen und sich Leinwand und Bildschirm zuzuwenden.

Steampunk lebt vom Widerspruch bewussten Rückgriffs auf die Technik der Dampfmaschinen und Zahnräder in Verbindung mit einer technischen Zukunftsvision.

3.3 Vintage zeigen und propagieren –
Der Einfluss der Medien

Wir leben im Zeitalter der Medien und speziell auch – seit etwas über zwanzig Jahren – in dem des Internets. Diese Tatsache ist nicht nur unleugbar, sie ist auch höchst bedeutsam für die Vintage-Bewegung, und das gleich in zweifacher Hinsicht: Zum einen hätte sich dieses Phänomen nicht in dem Maße verbreiten können, wie es das tat, hätten nicht die modernen Medien zur Verfügung gestanden. Zum anderen wäre der Bedarf nach dieser Form der Nostalgie nicht so groß, wie er sich heute darstellt, gäbe es nicht unsere postmoderne Mediengesellschaft mit all ihren Begleiterscheinungen. Die erstere Behauptung mag dabei leichter zu beweisen sein als die die letztere. Trotzdem – oder gerade deswegen – macht es Sinn, über sie nachzudenken. Doch beginnen wir mit dem einfacheren Teil und betrachten wir zunächst den Einfluss der Medien auf die Vintage-Szene.

Wenn heute der Begriff Glamour fällt, dann oft in Zusammenhang mit deutlichen Reminiszenzen an das Hollywood der zwanziger bis vierziger Jahre. Das war die Hochzeit des Star-Systems. Metro Goldwyn Meyer, kurz MGM, eines der größten und erfolgreichsten Filmstudios der Traumfabrik, warb für sich und seine Produkte mit dem Slogan *More Stars than there are in Heaven* (Mehr Sterne als am Himmelszelt). Diese himmlischen Lichter waren natürlich die bei der Gesellschaft unter Vertrag stehenden Schauspielerinnen und Schauspieler, deren Bild in der Öffentlichkeit durch die PR-Maschinerie der Studios bestimmt und propagiert wurde, um dann durch ihre Rollen bestätigt und gefestigt zu werden. Dies entspricht der ursprünglichen Bedeutung des Wortes Glamour, das einen feenhaften Zauber beschreibt, dessen Wirkung den Betrachter etwas sehen lässt, das nicht der Wirklichkeit entspricht. Die Erfolge dieser Bemühungen waren so nachhaltig, dass noch heute, siebzig bis neunzig Jahre später, Bilder von *Marilyn Monroe*, *James Dean* und *Audrey Hepburn* in der Werbung und als verkaufsfördernde Motive auf allen möglichen Produkten eingesetzt werden, von der Tasse bis zur Tasche. Speziell *Audrey Hepburns* schlanke Silhouette lässt sie angesichts aktueller Vorstellungen von Schönheit heute wieder oder immer noch als Stil-Ikone erscheinen[31]. Doch auch moderne Idole der populären Kultur greifen immer wieder auf den Glamour Hollywoods zurück. Ob *Madonna*, die 1990 mit ihrem Hit *Vogue* und dem dazugehörigen Video Stars wie *Marlene Dietrich, Betty Grable* und andere feierte, ob *Dita von Teese*, deren Auftritte die *Burlesque-Shows* der vierziger und fünfziger Jahre wieder aufleben lassen, ob *Christina Aguilera*, die mit ihrem lasziven Song *Candyman* eine vom Stil der *Andrew-Sisters* inspirierte *Swing-*Nummer ablieferte, *Kate Perry, Lily Allen, Lana DelRey* und viele mehr. Sie alle bedienen sich jener magischen Blendung, die man als Glamour bezeichnet und die im Hollywood der 1930er-Jahre entstanden und seitdem nie wieder in dieser Perfektion aufgetreten ist. Doch natürlich wird die visuelle Vorstellung von vergangenen Jahrzehnten auch und besonders durch die in ihr hergestellten oder in ihr handelnden Filme transportiert. Das gilt für unzählige Klassiker, insbesondere speziell des amerikanischen *Film Noir*, die heute noch vereinzelt im Fernsehen gezeigt oder in zeitgenössischen Filmen zitiert werden. Und es gilt ebenso selbstverständlich auch für große Produktionen der letzten Jahrzehnte, die historische Stoffe aufgegriffen haben. Dazu zählt natürlich auch *James Camerons Titanic*. Hinsichtlich der 1920er-Jahre lösten Filme wie *Thoroughly Modern Millie* (1967), *Cabaret* (1972) und nicht zuletzt die zweite Verfilmung von *F. Scott Fitzgeralds* Roman *The Great Gatsby* aus dem Jahre 1974[32] ein großes Echo beim Publikum aus. Im Fall des *Großen Gatsby* blieb jedoch der Erfolg einer modischen Ausbeutung wesentlich geringer als erhofft. Auch das Remake von 2013 blieb hinter den Erwartungen der Produzenten zurück, die hier allerdings bereits auf Enthusiasten der Vintage-Bewegung gesetzt und sich damit verrechnet hatten. Wesentlich größeren Einfluss auf die zeitgenössische Mode konnte der ebenfalls 1967 in den Kinos gezeigte Film *Bonnie & Clyde*[33] für sich verbuchen, dessen Handlung die 1930er-Jahre wieder heraufbeschwor, ganz zu schweigen von einer ganzen Serie von *Agatha-Christie*-Adaptionen für das Kino. Begonnen mit der Bearbeitung von *Murder on the Orient Express* von *Sydney Lumet* aus dem Jahr 1974 mit *Albert Finney*[34] und diversen weiteren Filmen um den belgischen Meisterdetektiv *Hercule Poirot*, in denen er dann von *Peter Ustinov* verkörpert wurde. Filme wie *Yanks*[35] (1978) und *The Good German* (2006)[36] brachten ihr

Publikum zurück in die 1940er-Jahre, ebenso die James-Elroy-Verfilmung *The Black Dahlia* (2006)[37]. Ein weiterer Elroy-Roman, der erfolgreich für das Kino bearbeitet wurde, *L.A. Confidential* (1997)[38], ist in den 1950er-Jahren angesiedelt und damit in jener Ära, in der auch die für Kino und Fernsehen umgesetzten Bücher *Agatha Christies* um ihre Hobby-Detektivin *Jane Marple* spielen.

Es ist nun an der Zeit, auf das Gesamtwerk dieser ebenso produktiven wie erfolgreichen Autorin zu schauen, das auf die heutige Vintage-Szene einen so großen Einfluss hat. *Agatha Christie* (1890-1976) hält eine ganze Reihe von Rekorden. Sie ist nach wie vor weltweit die Kriminalschriftstellerin mit der höchsten Gesamtauflage gedruckter Exemplare. Ihr Theaterstück *The Mousetrap* (*Die Mausefalle*) wird seit der Premiere im Jahr 1952 ohne Unterbrechung im Londoner West End gespielt[39]. Gleichzeitig hat sie durch ihr literarisches Werk und dessen zahlreiche Bearbeitungen für Film und Fernsehen in einzigartiger Weise dazu beigetragen, die Vorstellungen davon zu prägen, was ‚typisch Britisch‘ ist. Dies gilt nicht nur für das Ausland, sondern auch für England selbst. *Christies* Romane beschreiben mit Detailtreue und mit großem Einfühlungsvermögen die Essenz dessen, was man als *Englishness* bezeichnen kann. Sie vermitteln eine positive Identifikation für Engländer selbst und für alle Menschen auf der Welt, die verstehen wollen, welche heimelige Gemütslage sich hinter Bekenntnissen wie *My Home is my Castle* verbirgt. Obwohl das Oeuvre der Autorin die Zeitspanne vom Ende des Ersten

Weltkriegs bis in die 1970er-Jahre umfasst, sind es die Jahrzehnte von 1920 bis zum Ende der 1950er-Jahre, mit denen ihre Geschichten und eben auch dieses in ihnen reflektierte Element des ‚typisch Englischen' immer wieder verbunden werden. Das kommt nicht von ungefähr und ist im Zusammenhang mit unserem Thema von großer Bedeutung. So sind die Bilder der unterschiedlichen Heldinnen und Helden ihrer Romane, wie *Tommy und Tuppence*, *Hercule Poirot* und *Miss Marple*, ganz gleich, von wem sie jeweils dargestellt wurden, überwiegend Bilder Englands der zwanziger bis fünfziger Jahre. Ihre Geschichten entführen ihr Publikum größtenteils in jene Epoche(n), die heute das Zentrum des Interesses der Vintage-Szene bilden. Die andauernde Beliebtheit dieser Roman- und Filmstoffe liegt in der Art, wie sie das Leben und die Menschen in England beschreiben. Diese Popularität wiederum sorgt auch dafür, dass die entsprechenden Jahrzehnte ständig visuell präsent sind: Ihre Kleidermoden, ihre Dekorationen und Einrichtungen, ihre technischen Errungenschaften, speziell die Automobile und Züge dieser Zeiten sind im englischen Fernsehen allgegenwärtig. Das Detektivpaar *Tommy und Tuppence Beresford*, dessen Abenteuer in den 1920er-Jahren beginnen und bis in die 1970er-Jahre sporadisch immer wieder einmal fortgesetzt wurden, fanden unter dem Titel *Agatha Christie's Partner in Crime* mit *James Warwick* und *Francesca Annis* in den Hauptrollen in zehn Folgen den Weg ins Fernsehen, wo sie 1983 und 1984 erstmals in England ausgestrahlt wurden. Seitdem haben sie, wie die meisten anderen Christie-Adaptionen, eine

Reihe von Wiederholungen erfahren. In Deutschland wurde die Serie unter dem Titel *Detektei Blunt* in den 1980er-Jahren von verschiedenen Dritten Programmen gezeigt. Die verwendeten Vorlagen spielen alle in den zwanziger Jahren.

Jane Marple, die ebenso unscheinbare wie aufmerksame und geniale Hobby-Kriminalistin, ist sicher eine der bekanntesten Figuren *Agatha Christies*. Viele der Romane, in denen sie auf Mörderjagd zu beobachten ist, wurden mehrfach für Kino und TV in Szene gesetzt. Unter den Darstellerinnen, die ihr auf der großen Leinwand Leben gaben, sind wohl die unvergessene *Margaret Rutherford* und *Angela Lansbury*[40] die bekanntesten. Es entstanden in England bislang zwei Serien um die ungewöhnliche Verbrechensbekämpferin. Die erste, in der *Joan Hickson* die Titelfigur spielt, wurde zwischen 1984 und 1992 für die BBC produziert und später mehrfach wiederholt. Der britische Privatsender ITV begann im Jahr 2004 eine eigene Serie von Bearbeitungen dieser Stoffe. *Miss Marple* wurde zunächst von *Geraldine McEwan* und später von *Julia McKenzie* dargestellt. Die Reihe wurde zumindest bis 2013 fortgesetzt. Was die zeitliche Einordnung der unterschiedlichen Handlungen betrifft, sind die Filme der BBC-Reihe in den späten vierziger, die der ITV-Serie in den fünfziger Jahren angesiedelt. Hinsichtlich der Schauplätze präsentieren die Miss-Marple-Stoffe vor allem ländliche Gebiete, seien es kleine Ortschaften oder die großen *Manor-Houses* des Adels und Großbürgertums.

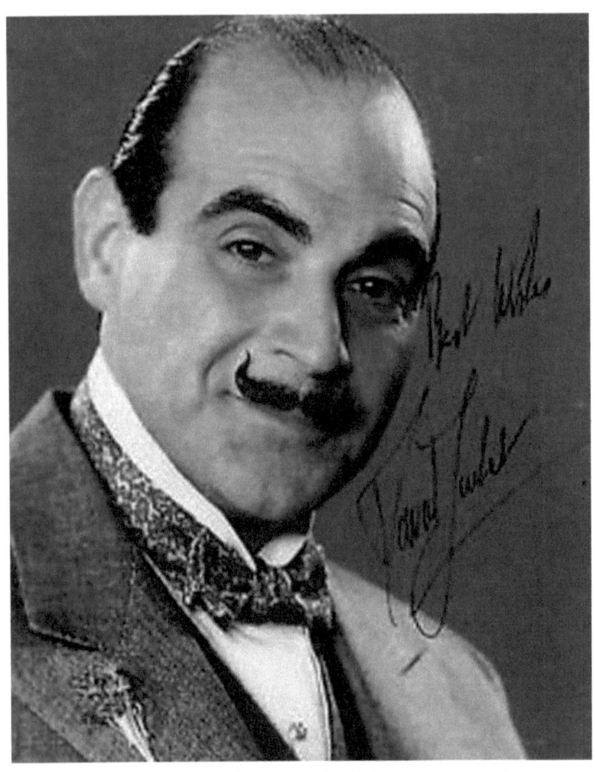

David Suchet in seiner Rolle als Agatha Christies Detektiv *Hercule Poirot,* dessen Geschichten er durch seine Darstellung zu einem internationalen TV-Erfolg gemacht hat.

Ebenso berühmt wie *Miss Marple* ist der von *Agathe Christie* erfundene belgische Detektiv *Hercule Poirot*. Wie bereits erwähnt, wurde er in Filmen u. a. von *Albert Finney* und wiederholt von *Sir Peter Ustinov* dargestellt. Wirklich international populär allerdings machte das Fernsehen den gewitzten und exzentrischen Schnurrbartträger mit jenen Produktionen, in denen der englische Charakterdarsteller *David Suchet* diese Rolle mit unvergleichlichem Talent und großer Ausdauer durch seine geniale Interpretation formte. Er schaffte es, diesen Charakter mit all seinen verschiedenen Facetten so in sich konsistent und für das Publikum interessant darzustellen, dass es nach mehr und mehr verlangte. Als erster Schauspieler hat er zwischen 1989 und 2013, also in einem Zeitraum von fast 25 Jahren, in Verfilmungen sämtlicher von *Agatha Christie* verfasster Geschichten über *Poirot* diese Rolle gespielt. Insgesamt siebzig teils 50-minütige, oder sogar 90-minütige Filme hat der englische Sender ITV produziert und unter dem Titel *Agatha Christie's Poirot* gesendet. Die Erstausstrahlung der letzten Episode, in der der Detektiv stirbt, erfolgte im November 2013. Die Serie wurde in 100 Länder verkauft und ist – dank ständiger Wiederholungen – im Englischen Fernsehen seit der allerersten Folge dauerhaft präsent. *David Suchet* als *Poirot* ist dabei zu einem weltweiten Phänomen geworden. Ausschlaggebend für diesen Erfolg ist nicht allein die durchgängig hohe Qualität der Darstellung. Das gesamte Setting, die komplette Inszenierung sind bekannt für ihre detailgetreue Wiedergabe der Handlungszeit und -orte, wobei es sich ganz überwiegend um die 1930er-Jahre und um England, speziell London, handelt.

Als Johnny Martin hatte ich das Privileg, mit meiner Partnerin Ruby zusammen in verschiedenen Episoden von *Poirot* als eines der regulären zeitgenössischen Tanzpaare aufzutreten, wie sie für viele entsprechende Szenen benötigt wurden – eines der für das richtige atmosphärische Flair der Serie notwendigen Details.
Ich hatte an verschiedenen Kostümproduktionen von unterschiedlicher Authentizität mitgewirkt als Statist, als Tänzer oder in kleinen Rollen. Für alle gilt, dass es ein Vergnügen war, dabei zu sein; aber einige ragten deutlich sichtbar aus der Masse aufgrund der Sorgfalt und Detailtreue heraus, mit der sie produziert wurden, die einem wirklich das Gefühl gaben, sich auf einer Zeitreise in die Vergangenheit zu befinden, wenn man mitspielte. *Poirot* gehörte definitiv in diese Kategorie.
Selbst wenn der Beitrag, den man dazu leisten durfte, nur darin bestand, im Hintergrund eine Straße entlang zu laufen oder in einem Café zu sitzen, hüpfte einem gewissermaßen das Herz vor Freude, wenn man telefonisch informiert wurde, auch nur für einen Tag dabei sein zu können. Bereits in den frühesten Drehtagen der Serie, lang bevor sie zu dem großen Phänomen wurde, das sie heute darstellt, wusste man, dass man an etwas ganz Besonderem beteiligt war, egal wie klein der persönliche Beitrag auch sein mochte. Die Art, wie man am Set behandelt wurde, selbst als Statist, die Aufmerksamkeit, die dem Kostüm gewidmet wurde, das man trug, dem Make-up und den Frisuren, die Detailversessenheit, die man bei der Arbeit an anderen Szenen verfolgen konnte, während man auf seinen Einsatz wartete und schließlich vor allem die unglaubliche Sorgfalt, die *Mr. Suchet* in seine Darstellung legte, waren hinter der Kamera mindestens

ebenso beeindruckend und machten ebenso viel Spaß wie das Betrachten des fertigen Produkts auf dem Bildschirm. Eine solche Hingabe daran, alles richtig zu machen, setzt sich unweigerlich von oben nach unten fort. So führen die Aufmerksamkeit, die die gesamte Crew der Filmarbeit widmet, das Engagement des Hauptdarstellers, der respektvolle Umgang selbst mit den unbedeutendsten Mitwirkenden, den Statisten, dazu, dass alle – eben selbst die Statisten – mit Begeisterung ihr Bestes geben. Es ist nicht verwunderlich, dass das fertige Resultat von solch gleichbleibender Qualität war. Ja, irgendwie fühlte man, dass man an etwas ziemlich Außergewöhnlichem Anteil hatte. Und das war es schließlich auch; *Poirot* wurde nicht nur mit gutem Grund ein enormer Erfolg als Serie, die Reihe setzte in den späten 1980er-Jahren auch neue Standards für Kostümdramas, an denen sich alle anderen Produktionen messen lassen mussten, wenn sie ernst genommen werden wollten. Meine Insider-Perspektive hatte dabei zwei Ebenen, denn ich war nicht nur als Darsteller Teil der Produktion, sondern bekam in meiner Eigenschaft als Art-Déco-Designer auch Gelegenheit zu einem einzigartigen und immens wertvollen Blick hinter die Kulissen des gesamten Produktions-Designs, was für mich absolut faszinierend war. Man sagt, für jeden professionellen Designer gibt es eine Arbeit eines Kollegen, die er so sehr bewundert und schätzt, dass er sich wünscht, es wäre sein Entwurf. Für mich ist das der grafische Entwurf der Titelsequenz von *Poirot*, die mir schon beim ersten Mal, als ich sie sah, schier den Atem verschlagen hat vor Begeisterung: Sie reflektiert für mein Empfinden perfekt den Stil des Art Déco und verkörpert den Geist der Epoche auf genau die Art, wie ich es mir für meine eigenen Entwürfe vorstelle. Mit den gleichen Augen des Designers habe ich mich in den letzten 25 Jahren genüsslich in *Poirot* versenkt und gierig jedes Detail aufgesogen. Wie von den Machern der Serie selbst dargestellt, zeichnet *Poirot* die 1930er-Jahre in einer Weise, wie sie real nicht existierten – also könnte man in gewisser Weise argumentieren, die Darstellung der Serie sei gerade nicht akkurat. Doch natürlich bewegen wir uns hier auf dem Feld dessen, was man dramatische oder künstlerische Freiheit nennt, das bedeutet: Würde etwas tatsächlich ganz und gar der historischen Wirklichkeit gemäß wiedergegeben, wäre es schlicht zu öde, um ein Publikum zu finden. Das reale England der dreißiger Jahre war natürlich eine Mischung aus zeitgenössisch-aktuellem Stil mit landestypisch Traditionellem, einer Menge Viktorianischem, ganz zu schweigen von einer enormen Masse zusammengeschusterter Häuser, die dann dem Zweiten Weltkrieg zum Opfer fielen. Gerade auch das durchschnittliche Heim jener Zeit wäre eine solche bunte Ansammlung gewesen, auch wenn es natürlich gleichzeitig Nischen mit spektakulären Art-Déco-Gebäuden gab, Häuser wohlhabender Privatpersonen etwa, öffentliche Gebäude und Hotels. Doch in *Poirots* England der 1930er-Jahre sind die meisten Gebäude Zeugnisse der Moderne, die meisten Ausstattungen stromlinienförmig, die meisten Autos schlicht die neuesten Modelle dieser Zeit usw. In dieser Hinsicht steht das Produktionsdesign in der großen Tradition Hollywoods der dreißiger Jahre, indem das Poirot-Land als eine sehr idealisierte Art-Déco-Version eines Teils der damaligen Realität erscheint. Ich glaube, das ist einer der Gründe, die die Serie so unwiderstehlich machen – sie ist ein optisches Fest für Liebhaber des Art Déco. Und warum auch nicht. Es ist schließlich Unterhaltung und keine Dokumentation.

In ähnlicher Weise sind die Kostüme und Frisuren absolut korrekt für die dreißiger Jahre, doch während die meisten Geschichten im Zeitraum der Jahre 1935/1936 angesiedelt sind, entsprechen sie ganz allgemein den dreißiger Jahren. Hier jedenfalls spiegeln sie die Wirklichkeit im Britannien der dreißiger Jahre etwas genauer wider, da sie nicht vom extremen Glamour Hollywoods in dieser Zeit beeinflusst und so wohl eher inspiriert sind vom Look der britischen Filme dieser Epoche. Das macht die ganze Sache sehr viel glaubhafter, da wir wissen, dass Hollywood entweder eine überzogene Form der Wirklichkeit oder pure Phantasie zeigt. Durch den Umstand, dass gerade vermieden wurde, dem Hollywood-Weg zu folgen, hat die Serie eine sehr viel größere Beliebtheit erreicht, als es sonst möglich gewesen wäre. Ich denke auch, ihr durch und durch englisches Auftreten, die Betonung, dass es sich um englisches Art Déco der dreißiger Jahre und nicht um das große, monumentale, glitzernde amerikanische handelt, die Verkörperung des Englisch-Seins schlechthin, machen diese Fernsehserie zu einer Metapher für die Vintage-Bewegung selbst. Sie verhält sich zum Stil Hollywoods im Kontext von Film, Kunst und sozialer Bewegung wie die *Queen Mary* bekanntermaßen zur *Normandie*: Letztere hatte unendlich mehr Glamour, war auf dem neuesten Stand der Technik, aufregend, luxuriös, verschwenderisch ausgestattet, exzessiv und teuer. Doch die, die es sich leisten konnten, dergestalt zu reisen, bevorzugten – wenn sie Geschmack hatten – die zurückhaltendere Eleganz der *Queen Mary*, selbst amerikanische Filmstars und Angehörige des Adels.

Die Parallele ist durchaus bedeutend: Die amerikanische Vintage-Szene ist tatsächlich im übertragenen Sinn eine zeitgenössische Version vom Hollywood der dreißiger und vierziger Jahre, verglichen mit unserer eigenen hier in England. Trotzdem können amerikanische Enthusiasten nicht genug bekommen von

Fernsehserien wie *Poirot* und *Downton Abbey* – unseren Ausgaben der *Queen Mary* für das 21. Jahrhundert. Vielleicht ist es die einzigartige harmonische Mischung der genannten Faktoren, die *Poirot* bei den Aktiven der Vintage-Bewegung so beliebt macht und die sie in der Tat zu einem wichtigen Impuls für die Szene hat werden lassen, da sie Phantasie mit Erreichbarkeit verbindet. Dies könnte sogar als die Essenz der Vintage-Szene betrachtet werden.

Ruby Fox und Johnny Martin am Set einer Episode von *Poirot*.

Bereits vor den Romanen *Agatha Christies* wurde in den 1970er-Jahren mit dem englischen Charakter-Komiker *Sir Ian Carmichael* in der Titelrolle des *Lord Peter Wemsey* ein erster Versuch in Sachen Kostüm-Krimi gestartet So war zwischen 1972 und 1975 der adlige Detektiv der Autorin *Dorothy Sayers* auf dem Bildschirm tätig und wurde somit zum Wegbereiter für die später wesentlich populäreren Christie-Geschichten. Die enorme Beliebtheit der Poirot-Reihe beim Publikum hat in England, von den bereits erwähnten weiteren Agatha-Christie-Verfilmungen für das Fernsehen, zu einer Fülle von anderen Kostümproduktionen geführt, mit der versucht wurde, an dieses Erfolgsmodell anzuknüpfen. Dazu zählt u. a. die BBC-I-Reihe *The Mrs. Bradley Mysteries* (1998/99). Hier agiert die auch in Deutschland während der 1960er-Jahre als *Emma Peel* berühmt gewordene Schauspielerin *Dame Diana Rigg* in der Titelrolle der Detektivin *Adela Bradley* in üppigen 1920er-*Art-Déco*-Dekors, unterstützt von ihrem Chauffeur *George Moody*, gespielt von *Neil Dudgeon*. Die Reihe basiert ebenfalls auf literarischen Vorlagen einer Kriminal-Autorin, in diesem Fall *Gladys Mitchell*. Zwei weitere Krimi-Serien sollen hier erwähnt werden: *The Singing Detective* (1986), eine ungewöhnliche Mischung aus *Film Noir* und *Mystery*, die schließlich in Hollywood auch für die große Leinwand adaptiert wurde und *Foyle's War*, die seit 2002 von dem Privatsender ITV produziert wird und in den 1940er-Jahren angesiedelt ist. Sie kann mit ihrem starken und stimmigen Zeitkolorit, den differenzierten Charakteren und komplexen Ge-schichten fast als das Verbindungsglied zum Genre des *Sozialdramas* gesehen werden. Die Verbrechen, um die es in den einzelnen Episoden geht, sind stets eng verwoben mit den speziellen Bedingungen der Zeit und den Orten des Geschehens. Die beiden Meilensteine der englischen Kostüm-Sparte des Sozialdramas berufen sich auf bekannte literarische Vorlagen: die erste TV-Adaption der *Forsyte-Saga* nach *John Galsworthys* gleichnamigem Werk, die in der zweiten Hälfte der 1960er-Jahre von BBC II produziert und zuerst ausgestrahlt wurde sowie die erste Verfilmung von *Evelyn Waughs Brideshead Revisited* (1971). Unter den speziell für das Fernsehen entwickelten Formaten nehmen die geistigen Kinder der Schauspielerin, Schriftstellerin und Produzentin *Jean Marsh* und ihrer Mitautorin *Eileen Atkins* eine herausragende Stellung ein. Ihre zwischen 1971 und 1975 gedrehte und zuerst ausgestrahlte Serie *Upstairs, Downstairs* wurde auch in Deutschland unter dem Titel *Das Haus am Eaton Place* populär. Sie schufen mit diesem Epos um eine großbürgerliche englische Familie zu Beginn des 20. Jahrhunderts ein griffiges und das Publikum begeisterndes Konzept, dem schließlich auch die aktuell erfolgreichste englische Kostümproduktion, die u. a. mit *Emmy Awards* ausgezeichnete Serie *Downton Abbey* (seit 2012), folgte. *Uspairs, Downstairs* erlebte 1979 einen kurzen *Spin-Off*, einen seriellen Ableger, mit *Thomas and Sarah*, den Geschichten um zwei der Bediensteten aus dem Haus der Bellamys am Eaton Place. In Deutschland wurde diese Produktion allerdings ebenso wenig gezeigt wie der nächster Geniestreich des Autorinnen-Duos *Marsh* und *Atkins*: *House of Eliott* (1991-1994), der den Aufstieg zweier Schwestern im Modegeschäft der 1920er-Jahre erzählt. Einem ähnlichen Plot folgt die 2013 bei ITV gestartete Reihe *Mr. Selfridge*, die den sozialen und wirtschaftlichen Erfolg einer realen Person, des Kaufmanns *Harry Gordon Selfridge*, und seiner Frau erzählt. *Selfridge* war Amerikaner, kam jedoch in London durch das von ihm gegründete Kaufhaus zu finanziellem Ruhm. Auch diese biografisch angelegte Spielserie basiert auf einer literarischen Vorlage[41]. Die Aufzählung ließe sich noch um viele Produktionen erweitern, die alle zusammen mehr als genug Material für ein eigenes Buch abgeben würden. Zumindest erwähnt werden soll noch die Serie *Call The Midwives*[42]. Basierend auf einer Autobiografie schildert sie Erlebnisse einer Gruppe von Hebammen im England der 1950er-Jahre. Die ersten Folgen wurden 2012 ausgestrahlt und lösten beim Publikum sofort großes Interesse an der Handlung aus – aber auch an der Arbeit der Hebammen, die seitdem auf der Liste der Berufswünsche bei englischen Mädchen sehr weit oben steht. Selbstverständlich gab und gibt es auch eine große Anzahl von Komödien, die sich historischer Themen annehmen. Eine der englischsten basiert auf den Geschichten des beliebten Autors *P. G Wodehouse*. Der vollständige Name des 1881 in Surrey geborenen und 1975 in Amerika verstorbenen Schriftstellers war *Sir Pelham Grenville Wodehouse*. Zu seinen unsterblichen humorvollen Schöpfungen zählen u. a. der blasiert-tumbe, dafür aber reiche Aristokrat *Bertram Wilberforce Wooster* und dessen gewitzter, ironischer Diener *Reginald Jeeves*, der in der englischen *Upper-Class* der 1930er-Jahre seinen relativ nichtsnutzigen Arbeitgeber aus immer neuen Misslichkeiten befreien muss. Zwischen 1990 und 1993 produzierte ITV eine Reihe von Filmen über die beiden, in denen *Hugh Laurie*, inzwischen international als ebenso genialer wie mürrischer Arzt *House* bekannt, den leicht trotteligen *Dandy* Wooster gibt, während der ebenfalls international renommierte Schauspieler und Fernsehmoderator *Stephen Fry* seinen unerschütterlichen und lebensklugen Butler *Jeeves* verkörpert[43]. Sehr viel erfolgreicher noch waren und sind zwei *Comedy*-Serien, die während des Zweiten Weltkriegs spielen, die eine in England an der ‚Heimatfront‘, die andere im besetzten Frankreich: *Dad's Army* und *'Allo 'Allo*. Beide leben von der faszinierenden Eigenschaft der Briten, ungehemmt über sich selbst lachen zu können. In *Dad's Army* nehmen sich die Produzenten mit den Geschichten um eine Zivilschutzgruppe einer englischen Kleinstadt eines in seiner Zeit sehr ernsten Themas an. Da sie in ebenso kluger wie liebevoller Weise ihr Interesse auf den Widerstreit militärischen Drills mit menschlichen Schwächen und Eitelkeiten richten, gelingen ihnen hervorragende Karikaturen, die ausgesprochen komisch, dabei aber nie wirklich respektlos oder gar verletzend sind. Die Serie wurde zwischen 1968 und 1977 produziert und ausgestrahlt; damit dauerte sie gewissermaßen über doppelt so lang wie der Krieg, in dem sie spielt. Es gibt in Thetford (Norfolk) auch ein Museum, das der Fernsehserie gewidmet ist und noch heute, weit über dreißig Jahre nach Produktionsschluss, gut besucht wird, da *Dad's Army* praktisch ohne Unterbrechung von einem der englischen Fernsehkanäle ausgestrahlt wird.

Auch die Produktion von *'Allo 'Allo!* erreichte mit zehn Jahren (1982-1992) die doppelte Dauer des Zweiten Weltkriegs. Diese Comedy ist in einem kleinen Ort im von den Deutschen okkupierten Frankreich angesiedelt. Hauptfigur ist der Franzose *René Artois*, der Besitzer des örtlichen Bistros. Er muss sich herumschlagen mit seiner Frau Edith und deren greiser Mutter, den in ihn verliebten Serviermädchen Yvette und Michelle, zwei abgestürzten englischen Piloten, der Résistance unter der Führung der resoluten und stets überaus geheimnistuerischen Marie, dem ebenfalls in ihn verliebten deutschen Leutnant Gruber, den restlichen Besatzern, dem Edith vergötternden Bestattungsunternehmer Monsieur Alphonse und diversen anderen großen und kleinen Katastrophen. Die stets überaus absurden Versuche der Résistance, die beiden abgestürzten Engländer außer Landes zu schaffen, bilden ebenso einen der *Running Gags* der Serie wie die schier unendliche Geschichte um das wertvolle Kunstwerk *Die Gefallene Madonna* eines Künstlers namens *Van Klomp*, das ständig den Besitzer wechselt und von allen gleichermaßen als finanzielle Absicherung für die Nachkriegszeit beansprucht wird.

Eigentlich kann man *'Allo 'Allo!*[44] nicht wirklich beschreiben. Es mag jedoch bereits erkennbar geworden sein, dass die Serie von einem zwischen Intellektualität und Slapstick pendelnden Humor getragen wird, der durchaus keinen Vergleich mit *Monty Python's Flying Circus* scheuen muss und von einem kongenialen Ensemble brillant umgesetzt wird. Das Erstaunlichste an der Serie ist allerdings, wie es den Autoren und Produzenten gelingt, sich über Engländer, Franzosen und Deutsche gleichermaßen lustig zu machen, ohne dabei irgendwen schlechter aussehen zu lassen als die anderen. Tatsächlich wird niemand, der auch nur einen Funken Humor besitzt, sich davon irgendwo wirklich verletzt fühlen können.

Auch die Beschreibung von Komödien, die in der Vergangenheit angesiedelt sind, ließe sich noch weiter fortsetzen. So richtet sich das geschichtliche Interesse der Engländer nicht auf eine bestimmte Epoche, sondern stellt ein generelles und durchgehendes Phänomen dar. Eine jener typisch britischen Eigenschaften, die die Inselbewohner u. a. von den Deutschen unterscheiden. Dass historisierende Stoffe wie die Trilogie über die *Wanderhure* beim deutschen Publikum anhaltendes Interesse finden, ist eher die Ausnahme. In England hingegen spielt es keine Rolle, ob es um die 1950er-Jahre geht, den Zweiten Weltkrieg, den Ersten Weltkrieg oder welches Jahrhundert auch immer vor dem Zwanzigsten. Die *Tudors* besitzen das gleiche Erfolgspotenzial wie die *Plantagenets*, das 17. Jahrhundert ist so interessant wie das 18 oder 19. Jahrhundert. *Shakespeare* ist in jedem Fall ein Dauerbrenner und die Verfilmungen der Romane *Jane Austens* und *Charles Dickens* garantieren ebenso Einschaltquoten wie die Stoffe von *Agatha Christie*, auch noch in der x-ten Version.

Der angesehene englische Journalist *Ian Hislop* hat für die BBC eine dreiteilige Serie über die *Olden Days* geschrieben und moderiert, in der er sich mit der Liebe der Briten zur Vergangenheit auseinandersetzt. Sie wurde 2014 ausgestrahlt, dem großen Gedenkjahr: 100 Jahre nach dem Beginn des Großen Krieges, des Ersten Weltkriegs, das aus diesem Anlass mit einer Fülle von geschichtlichen Dramen und

Dokumentationen in allen Programmen aufwartete. Hislop beschreibt sein Vorhaben in der Zeitschrift *Radio Times* so: „Im Verlauf meiner neuen Serie über die britische Liebe zur Vergangenheit betrachte ich, wie wir uns unsere unerreichten Helden vorstellen [...], unsere durch die Zeit geehrten Traditionen [...] und unsere zeitlose Landschaft [...]. Ich kam zu der Überzeugung, dass es zu einfach wäre, dies alles als schlichte Nostalgie abzutun. Tatsächlich habe ich das Wort aus dem Titel des Programms herausgehalten und stattdessen die Formulierung 'die Macht der Vergangenheit in Britannien' gewählt."[45] Der Artikel trägt die Unterzeile: „Ist es bedeutsam, dass Britannien in der Vergangenheit lebt, fragt *Ian Hislop*"[46]. Abgesehen von der Antwort, die der Journalist in seinen Sendungen gibt und auf die wir im dritten Teil des Buches noch einmal zurückkommen werden, wenn wir unsere eigene Theorie über die Vintage-Bewegung im Detail offenbaren werden, kann diese Frage hinsichtlich der Programmangebote der englischen Rundfunksender ganz eindeutig mit ‚ja, offensichtlich' beantwortet werden. Denn der hier nur angedeuteten Fülle von fiktionalen Programmen mit historischen Inhalten steht eine kaum geringere von Dokumentationen aller Art gegenüber. Auch sie alle aufzulisten, wäre hier schlichtweg unmöglich. Daher wollen wir uns auf einige ausgesuchte Beispiele beschränken. Obwohl es aufgrund des Interesses der Briten an der Geschichte im Fernsehen Dokumentationen zu diesem Thema gegeben hat, schuf der Sender ITV mit der 26-teiligen Fernsehserie *World at War* über den Zweiten

Weltkrieg, die in den Jahren 1973/74 ausgestrahlt wurde, völlig neue Maßstäbe. Diese Produktion brach alle Rekorde. Der Produktionsaufwand war mit nichts vergleichbar, was zuvor hergestellt worden war, weder in quantitativer noch in qualitativer Hinsicht. Mit diversem bis zu diesem Zeitpunkt nicht öffentlich gezeigtem Material und mit einem der seinerzeit renommiertesten englischen Schauspieler, *Sir Laurence Olivier*, als Sprecher, vertrat diese Serie den Anspruch, sich ernsthaft und ausführlich mit der Historie auseinanderzusetzen. Sie wurde nicht nur in England zu einem großen Erfolg, sondern verkaufte sich auch nach Japan und in die Vereinigten Staaten; der digitale Sender Yesterday, der zur Gruppe UKTV gehört und – wie der Name bereits vermuten lässt – ausschließlich Sendungen mit geschichtlichem Bezug ausstrahlt, hat die Reihe im Jahr 2011 in sein Programm aufgenommen. Aus für *World at War* zusammengetragenem, jedoch nicht verwendetem Material wurden später weitere Dokumentationen erstellt, für die der ebenfalls sehr bekannte Schauspieler *Eric Porter* die Kommentare sprach[47]. 1987 schuf BBC II mit der Reihe *The Victorian Kitchen And Garden* eine Reihe, in der ein Zugang zur (Sozial-)Geschichte über den in Großbritannien sehr beliebten Zeitvertreib der Gärtnerei eröffnet wurde. Die Serie beschreibt nicht nur, welche Pflanzen zur Zeit Königin Victorias in einem gut sortierten Zier- und Nutzbeet eines englischen Gartens zu finden waren, sondern auch unter welchen Umständen und mit welchen Werkzeugen diese Gärten gepflegt wurden. Sie lieferte damit ein Stück *Infotainment*, indem sie Unterhaltung und Information verband und wurde so Vorbild für viele ähnliche Produktionen. Noch weiter ging ein Dutzend Jahre später der Privatsender Channel 4. Die von der Gesellschaft Wall to Wall in seinem Auftrag hergestellte Sendereihe *The 1900 House*[48] brachte überaus erfolgreich historisches Reality-TV auf die Bildschirme. Eine moderne Familie wird mit der Kamera dabei begleitet, wie sie die Aufgabe bewältigt, drei Monate lang unter den Bedingungen der Viktorianischen Zeit um die Wende zum 20. Jahrhundert in einem entsprechend präparierten Haus aus dieser Epoche zu leben. Ein ähnlicher Versuch in Deutschland, den die ARD im Jahr 2007 mit der Reihe *Abenteuer 1900 – Leben im Gutshaus* zum Bestandteil ihres Vorabendprogramms machte, fand wenig Interesse beim Publikum. Ganz offensichtlich unterscheidet das lebendige Interesse an allen Facetten der Geschichte die britischen Zuschauer stark von den deutschen. In England führte der Erfolg des Formats dazu, dass der Sender bei der gleichen Produktionsfirma umgehend eine weitere Variante dieses Musters in Auftrag gab. Die Abenteuer der Familie Hymes in *The 1940 House*[49] wurden 2001 ausgestrahlt und können durchaus auch als inspirierender und bestärkender Einfluss für die Vintage-Bewegung betrachtet werden – nicht zuletzt deshalb, weil Mrs. Hymes, die Mutter der Familie, von der Lebensweise der vierziger Jahre so positiv beeindruckt war, dass sie sich entschloss, diesen Stil beizubehalten. Eine Entscheidung, die Medien gern kolportierten. Die Idee dieser Sendereihen hat mittlerweile eine ganze Reihe von

Ablegern gefunden. BBC II hat mit *Ruth Goodman, Peter Guinn* und *Tom Pinfold* ein abenteuerlustiges kleines Team von Historikern zusammengestellt, das dem britischen Fernsehpublikum inzwischen schon die Details des ländlichen Lebens während des Zweiten Weltkriegs, der Edwardianischen und der Viktorianischen Ära nahegebracht hat und inzwischen mit der *Tudor Monastery Farm* im 16. Jahrhundert gelandet ist. Diese sehr beliebten Sendereihen bewegen sich zwischen *Info-* und *Edutainment,* also im Spannungsfeld zwischen Unterhaltung, Bildung und Information. Sie vermitteln Einblicke in die Lebensumstände der Menschen in anderen Epochen, stellen deren Ernährung vor, ihre Tagesabläufe und Arbeiten und all das selbstverständlich in entsprechend zeitgenössischen Kostümen.

Natürlich hat die Vintage-Bewegung aber nicht nur von Medienprodukten Anregung erfahren, sondern auch selbst einige hervorgebracht. Zeitschriften wie *The Chap* und *Vintage Vogue* informieren darüber, wie Mann und Frau sich am besten im Sinne traditioneller Werte verhalten bzw. gemäß historischer Vorbilder ausstaffieren und herrichten können. Das Magazin *Best of British* mit dem Untertitel *Past & Present* ist das renommierteste Journal für die unterhaltsame, informative und öffentlichkeitswirksame Aufarbeitung historischer Themen. Lokale Portale im Internet wie etwa *Vintage Norwich* informieren darüber, was sich in der Szene tut. Anbieter wie das amerikanische *Etsy* oder das australische *Zibbet* bieten im World Wide Web auf internationaler Ebene das virtuelle Äquivalent zu den englischen *Antique-Centres*: Sie eröffnen jeder und jedem die Möglichkeit, einen eigenen Shop unter ihrem Dach einzurichten, um dort als Vintage definierte Gegenstände aller Art, Kunst oder Kunsthandwerk anzubieten. Damit sammeln sie einen Teil der an diversen anderen Plätzen im Internet verstreuten Offerten und schaffen eine Konkurrenz zu Antik-, Trödel- und Flohmärkten, den Sortimenten gut ausgestatteter *Charity-Shops* und – was Kleidung anbetrifft – zu *Secondhandboutiquen*, den angestammten Bezugsquellen für die Mode vergangener Jahre und Jahrzehnte.

3.4 Vintage-Design und Mode –
Look und Glamour der Vergangenheit

Wenn wir über die visuelle Seite des Vintage-Phänomens sprechen, können die Bereiche *Design* (hier speziell *Grafik-Design* und *Interior-Design*) und *Mode* natürlich nicht unbeachtet bleiben. Vor dem Hintergrund von Studentenrevolte und gesellschaftlichen Umbrüchen vollzog sich in den sechziger Jahren des 20. Jahrhunderts eine Suche nach Identität, die u. a. eine Gegenbewegung zur materialistischen Orientierung des urbanen Lebens hervorbrachte. Hippies und andere Subkulturen propagierten die Rückkehr zur Natur und damit die Abkehr von der technisierten Welt. Dieser regressive, also rückwärts und damit der Vergangenheit zugewandte Gedanke ging einher mit einer Glorifizierung des ‚einfachen Landlebens‘, aus dem sich die heute bekannten Varianten der Idee einer natürlicheren und gesünderen Lebensweise ableiten. Damit wurde ein Grundstein für die positive, teilweise verklärende Wahrnehmung der Vergangenheit gelegt, die in der Gegenwart so deutlich die Akteure der Vintage-Bewegung in unterschiedlicher Ausformung und Intensität motiviert.

Jugendstil- und Art Déco-Elemente im Firmenschild eines Vintage-Geschäfts in Norwich (Norfolk).

Es ist nur logisch, dass diese Entwicklungen einen visuellen, auch im wahrsten Sinne des Wortes plakativen Ausdruck in der grafischen und sonstigen den Alltag repräsentierenden und das Lebensgefühl seiner Protagonisten widerspiegelnden Gestaltung finden mussten.

Zu den beiden wesentlichen Einflüssen dabei entwickelten sich die Rückgriffe auf den Jugendstil und die auf ihn folgende Stil-Epoche, die ihren Namen und ihre endgültige Definition erst erhielt durch den Titel einer bereits zitierten Ausstellung in Paris im

Jahr 1966: *Art Décoratif*, kurz Art Déco. Sie erinnerte wiederum an die 1925 ebenfalls in Paris gezeigte Ausstellung, in deren Titel die Bezeichnung zum ersten Mal auftrat. Doch erst in der Retrospektive der 1960er-Jahre ließ sich in vollem Umfang der enorme Einfluss dieses Stils erkennen. Interessanterweise geht auch das neuerliche Interesse am *Jugendstil* auf zwei Ausstellungen zurück, die allerdings 1963 und 1966 in London stattfanden und in denen Werkschauen des österreichischen Malers *Alphonse Mucha* und des englischen Zeichners und Illustratoren *Aubrey Beardsley* gezeigt wurden. Beide Ereignisse fanden in der Bevölkerung größte Beachtung. Die gewagte Modernität und die grafische Eleganz der Bilder *Beardsleys* und *Muchas* waren auch Jahrzehnte nach ihrem Entstehen noch immer aufsehenerregend – und für manche sogar schockierend. Doch es dauerte eine gewisse Zeit, bis diese visuellen Erlebnisse vollständig auch den Alltag dieser Zeit durchdringen konnten. An der Wende von den durch das heute schon mythische *Swinging London* geprägten sechziger zu den siebziger Jahren begannen Grafik, Mode und Einrichtungsstile endgültig richtig bunt zu werden. Mit dem Konzept *Flower-Power* brach eine wahre Flut von floralen Motiven über fast alle Bereiche des Alltags herein. Die 1972 erstmals in Umlauf gelangten legendären *Pril-Blumen* sind nur ein sehr lebhaftes Beispiel dafür. Als Werbemittel auf Spülmittelflaschen kamen diese knallbunten Aufkleber in die Haushalte und wurden dort freudig den Küchenkacheln appliziert. Sie sind in ihrer teilweise schrillen Farbgebung eine

Erscheinung des Übergangs zur Psychedelik. Die Motive selbst weisen deutliche Verwandtschaft zum Jugendstil auf, dessen wilde Fülle an Blüten und Ranken genau in die Geisteswelt der *Hippies* und ihres Verhältnisses zur Natur passte. Mit dem *Folk-Revival* der sechziger Jahre, das ebenfalls Teil der Suche nach einer besseren Zeit im Vergangenen und in England mit einer gleichzeitigen Rückbesinnung auf den Viktorianischen Einrichtungsstil verbunden war, fanden sich diverse Anknüpfungspunkte und Träger für Jugendstilmotive. Doch es wurde eben nicht allein das Repertoire dieses sehr kontinentalen Stils wieder aufgegriffen. Auch die darauf folgende, von Futurismus und Urbanität beeinflusste und daher in gewisser Weise gegenläufige Stilform des Art Déco erfuhr neues Interesse und gewann an Einfluss, den sie seither auf dem Sektor der grafischen Gestaltung nicht mehr verloren hat. Während der naturver-bundene Jugendstil heute noch in den Nischen des *Gothic* und des *Steampunk* Bedeutung für gestalter-ische Fragen besitzt, hat Art Déco sich als ein bedeutender Impulsgeber für Design dauerhaft etabliert. Auch wenn sich die konkreten Aus-formungen und die Intensität seiner Inspiration im Laufe der Jahre immer wieder verändert, abge-schwächt und erneut verstärkt haben, ist sie heute im grafischen wie auch in vielen anderen Design-Bereichen als schier unerschöpfliche Quelle fast überall gegenwärtig. Was durchaus die Frage zulässt, ob hier noch von einem Vintage-Einfluss gesprochen werden kann. Art Déco hat sich zu einer bereits klassischen und nahezu zeitlosen Stilrichtung entwickelt. In jedem Fall jedoch steht das klassische Art Déco der zwanziger bis vierziger Jahre im Zentrum der aktuellen Vintage-Bewegung in England. Hinsichtlich der Gebrauchsgrafik erlebte hingegen das Styling der 1950er-Jahre dreißig Jahre später in Typografie und Farbgebung eine Wiedergeburt, deren Echos bis heute das Erscheinungsbild von Layouts bestimmen.

Interessant ist in diesem Kontext, dass sich zwar auch und gerade im digitalen Zeitalter noch der Einfluss des Art Déco auf die grafische Gestaltung nachvollziehen lässt, jedoch mit der Digitalisierung der Gebrauchsgestaltung Generationen von grafischen Anwendern entstanden sind, die zwar die rein nutzungstechnische Seite entsprechender Software beherrschen, jedoch nicht die Grammatik und das Vokabular von Grafik als Sprache. So werden mit bestimmten Typografien und bildlichen Gestaltungs-mitteln wie etwa den für das Art Déco typischen *Streamlines* Elemente seines visuellen Repertoires zitiert, es kommen aber dadurch nur noch selten nachvollziehbare, in sich schlüssige Aussagen zustande. Damit ist diese Form des Designs – um im Bild einer Sprache zu bleiben – mit dem Lateinischen vergleichbar, das noch immer präsent ist, dessen Gebrauch meist in zusammenhanglosen Zitaten erfolgt, die jedoch auch ohne einen Kontext noch als Zeichen von Bildung und eleganter Aus-drucksform wahrgenommen werden. Was Mode betrifft, wurde in den 1960er-Jahren durch das Label *Biba* auch das Design des Art Déco wieder auf-gegriffen, damit ins Gedächtnis der Konsumenten und somit ins

Straßenbild zurückgeholt. Models wie *Lesley Lawson* alias *Twiggy* posierten vor den Kameras der Modewelt in Kostümen, deren Schnitte den Vorbildern der zwanziger bis vierziger Jahre nachempfunden waren, blinzelten unter breitkrempigen Filz- oder Samt- und hohen *Cloche*-Hüten hervor, behängt mit Federboas und eleganten geometrischen Schmuckkreationen. *Biba* begann als Versandhaus, eröffnete dann 1964 eine Boutique in Kensington, wobei ein Haus gewählt wurde, das optisch zum nostalgisch anmutenden Stil des Labels passte und entsprechend ausgestattet wurde.

Dabei handelte es sich um ein Jugendstilgebäude, das jedoch angesichts der großen Nachfrage und des Publikumsansturms schnell zu klein wurde. Tatsächlich musste das Label nun alle zwei Jahre eine neue Verkaufsstelle finden, um dem Andrang gerecht zu werden. Im Jahre 1973 schließlich übernahm *Biba* das in der High Street von Kensington gelegene Art Déco-Gebäude des Kaufhauses *Derry & Toms*. Damit wurde dieser Stil zu einem weiteren Einfluss auf die Mode von *Biba*, deren Kreation vollständig in der Hand der polnisch-stämmigen Mode-Designerin *Barbara Hulanicki* lag. Ihr und ihrem Mann *Steven Fitz-Simon* gehörte das Label. Es machte die Entwürfe der hochtalentierten und mit sicherem Gefühl für den Zeitgeist ausgestatteten Modeschöpferin berühmt und sie selbst zu einer Legende in der Branche. Die Mischung aus einfachen Schnitten, verbunden mit unterschiedlichen Einflüssen, zu denen neben den bereits erwähnten Stilen auch der Fundus osteuropäischer Volkstrachten zählte, den *Hulanicki*

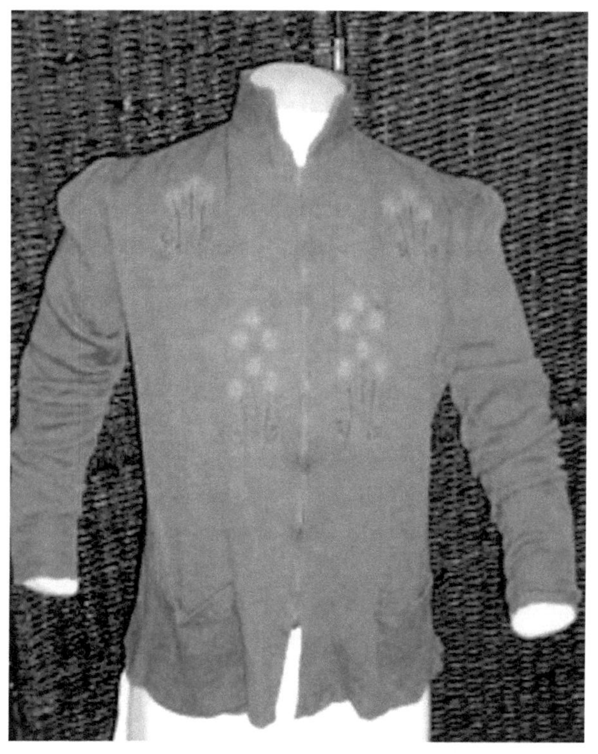

Eine Strickjacke aus den 1970er-Jahren im Design der 1940er.

aus dem Ursprungsland ihrer Familie mitgebracht hatte, passte genau in die Zeit. Mit der Übernahme des Gebäudes von *Derry & Toms* veränderte sich der Stil der Konfektion des Hauses von bunter, jugendstilorientierter romantischer *Streetwear* hin zu einer stärkeren Adaption der durch die Kostüme des Films *Bonnie & Clyde* in Mode aufgekommenen eleganteren Mode der 1930er-Jahre, also hin zum Art Déco, was mit dem Ambiente der Boutique harmonierte und ein beeindruckendes Ensemble bildete. Sie wurde in Kensington daher schnell zu einem Wallfahrtsort aller an Mode Interessierter. Letzten Endes allerdings zeigte das Publikum sehr viel mehr Begeisterung für das Bestaunen der perfekten Ausstattung des Hauses als für den Erwerb der dort angebotenen Waren. So erlangte *Biba* zwar Kultstatus als exzellent gestalteter Konsumtempel mit dem Flair der dreißiger Jahre, konnte sich jedoch trotzdem langfristig nicht am Markt halten. Nach weiteren elf Jahren kam in den frühen 1980er-Jahren das Aus für *Biba*. Heute sind die Entwürfe *Barbara Hulanickis* innerhalb der Vintage-Szene heiß begehrt und zu recht für die Qualität von Design und Ausführung geschätzt. Die Designerin selbst sagt über ihr Verhältnis zur Vergangenheit: „Ich liebe alte Dinge. Moderne Dinge sind so kalt. Ich brauche Dinge, die gelebt haben."[50] *Biba* versank schließlich in Vergessenheit, bis der Name der Marke veräußert und sie im Jahre 2010 als Label für elegante Abend- und Brautroben wiederbelebt wurde. Etwa zu der Zeit, als *Barbara Hulanickis* Unternehmen vom Markt verschwand, etablierten sich dort neue Marken, die in ihren

Kollektionen ebenso auf die Mode der dreißiger und vierziger Jahre rekrutierten. Einige der bekanntesten und bedeutendsten sind *Pepe*, *Next* und die bereits in den späten 1940er-Jahren gegründete Kette *River Island*, die nach diversen internen Veränderungen und Fusionsprozessen ab 1982 als bedeutender Einfluss und Konkurrent des Modehauses *Next* eine starke Marktposition erobern konnte. Dabei hatte *Pepe* sich die 1950er-Jahre zur Inspirationsquelle erkoren und präsentierte Jeans- und Freizeitmode für eine moderne Version der *Teddy-Boys* und *-Girls*, passend zu den Chart-Hits von *Shakin' Stevens* und *Rick Astley.* So wie deren Musik klar das Vorbild erkennen ließ, trotzdem aber modern blieb, waren auch die *Pepe*-Produkte eindeutig den 1980er-Jahren zuzuordnen und in ihrer Referenz zur Ära des *Rock'n'Roll* bereits ein Abgesang auf das 1950er-Revival, das schon in den siebziger Jahren eingesetzt hatte. Die beiden Mode-Kontrahenten *Next* und *River Island* begannen zunächst mit jugendlicher Herren- und Damengarderobe, die den Look des Jahrzehnts mit prägte, um sich dann an dessen Ende und mit dem Beginn der 1990er-Jahre einem erstaunlich exakten Remake der Mode aus den Vierzigern zu widmen. Der Soundtrack dafür war, wenn man so will, *Madonnas Vogue* als Hymne auf die Eleganz und den Stil Hollywoods zu dieser Zeit. Wie schon *Biba* zuvor, so lieferten auch die Boutiquen der beiden Modemarken ideale und mit viel Liebe zum Detail ausgestattete Dioramen jener Epoche, deren Mode sie neu belebten. Diese Inszenierungen waren wesentlich mehr als nur aufwendigere Raumgestaltung, es ging um eine generelle Aussage, in deren Mittelpunkt der Begriff Authentizität steht, als Anspruch und als Qualitätsmerkmal.

Eine der Illustrationen von M. Faulkner im Stil der 1950er-Jahre für das Label Pepe Jeans vom Ende der 1980er-Jahre.

Zuerst bei *Pepe*, die in ihren Kollektionen und ihrem Image auf Vorbilder der 1950er-Jahre zurückgriffen, dann bei den Rivalen *Next* und *River Island* fand man eine bewusste, authentische Nachschöpfung des Stylings der 1930er-,1940er- und 1950er-Jahre in ihrem öffentlichen Auftritt, den Auslagen und der Gestaltung der Verkaufsräume und ihrem gesamten Marketing. Im Falle von *Next* und *River Island* war der Einfluss der Dreißiger- und Vierziger-Jahre-Mode so stark, dass Ruby und ich unbemerkt Teile davon in die Kostüme für unsere authentischen Tanz-Shows im Stile dieser Jahrzehnte integrieren konnten; und heute trage ich sie noch immer in Kombination mit wirklich zeitgenössischer Garderobe, was selbst anderen Experten und Liebhabern dieser Zeit nicht auffällt, solange sie keinen Blick auf die Etiketten in den Kleidungsstücken werfen können. *River Island* und *Next* ließen sich bei ihrem Look möglicherweise von *Sam Walker* inspirieren, DEM Vintage-Herrenausstatter in London, von dem noch im nächsten Abschnitt die Rede sein wird. Sein Geschäft in Covent Garden ließ er exakt so gestalten, wie es ein Mann seiner Profession in den 1930er-Jahren getan hätte und die meisten Bekleidungsgeschäfte mit ähnlichem Sortiment folgten seinem Beispiel sofern sie es sich erlauben konnten. Das Streben nach Authentizität war in der Tat sehr ernsthaft, so sehr, dass Unternehmen von *Pepe* bis zu *Sam Walker* durchaus respektable Summen Geldes für das passende Design an allen möglichen Stellen aufwandten: von der Gestaltung ihrer Logos und anderen Zeichen, über die Einrichtung der Geschäfte, das Design von Einkaufstüten und Preisschildern, bis hin zu den Prospekten und Katalogen.

Der Katalog von *Next* zum Beispiel war in schwarz-weiß fotografiert und das Layout entsprach dem Editorial einer Mode-Fotostrecke von 1940. *Pepe* präsentierte sich als Jeans-Label vollständig in einem American-Diner-Stil, der Vorbildern wie *Happy Days*, *Grease* und *American Graffitti* folgte.

Sowohl *Pepe*, als auch *Next* und *River Island* existieren noch heute, haben allerdings inzwischen von den Vorbildern der Vergangenheit Abstand genommen. Während *Pepe* weiterhin auf Jeans-Mode konzentriert ist, hat sich *Next* mittlerweile zu einem Mischkonzern mit Mode- und Lifestyle-Artikeln entwickelt und sich damit *River Island* in der Gestaltung seines Sortiments angenähert. Heute prägt das nostalgische 1940/50-orientierte Design von Labels wie *Vivian of Holloway* die aktuelle Retro- und Vintage-Mode, wobei die Interpretation der Vorbilder wesentlich freier ist als früher in den Vierziger-Jahre-Kollektionen von *Next* oder *River Island*. Neben *Barbara Hulanicki* soll der Name einer anderen Designerin, die wie sie in den 1960er-Jahren ihr überaus erfolgreiches Geschäftsleben begann, hier nicht unerwähnt bleiben: *Laura Ashley*. Die Waliserin, deren Unternehmen inzwischen längst eine international bekannte und erfolgreiche Marke geworden ist, hatte zunächst mit der Herstellung von Kopftüchern begonnen. Ihre Entwürfe waren stark orientiert am Viktorianischen und Edwardianischen Stil, also an den Kleidern und Dekorationsstoffen der Zeit zwischen dem Ende der 1830er-Jahre und 1910. Überwiegend florale Muster prägen bis heute das Bild der typischen Laura-Ashley-Produkte, wobei deren Palette inzwischen auch Kleider, Heimtextilien und Tapeten umfasst.
Laura Ashley bedeutet eine bestimmte Lebensart, der

Name steht für ein idealisiertes Landleben, eine nie wirklich vorhanden gewesene Idylle, die mit ihrer Fülle an blumigen Dekors jeglichen Gedanken an die Realität bäuerlichen Lebens überdeckt. Damit nahm sie innerhalb der bewegten Zeit der sechziger und frühen siebziger Jahre des 20. Jahrhunderts sowohl eine Gegenposition ein zum lauten und bunten Stadtleben mit Miniröcken und Kunststoffmobiliar, wie auch zur Aussteigermentalität der *Hippies*, deren Vision natürlichen Lebens auf dem Lande mit der des Laura-Ashley-Stils keinerlei Berührungspunkte besitzt.

Dass ihr Design trotzdem in unserem Kontext von Relevanz ist, liegt an seiner perfekten Kompatibilität mit den Viktorianischen oder Edwardianischen Möbeln und anderen Einrichtungsgegenständen. Die beginnende nostalgische Rückbesinnung der 1960er-Jahre hat genau diese Stile nicht nur ins Bewusstsein der Bevölkerung zurückgeholt, sondern ihnen auch noch allergrößte Attraktivität verliehen und nach entsprechender Ergänzung verlangt, für die sich das Design *Ashleys* hervorragend eignet. Speziell im Hinblick auf die Vintage-Bewegung liegt die Relevanz ihres Labels also wesentlich im Bereich der Heimtextilien und Tapeten und deren harmonischem Zusammenspiel mit Zeugnissen vergangener Zeit, was durchaus keine neue Erfindung ist.

Der traditionelle englische Einrichtungsstil neigte nicht zu jener Kombination aufeinander abgestimmter Möbel und ihnen möglichst angepassten Mustern, die wir heute bevorzugen; so war zum Beispiel ein typisches englisches Wohnzimmer ausgestattet mit nicht zueinander passenden Sitzmöbeln, Sofa und Sesseln, sogar in sich beißenden Farben und Mustern, speziell in der Viktorianischen Ära: eine Mischung aus *Tudor*, Jakobitischem, Empire, Georgischem, Viktorianischem und Edwardianischem Stil in trautem Beisammensein vor dem Hintergrund gechintzter Stoffe und Papiere. Das Konzept der dreiteiligen Sitzgarnitur mit in Form, Farbe und Mustern aufeinander abgestimmtem Sofa und zwei Sesseln ist eine sehr viel neuere Erfindung aus den 1930er-Jahren, die aus der Not entstand, Sitzmöbel für kleinere Häuser herzustellen, leicht sauber zu halten und dem minimalistischen und stromlinienförmigen Ideal der Zeit entsprechend. Seine Ursprünge können auch zurückverfolgt werden zu Designer wie *Charles Rennie Mackintosh*.

Es kam bevorzugt dann zum Einsatz, wenn es darum ging, sich ganz neu einzurichten oder wenn jemand genügend Geld besaß, sein Haus komplett in einem einheitlichen Stil zu möblieren. Die Idee, nicht aufeinander abgestimmte Einzelstücke in Räumen zusammenzubringen, wurde in einer reduzierten Form in den 1950er-Jahren wieder aufgegriffen, allerdings mit Einrichtungsgegenständen, die wenigstens in Stil und Formgebung zueinander passten. Ein weiteres Revival des Gedankens konnten wir dann kürzlich wieder erleben, allerdings im Zusammenhang mit Porzellan, von dem man sich die als vintage missverstandenen Cupcakes bei den entsprechenden, der aktuellen Besessenheit folgenden Vintage-Tea-Parties munden lässt. Diese bunt zusammengewürfelten Service-Teile sind dann in der Regel blassblau und rot in unterschiedlichen Varianten und mit floralen Mustern.

3.5 Vintage kaufen und verkaufen –
Der Gebrauchtwarenmarkt

Das Konzept von gebrauchten Waren, egal ob Kleidung oder Einrichtungsgegenstände, ist kommerziell gesehen durchaus nicht neu, existiert allerdings in der Form, wie wir es heute kennen und erleben, noch nicht allzu lange. Bis in die 1960er-Jahre hinein waren in England gebrauchte Waren als ernstzunehmender Wirtschaftsfaktor auf den Markt der wirklichen Antiquitäten beschränkt und als solche galten nur Dinge, die vor 1900 hergestellt worden waren. Sie wurden in den *Antique-Shops* einem wohlbetuchten, gebildeten Publikum angeboten. Wer keine überdurchschnittlichen finanziellen Mittel sein Eigen nennen konnte, lebte notgedrungen mit und in den Dingen, die eben schon immer in der Familie gewesen waren oder musste sich günstig neu ausstatten. In den meisten Fällen ergaben sich mehr oder weniger schöne und sinnfällige Kombinationen aus beidem. Neben den Antiquitätengeschäften gab es noch die *Junk-Shops*. Sie boten in der Tat gebrauchte Waren an, die neueren Datums, aber natürlich gebraucht waren, also das, was man dann später als *secondhand* bezeichnete. Verständlicherweise waren die Kunden solcher Läden eher jüngere Menschen. Wer nicht zuletzt durch das Erlebnis des Zweiten Weltkriegs an Entbehrungen und das Bewahren der alten Dinge gewohnt war, der wollte endlich etwas Neues besitzen, sobald er es sich erlaube konnte, um damit das Gefühl zu bekommen, dem unfreiwilligen *Secondhand*leben endlich entflohen zu sein.

Dieses Phänomen ist durchaus auch aus der jüngeren deutschen Geschichte bekannt: Die Konsumbeschränkungen, die in der DDR zum Alltag gehörten, zwangen dazu, das Vorhandene möglichst lange und gut zu bewahren, da nicht einfach Ersatz beschafft werden konnte. Also wurden die Dinge so lange wie nötig gehütet und dann, als es schließlich möglich war, umgehend abgestoßen und durch Neuanschaffungen ersetzt. Ein Umstand, der nach der Wiedervereinigung zum Niedergang des Antiquitätenhandels in Deutschland beitrug, da die Händler zwar in der früheren DDR und dem im Osten angrenzenden Ausland billig gute, gepflegte Ware bekommen konnten, der Abnehmerkreis jedoch nicht größer wurde und sich so schnell ein Überangebot entwickelte, das die Preise drückte.

Mit den 1960er-Jahren, der kritischen Haltung gegenüber Konsum und Establishment auf der einen und der Sinn- und Identitätssuche junger Menschen auf der anderen Seite, setzte in England schließlich eine Veränderung ein, die auch den *Secondhand*markt betraf. Es wurde schick, sich mit gebrauchten Dingen zu umgeben und sie zu tragen. Die *Beatles* haben in ihrer Weise mit dem 1967 erschienenen Album *Sgt. Pepper's Lonely Hearts Club Band*, auf dessen Cover die *Fab Four* in alten Militärröcken abgebildet sind, sehr dazu beigetragen. Ebenso wie die Designerin *Mary Quant*, der die Welt nicht nur den Minirock verdankt, sondern auch, dass Secondhandkleidung zum Zentrum des Modedesigns wurde. So entwickelte sich der samstägliche Trödelmarkt in der *Portobello Road* des londoner Stadtteils *Notting Hill* zum international bekannten Mittelpunkt des *Secondhand*marktes. Bis zur Mitte der 1970er-Jahre hatte sich das Geschäft mit gebrauchter, jedoch nicht antiker Kleidung so gut entwickelt, dass Geschäfte wie der legendäre Gebraucht-Herrenausstatter *Sam Walker* sich mit aufwendigen Inszenierungen an strategisch günstigen Plätzen der Hauptstadt einrichten konnten.

Als Vintage in Mode kam: Titel des *Sam Walker*-Katalogs.

Jasper Walker hatte sein Geschäft 1977 eröffnet, nachdem er mit einem Verkaufsstand im Londoner Camden Market begonnen hatte. Die meisten der späteren Secondhandgeschäfte blickten auf eine ähnliche Geschichte zurück, in London oder den kleineren Städten überall im Land. Es gab damals eine Hierarchie, die – von unten nach oben – wie folgt gegliedert war: *Jumble Sales* (Ramschmärkte), *Straßenmärkte*, wobei diese alles abdeckten, von Lebensmitteln bis zu Secondhandkleidung, von Kunstgewerbe bis zu billigeren Antiquitäten, *spezielle Antikmärkte*, wie wir sie heute kennen, existierten damals nicht. Man hatte nur die *Junk Shops* (Kramläden) und die wirklichen *Antiquitätengeschäfte*. Vereinzelt, wie etwa in Bourne oder dem North Weald Airfield, wurden riesige Märkte unter freiem Himmel abgehalten. Es gab Verkaufsmärkte für Kunst und Kunsthandwerk, die im Vergleich zu den heutigen einen wesentlich höheren Standard erreichten – vieles von dem, was man heute bei Handwerksmärkten sieht, wäre dort nicht untergekommen.

Auch wenn Händler wie *Walker* ihrem Publikum keine echten Antiquitäten zu bieten hatten, lockten sie mit geschmackvollen, authentisch gestalteten Verkaufsräumen und einem stilvollen, in sich stimmigen Auftritt in der Öffentlichkeit und ließen sich dies einiges kosten, was ihren kommerziellen Erfolg nicht nur gestützt hat, sondern ihn in der Rückschau eindrucksvoll darstellt und die Seriosität wie auch den Anspruch dieser Unternehmungen belegt.

Sam Walker brachte einen sehr umfangreichen Versandkatalog heraus, der eine leicht reduzierte und anglisierte Version der Sears-Roebuck-Kataloge aus den zwanziger, dreißiger und vierziger Jahren darstellte. Die Budgets waren so umfangreich, dass ich es mir seinerzeit erlauben konnte, mich als Grafiker ganz auf diese Art von Entwürfen zu spezialisieren.
Mit dem Beginn der achtziger Jahre kamen mehr *Charity-Shops* auf (zu dieser Zeit noch düstere, unordentliche, staubige und muffige Sammelsurien) und auch Antikmärkte; wobei die Geschäfte mit guterhaltener alter Kleidung eher eine eigene Nische bildeten – und zu dieser Zeit eine sehr stilvolle.

Die Gelegenheit der *Charity-Shops*, sich von alten Dingen zu trennen und damit noch etwas Gutes zu tun, indem man sie in die Obhut von wohltätigen Organisationen und Selbsthilfegruppen gab, die damit ihre Arbeit finanzierten, gefiel den Engländern. Damit wurde allerdings eine Konkurrenz zu den kommerziellen *Secondhand*läden geschaffen, die wohl nicht mit deren vielfältigem Sortiment mithalten, dafür jedoch durch die wesentlich günstigeren Preise beim Publikum punkten konnten. Rund zehn Jahre später erhielt der englische Antikmarkt durch das Fernsehen einen empfindlichen Schlag. Mit der schnell an Beliebtheit gewinnenden Reihe *The Antiques Road Show* wurde plötzlich das Interesse der Menschen an den alten Dingen in ihren eigenen Rumpelkammern, Kellern und Speichern geweckt und ein Bewusstsein ihres möglichen Werts vermittelt. Das Publikum zeigte sich äußerst interessiert und es folgten diverse andere Programme mit ähnlichen Inhalten. Durch sie wurde auch darüber aufgeklärt, wie der Markt funktioniert und wie die Händler kalkulieren, die sich nun zunehmend mit selbstbewusst bis gierig handelnden Anbietern und Käufern konfrontiert sahen. Ganz abgesehen von all jenen, die der Meinung waren, sich den Umweg über die Händler sparen zu können, indem sie deren Rolle selbst übernahmen. So wurden nicht nur spezialisierte Flohmärkte immer häufiger angeboten. Es entstanden auch *Antique-Centres*, in denen sich jeder einen für seine (Verkaufs-)Zwecke geeigneten Platz mieten und seine Waren zum Verkauf anbieten konnte. Was hier verkauft wurde, war nicht unbedingt antik. Es war retro oder eben vintage.

Etwa mit Beginn der 1990er-Jahre, wurden Flohmärkte modern; sie bildeten das fehlende Verbindungsglied zwischen den Kram- und den Antikmärkten. Außerdem erfreuten sich Ramschmärkte zunehmender Beliebtheit: Sie präsentierten damals wirklich größtenteils Schrott jeder Art und verdrängten immer mehr die Krammärkte. Vintage-Märkte existierten noch nicht. Man baute entweder bei irgendwelchen Vintage-Veranstaltungen einen Stand auf oder mietete sich eine Ausstellungsfläche in einem Antique-Centre, wenn man entsprechende Waren an Mann oder Frau bringen wollte. Diese Vintage-Veranstaltungen waren überwiegend jahreszeitlich gebunden. Es handelte sich um eine Mischung aus Sommerfest oder Gartenparty, Rallye oder Tanzvergnügen.

Das Geschäft mit den Gebrauchtwaren nahm zu und veränderte sich dabei in gleicher Weise, wie sich auch das Interesse des Publikums und das von Verkäufern wandelten. Eine der Folgen war die Neudefinition dessen, was als antik galt und daher in den traditionellen *Antique-Shops* angeboten wurde. Zunächst wurde die zeitliche Grenze dafür, ab wann Dinge zu Antiquitäten wurden, um dreißig Jahre in die Gegenwart verrückt, von 1900 auf 1930. Daraus wurden dann die 1930er-Jahre und schließlich 1940.

Impressionen eines Vintage-Markts 2013: Von Schuhen und Kleidung bis zu Taschen und Accessoires, Büchern, Haushaltsartikeln und Zierrat reicht die Palette der angebotenen Produkte.

Die bereits in den 1970er-Jahren einsetzende Begeisterung bezüglich der fünfziger Jahre führte endlich dazu, dass diese unter der Bezeichnung *Fifties Style* als eigene Epoche angesehen und so in den Handel einbezogen wurden. Doch bis zur Jahrtausendwende blieben Waren, die während des Zweiten Weltkriegs hergestellt worden waren, für die Händler uninteressant, da diese Zeit – nicht zu unrecht – als wenig innovativ angesehen und allen in ihr hergestellten Dingen geringe Qualität nachgesagt wurde. Erst die Fernsehserie *The 1940s House*, die 1999/2000 ausgestrahlt wurde, weckte das Interesse des Publikums an ‚Kriegsware‘ und produzierte eine Nachfrage, der sich die Händler nicht lange entziehen konnten.

Doch nun waren plötzlich andere Anbieter mit auf dem Markt unterwegs: Sammler, die sich von Teilen ihrer Kollektionen trennen wollten, um damit Platz zu schaffen und ein wenig Geld einzunehmen. Sie mussten nicht von ihren Einnahmen leben, wie die professionellen Händler und konnten so zu Konditionen verkaufen, die sich jemand, der sein Leben davon finanzieren muss, nicht leisten könnte.

Vintage-Märkte, wie sie nun üblich sind, entstanden nicht vor 2003. Sie waren zuerst sehr selten, sehr exklusiv und auf London beschränkt, dort jeweils in großem, teurem und repräsentativem Ambiente wie der Chelsea Town Hall oder dem Hammersmith Palais (de Danse), getrennt von Antik- oder Flohmärkten und vom Angebot her zwischen beiden angesiedelt. Derzeit weisen die Vintage-Märkte selbst die gesamte Bandbreite der Sortimente von Ramsch- und Flohmärkten bis hin zu eleganten und exklusiven antiken Stücken auf. Die einstige Hierarchie, die klare Trennung von unterschiedlichen Veranstaltungsformen existiert heute nicht mehr.

Der gesamte Markt ist unübersichtlich, durcheinander und teilweise verrückt, wenn die Preise in Charity-Shops höher sind als die in Antique-Centres, Ramschmärkte speziell mit dem Etikett Vintage versehen werden und auf Antikmärkten Dinge feilgeboten werden, die seriöse Antiquitätenhändler vor Jahren nicht mit der Feuerzange angefasst hätten.

Was sich bereits im Sektor des eigentlichen Antiquitätenhandels ereignet hatte, hat also schließlich auch den Vintage-Markt getroffen. Zunächst hatten die Vintage-Bewegung und ihre begeisterten Anhängerinnen und Anhänger die Situation verschärft. Der Markt reagierte mit steigenden Preisen, was die Laien auf den Plan rief, die dann wiederum die Preise bei den Profis drückten. Generell scheint auch eine gewisse Sättigung eingetreten zu sein. Da es eigentlich nicht wirklich genug gute Stücke, speziell Art Déco, gibt, wird alles aufgeboten, was auch nur im Entferntesten danach aussieht.

Diese Waren sind für Menschen, die kein wirkliches Fachwissen mitbringen und auch nur in begrenztem Umfang nach authentischem Material suchen, oftmals ausreichend. Denn ihr Enthusiasmus hat Grenzen und akzeptiert nicht jeden Preis. Nachdem mittlerweile selbst in *Charity-Shops* spezielle Vintage-Sektionen eingerichtet oder diesem Thema sogar eigene Verkaufsräume gewidmet werden, macht sich zunehmend eine Übersättigung deutlich. Sie führt zu der kuriosen Situation, dass *Antique-Centres* und Einzelgeschäfte mitunter günstigere Preise bieten als die ansonsten so billigen *Charity-Shops*. Dies mag auch ein Zeichen für eine sich abschwächende Bedeutung der Vintage-Bewegung insgesamt sein. Es lassen sich durchaus noch weitere finden, wie wir später darstellen werden.

3.6 Vintage bewegen und bewegt sein –
Autos und Eisenbahnen

Sie dürfen bei größeren Vintage-Veranstaltungen
nicht fehlen: Die Oldtimer auf zwei und vier Rädern
und ihre Fahrer. Doch natürlich gab es die Auto- und
Zweiradfahrer, -bastler und -tüftler schon lange, bevor
die Vintage-Bewegung sich als solche formierte und
Fahrt aufnahm.

Bei der Restaurierung und Erhaltung alter Automobile sind Tüftler
gefragt.

Das Vergnügen an der Ästhetik klassischer
Automodelle ist weit verbreitet. Auch wenn sich die
wenigsten Menschen leisten können, selbst einen
fahrenden Klassiker zu besitzen und zu unterhalten,
gönnen sich viele Menschen gern die Freude, diese
wundervollen alten Fahrzeuge aus der Nähe zu be-

staunen und jene, die nun wirklich ein solches Schmuckstück ihr Eigen nennen, legen Wert auf den fachlichen Austausch.

Es sind noch immer in der Regel Männer, die ihre Freizeit in einen historischen Wagen oder ein Zweirad investieren. Rallyes und Treffen, die zum Teil marken-, zum Teil epochengebunden sind, existieren seit vielen Jahrzehnten. Wer heute in England den Begriff *Classic Car Event* in eine Internet-Such-maschine eingibt, wird eine Fülle von Einträgen für alle Teile des Landes finden, für unterschiedliche Typen und alle Jahreszeiten.

Seit die Vintage-Bewegung sich zu einem Phänomen mit Massenwirkung gemausert hat, findet man auch bei all diesen Veranstaltungen immer öfter Menschen, die sich mehr oder weniger passend und komplett im Stil vergangener Jahrzehnte kleiden. Das gilt für die Eigentümer der Fahrzeuge ebenso wie für das Publikum, wobei die Zuschauer und vor allem Zuschauerinnen in historischen oder historisierenden Aufzügen deutlich überwiegen. Die Fahrzeuge gehö-ren einfach dazu, wenn es darum geht, frühere Zeiten wieder aufleben zu lassen. Doch begeisterte Bastler sind selten an Fragen der Mode interessiert. Sie nutzen zwar die Chance, sich – oder besser: ihre ge-liebten Zweiräder und Wagen – zu zeigen, wichtig ist jedoch die Schönheit des Fahrzeugs, nicht die der Menschen. Insofern haben die Besitzer der Oldtimer nur einen sehr bedingten Anteil an der Vintage-Szene. Der Auftritt in einem Kostüm, das an die Herstellungszeit des Autos oder Motorrads gemahnt, geschieht in vielen Fällen den Frauen zuliebe, die so auch etwas vom Hobby der Freunde, Partner oder Ehemänner haben. Etwas anders verhält es sich mit jenen Gruppen, die sich dem Ziel verschrieben haben, die wundervollen alten Dampflokomotiven zu erhalten. Dies ist ein Aufwand, der nur durch das Zusammenspiel von vielen Menschen bewältigt werden kann.

Als in den 1960er-Jahren die Bahnstrecken in England sukzessive elektrifiziert wurden, kam damit nicht nur das Aus für die alten Dampflokomotiven, die in Erwartung dieses Umstands nur noch so weit wie irgend nötig gewartet und instandgehalten worden waren. Es wurden auch diverse Nebenstrecken auf dem Land stillgelegt, der Personen- und Gütertransport dort von der Schiene auf die Straße verlagert. Die drohende Verschrottung der alten Eisenbahnen rief Enthusiasten und Liebhaber der Dampflokomotiven auf den Plan, die sich mit bewundernswertem Starrsinn und Engagement der Sache in privater Initiative annahmen. In fast allen Teilen des Landes taten sich also Freunde der Dampflokomotiven zusammen und erwarben mit eigenen Mitteln, Spenden oder Zuwendungen von Sponsoren Bahnhöfe, Trassen, Lokomotiven und Waggons, um sie vor dem Verschrotten zu bewahren, die alten Züge zu restaurieren und wieder auf den kurzen, zur Verfügung stehenden Strecken in Betrieb zu nehmen.

Die Arbeit, der enorme Einsatz an Zeit, Sachverstand und nicht zuletzt auch Geld wurden erst relativ spät anerkannt, indem die von ihnen gepflegten Bahnhöfe, die Züge und die genutzten Eisenbahnlinien in den Rang *Nationales Erbe*[51] erhoben wurden.

Die Faszination auf Schienen: Sich für Dampflokomotiven zu begeistern, ist keine Frage des Alters.

Dazu beigetragen haben sicherlich die vielen, im Abschnitt über den Einfluss der Medien schon teilweise beschriebenen Fernsehserien, die ohne attraktive Szenen mit oder in Zügen nicht auskommen. Diese Aufwertung der Dampflokomotiven und ihres Einsatzes hat allerdings das wichtigste Problem nicht gelöst: Die finanziellen Aufwendungen für Unterhaltung und Betrieb der Züge sind dadurch nicht automatisch gesichert. Sie müssen nach wie vor von den Vereinen selbst durch ihre Arbeit erwirtschaftet werden. Vor diesem Hintergrund haben sich im Laufe der letzten Jahre, insbesondere auch unterstützt und motiviert durch das mit der Vintage-Bewegung verbundene Interesse an den historischen Transportmitteln, diverse Zusatzangebote entwickelt, die über den reinen Fahrbetrieb hinausgehen. Spezielle Jubiläen wie etwa 2013 die Feier 75 Jahre nach dem Geschwindigkeitsrekord der legendären Lokomotive *Mallard* werden für Veranstaltungen genutzt. Doch auch regelmäßig stattfindende Ereignisse mit besonderer Aufmerksamkeit dienen als Anlass für besondere Offerten an das Publikum. Ganz oben auf der Liste steht auch hier, wie in so vielen anderen Zusammenhängen, Weihnachten. Die *Santa Specials* gehören mittlerweile bei allen historischen Bahnen zu den Standards und verschaffen ihnen einen großen Teil des zur Bewältigung ihrer selbst gestellten Aufgaben benötigten Geldes.

Oldtimer sind nicht nur ein Blickfang, wo immer sie auftauchen. Bei Veranstaltungen werden sie zum wichtigen Teil des Sets, werden bestaunt und geben Anlass zu Fachsimpelei.

Wann genau die ersten entsprechenden Angebote eingeführt wurden, ist nicht mehr nachvollziehbar. Fest steht, dass seit den 1980er-Jahren um die Weihnachtszeit besondere, meist mit Essen, Trinken und Unterhaltung im Zug verknüpfte Fahrten erfolgreich vermarktet werden und sich seitdem flächendeckend über ganz Großbritannien ausgebreitet haben. Der Journalist *Chris Milner* bemerkt dazu in einem Artikel des *Railway Magazine*: „Selbst das hat die Nachfrage in vielen Teilen Britanniens noch nicht befriedigt, darum haben mehr und mehr Eisenbahnen zusätzliche Services entwickelt wie etwa Lunch-Speisewagen am Weihnachtstag, Mince Pie und Sherry Spezialangebote (...) und spezielle Neujahrsangebote. Alles zusammengenommen, sind dies nun ein Kernstück des Betriebs jeder bedeutenden Linie des Nationalen Erbes – eines, das in den jährlichen Budgets seinen festen Platz hat, statt wie früher als ein Bonus am Ende des Jahres betrachtet zu werden."[52]
Wobei er, wie er ebenfalls anmerkt, von den Verantwortlichen der Eisenbahnlinien über die konkrete Höhe der mit diesen Veranstaltungen erwirtschafteten Einnahmen keine klaren Aussagen bekommen hat; allerdings, so folgert *Milner*, müssen sie stattlich sein. Daneben bieten die Eisenbahnlinien allerdings noch eine ganze Reihe anderer Programme und Services für andere Zielgruppen. Als Teil des Nationalen Erbes stehen sie heute in einer Reihe mit öffentlich zugänglichen Landhäusern, Gärten und mit Museen und wie diese organisieren sie didaktische Programme im Rahmen des Konzepts ‚Lebendiger Geschichte'. Schulklassen und interessierte Er-

wachsene lernen nicht nur die alten Dampflokomotiven und ihren Charme kennen, sondern erfahren auch etwas über die Bedeutung dieser Technologie für die wirtschaftliche Entwicklung, speziell jedoch auch über ihren Einsatz im Zweiten Weltkrieg.

In den entsprechenden Settings der Bahnstationen werden – in altersgerechter Darstellung und mit entsprechenden Schwerpunkten – geschichtliche Fakten mit dem Bezug zum vorhandenen Ambiente vermittelt. Die Mitarbeiterinnen und Mitarbeiter, die diese Aufgabe übernehmen, sind in der Mode der 1940er-Jahre gekleidet und werden – je nach Anlass und Inhalt des Programms – unterstützt von ebenfalls kostümierten Laiendarstellern, die als lebende Staffage das Bild abrunden: die sogenannten *Re-Enactors*.

3.7 Vintage darstellen und vermitteln – Lebendige Geschichte

Heutzutage ist wohl kein Vintage-Ereignis mehr ohne Menschen in zeitgenössischen Kostümen denkbar. Viele von ihnen haben einfach Spaß an der anderen Kleidung, sehen es als spielerischen Beitrag zu einer gelungenen Veranstaltung mit historischem Bezug, einige wollen natürlich Aufmerksamkeit erregen und wieder andere nehmen für sich selbst in Anspruch, mehr zu sein als nur ein Teil der lebenden Kulisse. Sie sehen sich als Darstellerinnen und Darsteller, die Zeitkolorit vermitteln und damit gewissermaßen eine bildende Mission haben. Sie verstehen sich als *Re-Enactors*, als einen Teil lebendig gewordener

Vergangenheit. Auch hier macht sich das Interesse der Briten an Geschichte bemerkbar. Wobei man wissen sollte, dass es – ähnlich wie auch in Amerika – in Großbritannien schon seit langer Zeit Gruppen gibt, die es sich zur Aufgabe gemacht haben, regelmäßig bestimmte Ereignisse der Geschichte nachzuspielen. Meist handelt es sich um reale oder mythische Szenen, um Schlachten ferner Kriege und höfisches Zeremoniell, vom sagenumwobenen *Camelot* bis zur durch und durch realen Landung der Normannen oder späterem Kampfgetümmel. Solche Initiativen werden mit großem Engagement von begeisterten Laien betrieben, die sich alle Mühe geben, ihre Erscheinung so historisch korrekt wie möglich zu gestalten. Wenn dies einen gewissen Aufwand an Menschen und Material erreicht hat, bleibt es natürlich auch der Presse nicht mehr verborgen und damit ist der Weg bereitet für ein breites Publikumsinteresse. So wachsen sich die Vergnügungen kleiner Gruppen von Enthusiasten zu Festivals aus, Traditionen werden geschaffen und finden ihren Platz auf der langen Liste historischer Spektakel in Großbritannien. Was solche mehr oder minder großen Bemühungen eint, ist der Wunsch, eine Zeit wieder aufleben zu lassen, die von unserem Hier und Heute zu weit entfernt ist, als dass sie irgendwem noch wirklich im Gedächtnis präsent sein könnte. Das ist der Unterschied zur Vintage-Szene, deren Inspiration durchaus noch in nachvollziehbarer zeitlicher Entfernung liegt und sich so mit einer Epoche befasst, für die es noch Zeugen gibt und deren direkter Einfluss auf unser Leben relativ leicht erkenn- und nachvollziehbar ist.

Damit eröffnen sich Möglichkeiten einer aktiven Beteiligung, die weder Spezialistentum noch großen Zeitaufwand in der Herstellung oder Erhaltung von Kostümen voraussetzt. *Re-Enacting* hat sich mit dem Aufkommen der Vintage-Bewegung verändert. Es ist in der heutigen Form nur mit ihr und aus ihr heraus erklärbar. Am Anfang stand, ja, ganz recht: Der Tanz.

Living History: Lebendige Geschichte heißt: dargestellte und erzählte Geschichte; links: John M. Faulkner in seiner Rolle als 1940er-Jahre Hutmacher *Monsieur Jean Martin* bei *Village at War* 2013 im Museum *Gressenhall*; rechts: mit Baroque'n'Roll im *Geffrye Museum*, London.

Für eine Nachstellung bestimmter Abschnitte der modernen Geschichte bietet Tanz das perfekte Instrument zur Aktivierung des Publikums. Das ist die unterhaltende und partizipative Seite. Doch Tanz hat sich auch, in einer fast zufälligen und beiläufigen, daher angenehmen und nicht belehrenden Weise, neben einem idealen Medium für Unterhaltung unter einem bestimmten Motto als Transportmittel für ernsthaftes Wissen um historische Fakten erwiesen - gegenüber einem erwachsenen Publikum in Museen und an geschichtlich relevanten Stätten, Kindern gegenüber als *Theatre-in-Education*. Er wurde zur Inspiration der nun in England zum Standard gehörenden *Edutainment-* Angebote für Schulen und für die Inszenierungen der *Living History* in den Museen. Wie in den klassischen Formen des Pyramidenverkaufs greifen begeisterte Laien im Publikum die darstellerischen oder tänzerischen Ideen auf, entwickeln eigene Vorstellungen dazu, geben diese an andere weiter, die damit zu Konkurrenten werden und so setzt sich das System fort, wobei die Inhalte und das Können der Anbieter exponentiell zu ihrer Zahl abnehmen, nicht zuletzt, da auch die durch öffentliche Zuwendungen und Spenden finanzierten Einrichtungen gern aus Sparsamkeitsgründen zu billigeren Angeboten greifen. Das Gleiche gilt auch im Bereich des Tanzes allein, wo jeder, der sich halbwegs sicher auf dem Tanzboden halten kann, eine Tanzschule eröffnet und seine lückenhaften Kenntnisse ohne jegliche didaktische Ahnung weiterzugeben versucht.

Das Ergebnis sind jene *Re-Enactors*, deren historische Kenntnis eher dünn ist, wie sich meist bereits an der mangelnden Akkuratesse ihrer Garderobe und Ausstattung ablesen lässt. Sie sind dann nur noch als lebende Staffage einsetzbar, berauben aber professionelle Darstellerinnen und Darsteller mit historischer Bildung und entsprechend informativen und lehrreichen Angeboten oft genug der Einsatzmöglichkeiten, was nicht nur für sie einen Verlust darstellt, sondern vor allem auch für das Publikum.

Nennen wir jene *Re-Enactors*, bei denen historisches Wissen und somit auch die Authentizität des Auftretens zu wünschen übrig lassen, der Einfachheit halber *Historisierer*; das ist zwar kein wirkliches deutsches Wort, aber vielleicht etwas eingängiger als die englische Bezeichnung. Der Begriff Re-Enactors steht dann außerdem noch für jene zur Verfügung, die mit dem nötigen Maß an Fachkenntnis und mit einem professionellen Anspruch an die Sache herangehen. Der Unterschied zwischen diesen beiden Gruppen liegt eindeutig in ihrem Verhältnis zur Geschichte. Während die Personen, die ernsthaft *Living History* betreiben, dies für andere tun, um ihnen Fakten der entsprechenden Epoche nahezubringen, liegt das primäre Interesse der *Historisierer* nicht bei anderen, sondern bei ihnen selbst und das Ziel ist nicht die Bereicherung der anderen, sondern der persönliche Spaß – und wenn er mit einer kleinen Einnahme verbunden ist, dann umso besser. Aufgrund der sehr begrenzten Mittel von privaten Initiativen oder auch öffentlichen Einrichtungen der Vergangenheitspflege, wie etwa der Museen, bleibt oft nur die Wahl, entweder eigenes Personal oder Freiwillige einzusetzen. Es ist üblich in Museen, dass im Rahmen des täglichen Betriebs Führer mit entsprechender Fachqualifikation auch in historischer Garderobe auftreten. Doch deren Zahl ist begrenzt und bei größeren Spektakeln wird mehr an personellem Einsatz benötigt. Das verursacht ein Dilemma. Denn eine gute und geschichtlich akkurate Inszenierung ist zu recht teuer, sie kostet in der Vorbereitung und Ausstattung Zeit, Mühe und Geld, das die Aktiven wieder erwirtschaften müssen, erst recht, wenn sie von ihren Darstellungen leben müssen. Die *Historisierer* sind da wesentlich billiger. Sie bieten ein buntes Bild, das zwar nicht unbedingt zutreffend ist, aber eben wenigstens bunt. Dem unvorbereiteten Publikum fällt der Unterschied ohnehin nicht auf

Eine entsprechend des historischen Anlasses kostümierte Mitarbeiterin des Museums gibt Kindern Einblick in den Alltag zur Zeit des Zweiten Weltkriegs.

und es beschwert sich nicht – allerdings verlässt es den Ort des Geschehens oftmals mit falschen Vorstellungen. Das kann harmlos sein, z. B. wenn unter den aufgebotenen *Historisierern* Frauen sind, die sich möglicherweise sogar perfekt gemäß der 1940er-Jahre geschminkt und gekleidet haben, jedoch an sichtbaren Körperstellen wie Armen oder Beinen tätowiert sind, was nicht unwahr-scheinlich ist, da Tätowierungen in England ausgesprochen beliebt sind.

Dergleichen hat es während des Zweiten Weltkriegs natürlich nicht gegeben. Die einzigen Frauen, die zu dieser Zeit möglicherweise irgendwelche *Tattoos* trugen, waren Prostituierte. Dieses einfache Beispiel lässt erahnen, wie viel 21. Jahrhundert und wie wenig 1940er-Jahre bei den meisten Veranstaltungen mit entsprechenden Inszenierungen anzutreffen ist.

Auf diese Art wird ein Image der Epoche geschaffen, das für heutige Menschen ‚leicht zu verdauen‘ ist, da es ihren eigenen Erfahrungen sehr nahe kommt. Man kann also auch sagen, der Unterschied zwischen ernsthaftem Bemühen um *Living History* und dem weit verbreiteten Historisieren ist der zwischen geschichtlich Sein und Geschichte(n) machen, zwischen Nachempfinden und Erfinden. Um diesen, jedoch auch andere Aspekte unseres Themas näher zu beleuchten, wandten wir uns an eine Fachfrau: *Hannah Jackson*, die als Projektmanagerin und Beauftragte für Nachhaltigkeit in einer großen und sehr interessanten Einrichtung des Nationalen Erbes in Norfolk arbeitet, *Gressenhall Farm and Workhouse*. Das Freilichtmuseum, in dessen Gebäuden sich im 19. Jahrhundert ein Arbeitshaus befand, bietet neben einer Dauerausstellung zur lokalen Geschichte und Vorführungen traditionellen Handwerks eine Reihe von unterschiedlichen Veranstaltungen über verschiedene Epochen an.

Neben den jeweils zeitgenössisch kostümierten Mitarbeiterinnen und Mitarbeitern des Hauses, die das Publikum mit Informationen über die jeweilige Zeit versorgen und engagierten Externen, die diese Darstellungen ergänzen, kommen auch immer wieder Besucher in Kostümen. Speziell gilt dies für die bereits tradierte Event-Reihe *Village at War* zum Leben auf dem Land während des Zweiten Weltkriegs.

Nachfolgend haben wir unsere Fragen (fett gedruckt) und Hannah Jacksons Antworten in einer anderen

Typografie wiedergegeben, um die Unterscheidung vom restlichen Text zu vereinfachen und so das Lesen zu erleichtern. Wir werden die Aussagen unserer Gesprächspartnerin nicht kommentieren und schon gar nicht werten. Sie stehen für sich, um Ihnen zusätzliche Perspektiven auf das Thema zu eröffnen.

Wie lange führt Gressenhall schon Veranstaltungen mit der Unterstützung von *Re-Enactors* durch?
Ich glaube, Village at War wurde zuerst 1999 durchgeführt, um auf den Jahrestag des Ausbruchs des Zweiten Weltkriegs hinzuweisen. Wie sehr sich diese erste Veranstaltung damals, die sich aus den Wiederbegegnungsfeiern der Women's Land Army Veterans (in etwa Veteraninnen der Frauen-Landstreitkräfte) entwickelt hat, von unseren aktuellen unterschieden hat, kann ich leider nicht genau sagen. Heute ist Village at War eine unserer erfolgreichsten Veranstaltungsreihen, zu der sehr viele Besucherinnen und Besucher in zeitgenössischer Kleidung erscheinen.

Aufgrund des wachsenden Interesses an Geschichte und speziell auch aufgrund der Verbindung zwischen der Vintage-Bewegung und dem Zweiten Weltkrieg hat sich ein großer und oft kostenlos verfügbarer Material- und Menschen-Pool gebildet, aus dem sich Museen bedienen können, wenn sie selbst eine Veranstaltung durchführen wollen. Ist das eine zutreffende Beschreibung der Situation? Und, wenn ja, gibt es erkennbare Unterschiede hinsichtlich der unterschiedlichen historischen Epochen und Themen, die Gressenhall abdeckt?
Ja, die Beschreibung ist sicherlich zutreffend und wir

sind immer dankbar für das Engagement des Publikums bei diesen Veranstaltungen. Wenn sich das Publikum selbst mit Begeisterung eines Themas annimmt, dann trägt das immer sehr zur Atmosphäre der Veranstaltung bei. Wir sind ein sehr großes Museum – mit einer Fläche von insgesamt etwas über 60 Hektar. Wenn wir dann auch noch kostenlos einige Menschen in Kostümen für einen Tag hier begrüßen können, dann lockt das schon einige andere an. Aber das bedeutet nicht, dass wir ohne unsere eigenen kostümierten Informationskräfte auskämen. Sie sind die Stütze jeder Veranstaltung, sie gehen auf Besucher unterschiedlichen Alters und unterschiedlicher Vorbildung ein – sie machen das professionell und sie machen es sehr gut. Der Zweite Weltkrieg regt sicher die Phantasie der Menschen mehr an als andere Zeitabschnitte, obwohl es mir gelungen ist, die Besucher in gleicher Weise zu begeistern, wenn wir Viktorianische oder Edwardianische Krimi-Geschichten inszenieren. Auch dazu haben wir die Besucher gebeten, sich entsprechend zu kostümieren und sich zu beteiligen.

Wenn wir speziell an die Teilnahme von Besucherinnen und Besuchern aus der Vintage-Szene denken, wie würden Sie deren Beitrag zu den Veranstaltungen in Qualität und Umfang beschreiben?
Besucherinnen und Besucher aus der Vintage-Szene, das umfasst eine große Bandbreite von Menschen mit unterschiedlichen Vorlieben, unterschiedlichem Wissen und auch mit sehr verschiedenen Motivationen. Ich will mich bei meiner Antwort daher wesentlich auf

die interessierte Öffentlichkeit im Allgemeinen beschränken und nicht näher auf all die Menschen eingehen, die sich aufgrund ihres Interesses mehr oder weniger zu selbständigen Unternehmern entwickelt haben. Es ist gar keine Frage, dass Veranstaltungen über die vierziger und fünfziger Jahre ohne diese Letztgenannten nicht auskämen. Wir entwickeln ständig neue Event-Angebote für Gressenhall und können dabei auf diese Menschen zählen. Diese Szene zur Verfügung zu haben, bedeutet eine wesentliche Erweiterung unserer Möglichkeiten und Ressourcen. Um zurückzukommen auf die breite Öffentlichkeit, würde ich sagen, sie helfen bei Village at War die Atmosphäre an der Heimatfront nachzugestalten. Sie kommen miteinander ins Gespräch und das schafft eine Art Gemeinschaftsgefühl. Ich würde sagen, Menschen in Kostümen provozieren Gespräche untereinander und mit Nicht-Kostümierten. Mit der Unterstützung unserer professionellen Mitarbeiter können wir so die Erfahrung vermitteln, wie es in dieser Zeit war.

Würden Sie sagen, es gibt eine Wechselwirkung zwischen den Aktivitäten des Museum und denen der Vintage-Bewegung, die zu beiderseitigem Wachstum beiträgt?
Ich glaube, jede Generation schafft ihre eigenen Altertümer und zwar oft als direkte Reaktion auf das, was dem vorausging. Da ist sicher ein andauerndes Bedürfnis zurückzublicken in die Geschichte und ich denke, dass Museen in diesem Zusammenhang eine Schlüsselrolle zukommt durch die Art, wie sie Geschichte präsentieren. Ziemlich oft – und ich finde,

das trifft gewiss auf die Vintage-Bewegung zu – ist das eine Bewegung von unten nach oben, wobei künstlerische Menschen oder solche mit kreativen Momenten aus der Masse herausstechen. Das wird dann von den Medien aufgegriffen und dadurch unweigerlich eher zu Mainstream – bis etwas anderes kommt, das es ablöst. Vom Ursprung her betrachtet, waren die 1940er-, 1950er- und 1960er-Veranstaltungen von Gressenhall Erinnerungsprojekte für ältere Menschen. Wir sehen, wie sich das verändert, hin zu mehr familienorientierten Events. Das ist sicherlich gleichermaßen gut für das Museum und die Vintage-Bewegung, es sorgt für mehr Publikum und bedient ein wachsendes Interesse.

Lässt sich eine Verbindung herstellen zwischen dem Interesse an Ihren Veranstaltungen und bestimmten Fernsehprogrammen mit geschichtlichen Themen oder Hintergründen?
Aus den Gründen, die ich zuvor genannt habe, würde ich meinen, dass die Medien sich der jeweiligen Moden und aktuellen Interessen bedienen und dass dies zum Wachstum der Bewegung beitragen kann. Ich glaube, Kostümdramen helfen der Szene, in der großen Öffentlichkeit mehr Akzeptanz zu finden. Der Erfolg der Vintage-Bewegung liegt darin, dass sie sich ohnehin mit einer sehr gut zugänglichen Epoche befasst. Sie befindet sich noch innerhalb der zeitlichen Grenzen persönlichen Erlebens und Charity-Shops bieten für geringen Preis die Möglichkeit, etwas davon zu erwerben. Außerdem ist es hinsichtlich unserer nationalen Geschichte eine positive Ära – sicher, es war

eine schwere und harte Zeit, aber es war eben auch eine Zeit der Kameradschaft und der spezifischen britischen Hartnäckigkeit sich durchzubeißen, sich festzubeißen und die Sache bis zum Ende durchzustehen, des British Bulldog Spirit, was sie in der Rückschau sehr attraktiv macht. Dem folgte natürlich eine Zeit des Wohlstands, der leuchtenden Farben, neuer Technologien und Gelegenheiten, was alles zusammen ebenfalls aufregend und attraktiv ist.

Wie würden Sie das Interesse der Engländer an Geschichte beschreiben? Denken Sie, es ist mehr von persönlicher Vorliebe und Neugier geleitet oder vom Gedanken einer gemeinsamen nationalen Identität, Nationalstolz und Patriotismus?

Ich denke, man darf die Bedeutung von persönlicher Betroffenheit und wirklichen Geschichten realer Personen nicht unterschätzen. Das muss nicht notwendigerweise verbunden sein mit Genealogie und familiären Bezügen, die sicherlich wichtig sind, sondern kann auch mit lokaler oder nationaler Geschichte zusammenhängen. Es sind die persönlichen Geschichten, die unsere Vorstellungskraft anregen und unsere Wahrnehmung für jede Epoche schärfen. Als eine sich ständig weiter differenzierende Gesellschaft müssen wir begreifen, dass es auch Probleme aufwerfen kann, wenn man historische Epochen nutzt, um nationale Identität herzustellen und wir müssen verstehen, dass das nicht repräsentativ für die Gesamtbevölkerung ist und nicht vollständig inklusiv. Was ich sagen will, ist: Der Zweite Weltkrieg hat sicherlich etwas mit gemeinsamer nationaler Identität zu tun für all jene, deren Vorfahren daran beteiligt waren. Es gibt diesen britischen Stolz darauf, wie an der Heimatfront die Dinge am Laufen gehalten wurden – die Flicken-und Reparieren-Mentalität, die Kameradschaft, das Durchhaltevermögen. Ich finde, das macht die Veranstaltungen von Gressenhall Farm and Workhouse wie Village at War so interessant für die Öffentlichkeit.

Viele Menschen, die sich bei entsprechenden Anlässen zusammenfinden, wollen vor allem dabei sein, wollen ein Stück Vergangenheit miterleben. Gerade wenn es um die Zeit des Zweiten Weltkriegs geht, besteht der Reiz darin, ein wenig davon sehen und hören zu können in der Gewissheit, dass es gerade nicht echt ist und man sich jederzeit wieder zurückziehen kann in die Gegenwart, die – allen Problemen zum Trotz – dann auch gar nicht mehr so unsympathisch aussieht. Es ist ein wenig wie der Besuch eines Fahrgeschäfts auf einem Jahrmarkt: sich ordentlich durchschaukeln und -schütteln zu lassen, bereitet Vergnügen, weil man weiß, dass die Sache relativ bald wieder ein Ende finden wird. Eine Geisterbahn ist angenehm, weil man immer gewiss ist, sicher zu sein, egal welche Mühen auch aufgewandt werden, den Besucher kurzfristig zu erschrecken. Die ganz großen ‚Jahrmärkte der Geschichte‘ in England sind allerdings nicht die Veranstaltungen von Museen oder von den Enthusiasten der Oldtimer auf Straße oder Schiene. Es sind auch weder die großen Märkte oder Themenparty- und *Swing-Events*, noch nachgespielte

Schlachten. Nein, die ganz großen Aufmärsche von Menschen in unterschiedlichen Stadien historischer Kostümierung finden sich zu patriotischen Anlässen, den historischen Gedenktagen in Verbindung mit den Weltkriegen oder mit der Geschichte des Königshauses, das die Nation durch diese schweren Zeiten zumindest begleitet und in gewissem Sinne – bei aller Einschränkung, der ein Königshaus in einer parlamentarischen Monarchie unterliegt – auch geführt hat, also etwa die runden Geburtstage der Königin oder die Feiern zu den Gedenktagen der Inthronisation. Solche Anlässe füllen Straßen und Schaufenster mit Fahnen, den *Union Jack*s, in allen Größen und bieten Gelegenheiten für jede und jeden, sich bei Paraden und anderen Formen der Feierlichkeiten auch ein wenig im wirklichen oder vermeintlichen Stil der vergangenen Tage zu kleiden. Es ist ganz und gar nicht despektierlich gemeint, wenn wir in diesem Kapitel, das mit dem Titel *Living History* versehen wurde, auf die Rolle des englischen Königshauses für die Vintage-Bewegung zu sprechen kommen. Ganz im Gegenteil: Wir tun dies mit großem Respekt vor der Institution und den Persönlichkeiten, die ihr Leben geben. Schließlich lässt sich dieser englische Terminus *Living History* auf zwei Arten übersetzen: *Lebendige Geschichte* und *Geschichte leben*. Beide treffen in vorzüglicher Weise auf das englische Königshaus zu, aber auch, wie bereits erwähnt, auf die meisten seiner Untertanen dank ihres starken Interesses an der Vergangenheit.

Als *Königin Elizabeth II.* 1952 die Verantwortung der Regentschaft übernahm, war sie gerade einmal 26 Jahre alt. Sie konnte sich über lange Jahre auf den Rat ihrer Mutter, der von den Briten liebevoll als *Queen Mum* bezeichneten *Königin Elizabeth*[53], stützen. Dies sorgte für eine Kontinuität, die die Königin seit nunmehr 63 Jahren verkörpert. Sie ist, obwohl eine stets wache und moderne Frau, selbst im besten Sinne des Wortes ein Stück lebender Geschichte und ihrer andauernden Regentschaft ist es zu verdanken, dass im Gefühl der Briten das gesamte zwanzigste

Andenken an eines der vielen Ereignisse im Zusammenhang mit dem englischen Königshaus, die jeweils wieder Patriotismus und Nostalgie fördern.

Jahrhundert auch nach der Jahrtausendwende noch nah und präsent ist. Die 1930er- und 1940er-Jahre gehören noch (mehr oder weniger) zu ihrer eigenen (Er-)Lebenszeit und sind dadurch in gewisser Weise noch immer gegenwärtig, mögen auch inzwischen Generationen gekommen und teilweise schon wieder gegangen sein. Diese Zeit ist, speziell durch die bereits beschriebene Verschmelzung mit der Gegenwart in der öffentlichen Inszenierung, für viele Menschen damit zwar eine andere und in ihrem Gefühl oft sogar bessere Zeit, sie ist aber noch nicht wirklich Vergangenheit, denn solange es diese sehr enge, sehr deutliche und vor allem sehr emotionale Verbindung in der Person der Königin gibt, kann man sie noch sehen und hören, sie ist noch ‚hier‘ und damit auch ‚jetzt‘.

Es gibt genügend Spekulationen darüber und vor allem auch Wetten dazu, wer nach Elizabeth II. den Thron von England besteigen wird, ob es der *Prince of Wales* sein wird oder sein ältester Sohn. Wir werden keinen Gedanken an die Frage des *Wer* verschwenden, allerdings eine Prognose wagen bezüglich des *Was*, das diesem Ereignis folgen wird. Es wird der Beginn einer neuen Ära sein und jene noch immer lebendigen Jahrzehnte, die bereits hinter uns liegen, werden dann tatsächlich der Vergangenheit angehören. Sie werden im Bewusstsein der Menschen deutlich in den Bereich des Historischen und des Alten rücken. Das wirklich Alte allerdings war immer nur für eine kleine Minderheit in der Bevölkerung von Interesse und so wird es auch in Zukunft sein.

Vielleicht wird der Begriff Vintage bestehen bleiben,

doch es ist wahrscheinlicher, dass eine andere Bezeichnung aufkommen wird und es mag sein, dass die 1990er-Jahre dann das sein werden, was heute die Vierziger sind. Wir werden es ja erleben. Dann werden wir vielleicht eine andere nostalgisch-motivierte Szene vorfinden, die ihr *Heimweh* an einer anderen vermeintlich guten alten Zeit festmachen wird. So ist das eben: Nichts ist so beständig wie der Wandel. Nichts ist so wahrscheinlich wie die Wiederholung.

Wie immer sich die Zukunft gestalten wird, das Interesse der Briten an der Geschichte wird nicht schwinden. Es wird einen neuen Bezugspunkt in der Vergangenheit finden. Viele, die heute in Uniformen und Kostümen an den Veranstaltungen der Vintage-Bewegung teilnehmen, werden sich den veränderten Gegebenheiten anpassen und einfach den Kleidungs-stil wechseln. Einige allerdings werden von allen Veränderungen unberührt bleiben. Die Freunde der Dampflokomotiven und der Oldtimer werden in gleicher Weise wie heute ihrem Hobby treu bleiben, das sie eindeutig einer bestimmten Epoche zuordnet. Mit ihnen werden jene den 1930er- und 1940er-Jahren verbunden bleiben, die – wie etwa Mrs. Hymes aufgrund ihrer Erlebnisse im *1940s House* – mit Überlegung und Bedacht diesen Abschnitt der Geschichte für sich gewählt haben, da er ihnen Vorzüge bietet, die sie in der modernen Welt um sich herum nicht finden. Hierzu gehören u. a. auch die *Time Warp Wives*, moderne Frauen, die sich bewusst für die Rolle der Hausfrau und möglicherweise auch Mutter im Stil der 1950er-Jahre entschieden haben, denen es Freude bereitet, sich um Haushalt und Familie zu kümmern jenseits der aktuellen politisch korrekten Auffassungen von Geschlechterrollen und den Ansprüchen, den Frauen in Wirtschaft und Gesellschaft zu genügen haben[54]. Und natürlich werden auch jene Menschen weiterhin den dreißiger und vierziger Jahren die Stange halten, die die anderen Werte der Menschen zu dieser Zeit denen der Konsumgesellschaft von heute vorziehen und/oder die Ästhetik jener Zeit bewundern. Auch dies sind Personen, die schon heute willentlich ein Stück Geschichte leben, indem sie Ansprüche und auch Wissen und Fertigkeiten bewahren, die in der digitalisierten Gegenwart entweder bedroht oder bereits weitestgehend verschwunden sind. Man mag das zu Recht als konservativ bezeichnen. Ob es gut oder schlecht ist, ob Fortschritt *per se* eine Qualität bedeutet oder nicht, das muss jeder für sich selbst definieren. Unsere Meinung dazu werden wir im dritten Abschnitt des Buches vorstellen, doch zunächst wollen wir Ihnen einige Zeitgenossen präsentieren, die aus unterschiedlichen Blickwinkeln das Phänomen Vintage-Szene betrachten.

II. Klare Standpunkte –
Gespräche über die Vintage-Szene

Nachdem wir nun dem Vintage-Glamour nachgespürt haben, um zu seinen Ursprüngen und Inspirationen zu gelangen, seinen Variationen und Faszinationen zu folgen, sollen andere das Wort haben, um unsere Darstellung zu ergänzen und abzurunden. Wir hatten von Anfang an vor, Menschen, die in verschiedener Weise und unterschiedlichem Maß in der Vintage-Bewegung aktiv sind oder zumindest von ihr berührt wurden oder werden, zu befragen. Wir haben uns dazu der Grundlage eines standardisierten Fragebogens bedient, denn der ursprüngliche Gedanke war, die Ansichten, die sich in den Antworten auf unsere Fragen offenbaren würden, jeweils direkt einander gegenüberzustellen. Eine – zugegeben – recht postmoderne Idee der Herangehensweise an ein ebenso postmodernes Thema, wie wir im letzten Abschnitt des Buches noch näher beleuchten werden. Allerdings haben wir uns trotzdem bald anders entschieden. Denn die entstehenden Gespräche waren sehr lebhaft und wir mussten Zwischenfragen stellen, die die Vorgaben ergänzten. So wurde uns schnell klar, dass es keinen Sinn macht, die uns gegebenen Antworten aus dem Kontext zu trennen. Im Gegenteil: Es ist unseres Erachtens wichtiger und auch interessanter, die Antworten jeder einzelnen interviewten Person in ihrem Zusammenhang zu sehen. Nur so lässt sich die jeweilige Persönlichkeit würdigen und verstehen, ihre persönliche Einstellung damit nachvollziehen.
Wir haben zehn Personen direkt befragt: *Paula* und

Tracey sind überzeugte Anhängerinnen der Vintage-Bewegung; *Shona* und *James* betreiben gemeinsam ein Modegeschäft mit Garderobe der 1950er-Jahre, *Rob* ist darauf spezialisiert, alte technische Geräte zu reparieren und wieder in Gang zu setzen, vom *Radio-Gram*, dem Radio-Möbel mit Plattenspieler, das zu den frühen Vorfahren heutiger Kompaktanlagen zählt, bis zum Röhren-Fernseher, ihre Verbindung mit der Szene ist also vor allem geschäftlich bedingt; *Dawn* und *Natasha* sind Historikerinnen, die beide auch in unterschiedlicher Weise mit Bildungsveranstaltungen zur Geschichte zu tun haben; *Ruth* und *Lisa* sind Kuratorinnen einer der renommiertesten staatlichen Kostümsammlungen Englands, *Len* schließlich ist ein Veteran des Zweiten Weltkriegs, der als Zeitzeuge für Besucher von Museen und für Kinder in Schulen Auskunft gibt über das, was damals geschehen ist; er hat diese Zeit so persönlich und direkt erlebt, wie er heute ihre nostalgische ‚Wiederaufführung‘ erlebt. Die überwiegende Zahl der Befragten lebt in der Grafschaft Norfolk und wir haben ihnen daher auch speziell Fragen zur Szene in der Hauptstadt, Norwich, gestellt, für deren Vintage-Aktivitäten es eine eigene Website im Internet gibt. Bis auf das Interview mit James und Shona fanden alle Befragungen als Einzelgespräche statt, ohne eine konkrete Zeitvorgabe; sie dauerten im Durchschnitt etwa 45 bis 50 Minuten. Die Antworten mussten schon allein aufgrund der Notwendigkeit der Übersetzung redaktionell bearbeitet werden. Die Aussagen wurden teilweise komprimiert, aber in keinem Fall wurde der Tenor verändert. Direkte Zitate sind im

Nachfolgenden kursiv gedruckt. Diese Aussagen zur englischen Vintage-Szene werden in alphabetischer Reihenfolge (nach den Vornamen der Befragten) wiedergegeben. Ergänzt werden sie durch zwei daran anschließende schriftliche Befragungen weiterer Vintage-Anhängerinnen aus Frankreich und den Vereinigten Staaten von Amerika: *Heidi* und *Sabine*.

Alle Befragungen fanden zwischen 2012 und 2014 statt. Wir sind unseren Gesprächspartnerinnen und -partnern für ihre Zeit und vor allem für ihre Offenheit sehr dankbar. Sie haben durch ihre Antworten auf unsere Fragen einen höchst interessanten Beitrag zu diesem Buch geleistet. Wir sind uns der Tatsache bewusst, dass unsere Herangehensweise nicht in jeder Hinsicht wissenschaftlichen Ansprüchen entspricht. So kann natürlich auch die Relevanz aller Aussagen unserer Interviews angezweifelt werden. Für uns geben sie einen ersten Einblick in die Vielfalt der Sichtweisen, der Vorstellungen und Erwartungen, die bei unterschiedlichen Menschen mit der Vintage-Bewegung verbunden sind. Natürlich ist das nicht umfassend. Und auch nicht objektiv. Doch wir beanspruchen auch weder das eine noch das andere. Dieser Mangel an Wissenschaftlichkeit ist vor allem ein Bekenntnis zur Subjektivität, was wir in diesem Zusammenhang durchaus für eine positive Qualität erachten. Nicht zuletzt, da es auch uns als Autoren die Freiheit gibt, uns subjektiv zu äußern. Was wir an dieser Stelle tun möchten, um unseren besonderen Respekt für unseren Interviewpartner Len zum Ausdruck zu bringen. Einem Menschen zu begegnen, der im Alter von über 90 Jahren noch einer wichtigen sozialen Aufgabe folgt und sie mit einer solch ungewöhnlichen Mischung aus Weisheit, Witz, Offenheit, Freundlichkeit und Liebe erfüllt, ohne jegliches Vorurteil und ohne jegliche Form von Egozentrik, ist schlicht Ehrfurcht gebietend. Es war ein besonderes Erlebnis, ihn kennenlernen zu dürfen, auf das wir sehr stolz sind.

1. Dawn – Historikerin, Lehrerin und Künstlerin

Dawn (geb. 1954) hat neben ihrem Geschichtsstudium auch eine Schauspielausbildung absolviert und damit die künstlerische Tradition ihrer Familie aufgegriffen; ihre Tanten waren ein gefragtes Duo auf Musikbühnen.

Dawn betrachtet die Vintage-Szene mit Distanz.

Sie unterrichtet an Schulen; mit der Gründung der Gruppe *Baroque 'n' Roll* schuf sie ein Ensemble, das mit zeitgenössischen Tänzen aus mehreren hundert Jahren und ebenso bildenden wie unterhaltenden dramatischen Programmen zu den verschiedenen Epochen in Institutionen des Nationalen Erbes (also Museen und öffentlichen Sammlungen) wie auch an Schulen auftrat.

Dies führte zur festen freien Mitarbeit in Einrichtungen wie der *National Portrait Gallery* in London, wo sie noch immer – nach Beendigung ihrer Karriere mit der eigenen Theatergruppe – als Führerin tätig ist, ebenso wie in *Buckingham Palace*. Inspiriert von Dennis Severs' berühmtem Haus in der

Folgate Street 18[55] in London hat Dawn ihr Haus *The Clifton* in Leigh-on-Sea (östlich der Hauptstadt), in ein privates Geschichtsmuseum verwandelt, in dem jeder Raum die Geschichte einer anderen Person aus verschiedenen Epochen erzählt. Das Interview mit Dawn fand 2014 statt:

1. Welche Assoziation erweckt der Begriff Vintage in Ihnen?
Rosa und geblümt.

2. Was bedeutet der Begriff für Sie persönlich?
Etwas Altes. Wie alt? – Antik bedeutet ‚mindestens 100 Jahre alt‘, also muss Vintage weniger sein. Es hat Anklänge von ‚Königreich‘ und hübschen Küchen aus den fünfziger Jahren, so etwas in der Art. Aber natürlich nicht notwendigerweise; das sind nur meine Gedanken dazu.

3. Wie lange gibt es die Vintage-Bewegung schon?
Ich habe keine Ahnung. Den Begriff Vintage-Bewegung mag ich nicht. Die Menschen waren schon immer interessiert an Dingen von früher. *Für mich war Laura Ashley immer ziemlich vintage in ihrem Stil und ihren Mustern. Vintage bezieht sich wohl auf die fünfziger, sechziger und siebziger Jahre.* Als Phänomen im Sinne einer Bewegung gibt es das wohl seit etwa zehn Jahren.

4. Sind Sie oder Menschen, die Sie kennen, Bestandteil der Vintage-Szene?
Leute, die ich kenne. Ich selbst nicht.

5. In welcher Weise?

Freunde, die Dinge aus originären Materialien herstellen. – Und noch einmal: Es hat schon immer Menschen gegeben, die an Reproduktionen interessiert waren. Aber der Begriff Vintage dafür ist neu. Dinge speziell für diesen Markt zu produzieren, ist dementsprechend auch neu, so etwa zehn Jahre eben.

6. Gibt es einen besonderen Vintage-Einfluss auf Sie von anderen?

Nun, ich habe gesagt, ich finde den Begriff Vintage schwierig. Denn wenn die Frage lautet: Bin ich interessiert an Dingen, die man als vintage klassifiziert? – Ja. Aber was *Vintage* genau ist ... ich bin nicht wirklich sicher hinsichtlich der Definition. *Ich war schon immer an Geschichte interessiert, aber ich bin es nicht besonders, was die Vintage-Seite davon betrifft. Sehen Sie, ich ziehe mehr technische Begriffe vor, wie etwa ‚historische Kleidung‘. Vintage ist ein eher kommerziell genutztes Wort. Es wird heute mit antik vermischt.*

7. Welche Rolle spielen Sie in der Vintage-Bewegung?

Gar keine. – Ich werde jetzt pedantisch.

8. Was steht hinter der Entscheidung, keine Rolle in der Szene zu spielen?

Ich habe keine bewusste Entscheidung getroffen, es nicht zu tun. Dieses Engagement für eine Wiedererschaffung der Geschichte und das Interesse an Vintage kam auf, während ich mich aus dem Bereich der Darstellung zurückzog und ich mich entschlossen hatte, weniger in der Öffentlichkeit zu tun. Das war die Zeit, als das, was man früher richtigerweise ‚historische Kleidung‘ nannte, zu Vintage wurde. Hätte ich vielleicht Kostüme oder Kleider verkauft, hätte ich möglicherweise auch den Begriff Vintage benutzt, um Publikum anzulocken, denn es wird allgemein verstanden als Bezeichnung für Bekleidung früherer Epochen … obwohl ich finde, ‚historische Kleidung‘ ist seriöser.

9. Wissen Sie etwas über die Motivation von Menschen, die sich in der Szene bewegen?

Nein, ich kann darüber nur spekulieren anhand der Gespräche mit einem Freund, der sehr ernsthaft an der Geschichte der Szene interessiert ist. *Einige Menschen sind sehr leidenschaftlich und begeistert für Vintage und das ist wunderbar. Und einige Menschen sind sogar Experten und sie haben ihre 1930er-, 1940er-, 1950er-Kleidung und -Häuser, einige gehen damit sorglos und spielerisch um.* Wenn ich mich früher im Rahmen von Bildungsangeboten mit der Vergangenheit befasst habe, dann hat das Spaß gemacht. Doch es bedeutete nicht einfach, sich zu verkleiden und auch nicht so zu tun, als sei man eine andere Person, in der Weise, wie ein gelernter Schauspieler das tun würde. Es war ein darstellerisches und erzieherisches Mittel und nicht einfach ein Ausleben des persönlichen Vergnügens beim Anziehen von Kostümen – weit davon entfernt.

10. Haben Sie ein Vorbild in der Vergangenheit?

So viele, so viele. Wenn man Geschichte unterrichtet,

gibt es so viele. Da gab es Menschen, auf die ich mit einem Lächeln blicke, Menschen, die ich einfach für wundervoll halte. Es ist schwer, eine Entscheidung zu treffen. Doch ich empfinde große Verehrung für Frauen, die in ihrer Epoche Fortschritt begründet haben. Da ist ganz offensichtlich die Bewegung der Suffragetten, Pilotinnen, die sich aufgemacht und ihre Spuren in der Geschichte hinterlassen haben, Schriftstellerinnen und Malerinnen, die ihre Kunst aus-übten, als es nicht üblich war für Frauen, sich als Autorinnen oder in der bildenden Kunst durchzusetzen. Jede Person von intellektueller Qualität verdient Bewunderung. Wenn Sie nach der populären Kultur fragen, etwa nach Hollywood ... hier sind es die dreißiger und vierziger Jahre. Aber ich sehe dort keine persönlichen Vorbilder. Frauen, die ich bewundere ... natürlich. *Die hinreißende Ginger Rogers oder Rita Hayworth. Aber das ist nicht meine Liga. Wenn ich mich herausputze, dann für eine andere Welt, eine andere Zeit.*

11. Was war der erste Vintage-Gegenstand, den Sie erworben haben?

Die ersten Dinge aus der Vergangenheit, die mein Interesse erregten, waren nichts, was ich kaufte. Es war bei meiner Tante. Sie gab mir drei Münzen aus der Zeit von King George. Und dann gab sie mir eine viktorianische Brosche und später, als ich älter wurde, noch mehr Schmuck. Wie sie darüber sprach, war voller Liebe und was sie sagte, faszinierte mich. Später schenkte sie mir einige Möbel und das war der Beginn meiner eigenen Sammlung. Das erste, was ich selbst erwarb, war ein Waschtisch aus geschälter Kiefer – wir reden hier von 1974. Dieser Waschtisch wäre heute hochglanzpoliert. *Er hatte wundervolle Blumen auf den Kacheln und war einfach schön – und absolut unpraktisch.* Er hatte eine Basis aus schwarzem Marmor. Ich habe ihn unglaublich geliebt und vor etwa 15 Jahren erst verkauft. Gekauft hatte ich ihn für mein Bad und ich erinnere mich sehr gut daran, wie unpraktisch er war.

12. Teilen Sie Ihren Enthusiasmus mit ihrem persönlichen Umfeld?
Mit meinen Freunden – wenn sie damit umgehen können.

13. Waren Sie jemals bei speziellen Vintage-Veranstaltungen?
Ja. Ein Freund hatte mich zu einer Autorallye mitgenommen, Dampfmaschinen, um sich die Wagen anzusehen. Das war in Ordnung. Ich mache mir nichts aus Autos. Jemand, mit dem ich aus war, hatte ein besonderes Interesse für Motorräder, alte Motorräder. Woraus ich mir auch nichts weiter mache. Ich glaube, heute würde ich bei solchen Gelegenheiten sagen: Weißt du was? – Wir treffen uns später. Ich mag die Idee, dass sich Menschen um alte Autos und Motorräder kümmern, denn mein Vater fuhr einige von ihnen während des Krieges. Ich finde sie ganz interessant aber nicht abendfüllend.

14. Wurden Ihre Erwartungen erfüllt?
Das ist wie die Frage: Wie lang ist ein Stück Schnur? Es

gab Veranstaltungen, bei denen ich engagiert worden war, wo ich also eine Rede halten oder dem Publikum ein bestimmtes Thema darstellerisch nahebringen musste. In diesen Fällen: Ja, die Erwartungen wurden erfüllt, ich habe meine Arbeit getan. Dort, wo ich privat war, um Spaß zu haben, habe ich mich umgesehen und verfolgt, was so passierte und mir die *Re-Enactors* betrachtet. Ich bin bei unterschiedlichen Anlässen aufgetreten, einige, wo ich mit einem Partner eine Tanz-Vorführung gab. Das war prima. Darunter waren auch Vintage-Märkte. Und ich habe auch an Dinner-Angeboten historischer Eisenbahnen, der *Bluebell Railway*, teilgenommen. Auch wenn ich zu anderen Vintage-Events der Bahnen ging, war das wundervoll.

15. Wie haben Sie sich bei diesen Veranstaltungen gefühlt?

Oh, es war herrlich! Erstens, da man in historischen Kleidern erschien, phantastische Kleider, nicht einfach nur feine Garderobe. Man sticht aus der Menge heraus. *Der Trick ist, die richtige Kleidung auf die richte Art in der richtigen Umgebung zu tragen, das ist wirklich wichtig. Es macht keinen Sinn, sich im Stil einer früheren Epoche zu präsentieren, wenn man in einem modernen Gebäude ist. Das fühlt sich nicht richtig an.* Natürlich kommt man damit durch, aber schließlich ist jedes Design dazu bestimmt, in seiner Zeit und an einem bestimmten Ort zu wirken. *Kleidung und Design fügen sich in eine bestimmte Welt und diese Welt gehört zu einer bestimmten Zeit. Wenn alles entsprechend übereinstimmt, ist es perfekt. Und wann hat man übrigens schon die Gelegenheit, Hüte, Handschuhe, Schuhe, Tasche – kurz: das ganze Ensemble – zu tragen?*

16. Was ist Ihre bevorzugte Zeit in der Geschichte?

Das ist eine sehr gute Frage. Wenn ich sie mit Blick auf die gesamte Geschichte beantworten soll, würde ich sagen: das 17. Jahrhundert. Und warum? – Weil es eine Zeit war, in der mehr gebildete Frauen lebten, da waren Künstlerinnen, Autorinnen und Frauen, die Denkerinnen wurden und Dramatikerinnen. Es war eine freiere Zeit, das alte Tudor-Regime war fort. Ich denke wirklich an Charles I und Charles II. Und die ganze Welt war vom Bürgerkrieg auf den Kopf gestellt worden. Es war faszinierend. Es gab ein London des Kerzenlichts und der Märkte, die interessantesten Anblicke und Gerüche und so weiter, Handel mit Europa und der Welt, phantastische Materialien und Kostüme. Die ganze Welt wurde erforscht und entdeckt und es war brillant.

Aber wenn es darum geht, sich hier und heute zu kleiden, dann sind es die dreißiger, vierziger und auch die fünfziger Jahre. Denn die Kleider sind alle wunderschön, hervorragend verarbeitet und sie geben dir ein tolles Gefühl, wenn du sie trägst.

17. Nutzen Sie auch andere Quellen/Medien, um sich über die Vergangenheit zu informieren?

Ja. So informiert man sich, nicht wahr? Abgesehen vom Lesen der Originalbücher oder -Manuskripte. Es ist eine wunderbare Art, Dinge her-auszufinden.

18. Was ist Ihr Hauptinteresse innerhalb des

Spektrums, das von der Szene abgedeckt wird?
Wenn ich nur eines wählen darf, dann sage ich:
Kleidung.

19. Kennen Sie Vintage-Geschäfte?
Ja. es gibt seit Kurzem einige Läden und Händler in
Leigh-On-Sea und dann gibt es einige in Wiltshire, zu
denen ich gehe. Und es gibt, was mich persönlich
mehr interessiert, Menschen hier, die Reproduktionen herstellen.
Einige waren bei speziellen Märkten für *Re-Enactors*.
Natürlich ist das nicht vintage. Aber es sind
erstaunliche Dinge, die heute in der gleichen Weise
wie früher hergestellt werden.

20. Welche Bedeutung hat Mode ganz allgemein für Sie?
Ich arbeite an verschiedenen, sehr unterschiedlichen
Orten. Wenn ich in einer Kunstgalerie in London
arbeite, trage ich leicht künstlerische, ein wenig
verschrobene Dinge. Wenn ich in Buckingham Palace
arbeite, muss ich sehr vornehme Kostüme und
Ähnliches tragen. Ganz privat laufe ich oft in Jeans
herum und fühle mich dabei sehr wohl. Kurz gesagt: Ich
kleide mich nach dem jeweiligen Anlass und bin dabei
am glücklichsten, wenn ich modisch gekleidet bin, aber
nicht glamourös, würde ich sagen. Ich habe einen
eigenen, ganz persönlichen Stil, doch ich achte auf die
Mode und zu meiner großen Verärgerung stelle ich
mitunter fest, dass Dinge, die ich vor einiger Zeit trug,
plötzlich in Mode sind. Am *Ende dreht sich die Mode im*
Kreis und alles ist schon einmal da gewesen.

21. Würden Sie die Vintage-Szene als Mode einstufen oder als Lebensstil?

Ich denke, es ist ein Lebensstil.

22. Was halten Sie von der Vintage-Bewegung im Allgemeinen?

Wie auch bei allen anderen Dingen, kann man hier nicht einfach verallgemeinern und sagen: ‚Es ist so oder so.' Unter diesem Oberbegriff Vintage finden wir Menschen, die leidenschaftlich sind und so viel Freude beziehen aus dem, was sie tun. Dann sind da Menschen, die eine eher frivole Haltung haben, nicht an vertieften Kenntnissen über das, womit sie sich beschäftigen, interessiert sind.

Da sind Menschen, die die Oberfläche der Vergangenheit betrachten und sich die Dinge heraussuchen, die rosig und hübsch sind – was den Kern der Sache nun nicht wirklich trifft. *Ich glaube, am traurigsten ist für mich das Nachspielen des Zweiten Weltkriegs.* Wenn ein Elternteil im Krieg war und das Grauen dort erlebt hat, dann möchte man auf keinen Fall, dass die Dinge verniedlicht werden. Auch wenn es zum Beispiel um Tanz geht, sollte man wissen, warum und mit welchen Empfindungen es die Menschen damals taten: das Gefühl der Trennung, mit dem die Frauen leben mussten, wenn die Männer im Krieg waren, das Bewusstsein, das das Leben kurz ist und es mag ein Fliegerangriff kommen, den man nicht übersteht.

Das gibt allem eine tiefere Qualität. *Wann immer wir auf die Vergangenheit zurückblicken, sollten wir es nicht durch diese rosaroten Brillen tun.*

23. Was mögen Sie an der Szene und was mögen Sie nicht?

Es ist, als besuche man ein anderes Land. Alles dort ist anders. Der Punkt ist: Man kann in ein anderes Land reisen, im Hotel bleiben und sich ein lustiges Leben machen. Oder man kann dafür bereit sein, die Kultur dort wirklich kennenzulernen.

Am Ende geht es in der Vergangenheit um Menschen wie uns. Aber was haben sie so getan, woran haben sie geglaubt? Wie haben sie sich verhalten? Das ist vielleicht die entscheidende emotionale Frage. Denn genauso würden wir uns mit den gleichen Einschränkungen unseres Lebens in der Vergangenheit benommen haben.

24. Wie stehen Sie dazu, dass der Begriff Vintage heute überall und in fast jedem Zusammenhang benutzt wird?

Ich glaube, ich habe das schon beantwortet. Es ist mir oft als etwas sehr Oberflächliches erschienen. Und es meint eine Reise in die Vergangenheit. *Vielleicht spiegelt das eine Einstellung unserer Gesellschaft wider, dass wir uns nicht wirklich tiefergehend mit Dingen befassen möchten. Wir schauen uns Dinge im Vorübergehen an, anstatt sie genau zu betrachten und fundiert zu zitieren. Aber ich möchte auch laut und deutlich sagen, wenn wir Menschen für etwas interessieren wollen, dann müssen wir irgendwo damit beginnen und es ist nicht sinnvoll, sie gleich mit Philosophien und tiefschürfenden Informationen zu überschütten.* Wenn man also Menschen aufmerksam machen kann und sie dazu bringen kann, sich auf etwas einzulassen, dann werden sie vielleicht nach vertiefender Information suchen. So wie ich es tat.

157

2. James und Shona –
Inhaber eines Modegeschäfts

Shona (geb. 1977) und James (geb. 1974) sind die Inhaber des Modegeschäfts *Prim Vintage Fashion* in der Benedict Street in Norwich, mit dem sie seinerzeit die Ersten in der Stadt waren, die in moderner Weise *Secondhand*waren (überwiegend aus den 1950er-Jahren) anboten.

Shona und James in ihrem Geschäft Prim Vintage Fashion.

Beide bezeichnen ihre soziale Herkunft als ‚Mittelklasse‘ und beide haben zuvor schon im Einzelhandel gearbeitet, Shona im Bereich ‚Visuelle Verkaufsförderung‘, James im Management. Als Sohn eines Antiquitätenhändlers hatte James von klein auf eine Beziehung zu älteren, gebrauchten Dingen. Shona hatte zunächst ein Geschäft im Internet, bevor sie und James den Laden in der Stadt, in der beide auch wohnen, eröffneten.

Das Interview mit ihnen fand 2012 statt:

1. Welche spontane Assoziation löst der Begriff Vintage bei Ihnen aus?

<u>James:</u> Vintage *sollte etwas aus einer Epoche besonderer Qualität bezeichnen.*

<u>Shona:</u> *Ich denke unglücklicherweise an Tea-Cakes und Cupcakes und Wimpelketten.*

2. Was bedeutet Vintage für Sie persönlich?

<u>James:</u> Ich verbinde damit die Definition aus der Weinherstellung: ein guter Jahrgang aus einer speziellen Epoche, *der gut gealtert ist, dessen Geschmack gereift ist – und so sollte es auch mit Mode sein.*

Hinsichtlich der zeitlichen Eingrenzung würde ich sagen: für mich persönlich 1960er-Jahre, professionell die 1980er.

<u>Shona:</u> Für mich persönlich bedeutet Vintage etwas, das meine Sinne anspricht, etwas Altes und Schönes. Die Vierziger kommen jetzt langsam dazu; es geht zurück bis zu den Zwanzigern, alles davor ist antik.

<u>James:</u> Der Zeitpunkt verschiebt sich; die Zwanziger sind recht antik. Die Sachen können nicht mehr getragen werden, damit fängt der Status antik an. Heute redet man von Antik und meint die Vierziger und früher und man spricht von den 1950er- und 1960er-Jahren als ‚modernes Antik'. Damit etwas vintage ist, muss es eine ureigene Geschichte haben. Vintage gibt es in diesem neuen Sinn eigentlich erst seit den letzten 15 Jahren.

<u>Shona:</u> Es ist altersabhängig. Junge Leute sehen die Achtziger als Vintage an, weil es vor ihrer Geburt war. *Jüngere Leute, die die Sachen aus den Achtzigern*

kaufen, sind nicht am Zweiten Weltkrieg interessiert; das ist einfach zu weit entfernt von ihnen.

<u>James:</u> Das hat mit der Entwicklung unserer gesamten Gesellschaft zu tun. Heute haben wir innerhalb einer Spanne von 30 Jahren drei Generationen in einer Familie.

Es ist jetzt mehr die Generation der Sechziger, die jetzt noch einen großen Einfluss hat. Heute bekommen Menschen früher Kinder, daher haben wir erwachsene Enkelkinder, die miterleben, wie die Generation ihrer Großeltern verschwindet.

Es ist eine Art unterbewusster Erkenntnis, dass wir die Beziehung zu der Zeit des Zweiten Weltkriegs und davor verlieren. Das stachelt das Interesse und die Nostalgie an. Die Zeitzeugen verschwinden. Menschen in den Mittdreißigern haben heute ein sehr viel größeres Interesse an dieser Zeit. Sie setzen sich hin und reden mit ihren Großeltern darüber.

3. Wie lange gibt es schon die Vintage-Szene?

<u>Shona:</u> Ich denke, in den 1960er- und 1970er-Jahren war es mehr eine Flohmarktsache und Vintage war damals Mode und Möbel und anderes Zeug.

Die heutige Szene gibt es seit etwa zehn bis fünfzehn Jahren. Als ich selbst zu nähen anfing, vor zehn Jahren, nannte ich es vintage.

<u>James:</u> 1992 – die neunziger Jahre; ab der Mitte der 1980er-Jahre sahen die Flohmärkte anders aus.

4. Verstehen Sie sich als Teil der Vintage-Szene?

<u>Shona:</u> Ich schon. *Wir sind insofern involviert, als wir uns eigentlich ständig in Sachen aus früheren Epochen*

kleiden. Aber wir gehen nicht zu Vintage-Events. Wir verbringen unsere Freizeit nicht mit unseren Kunden – mit einigen tun wir es, aber alle gehen zu Vintage-Events. Wir wollen unsere professionelle Distanz wahren.

James: Wenn man selbst ein Geschäft hat für entsprechende Kleidung, hat man tagaus tagein damit zu tun. Wenn dann eine 1950er-Tanzveranstaltung stattfindet, das interessiert mich nicht.

Shona: *Im letzten Jahr habe ich eine solche Veranstaltung besucht. Aber nicht im Sinne einer Recherche. Und ich hatte den Eindruck, es ist ausbeuterisch. Ich war dort mit einer Freundin. Es kostete 60 Pfund für einen Tag.* Es war auch ein Markt da, im Freien. Alles Dinge, die man schon früher gesehen hatte, sehr überteuert.

Das eigentliche Festival war in einem Gebäude. Sie hatten eine Bar in jedem Stockwerk, eine 60er-Bar, eine 70er-Bar, eine Disco – und das war alles, was man für sein Geld bekam: das übliche ,Ausbessern und Flicken', Wimpel und *Union Jacks. Ich empfand das wirklich als Ausbeutung der Vintage-Szene. Es waren nicht viele Leute da, die wirklich historische Kleidung trugen; meist moderne Labels wie ,Vivian of Holloway'.*

James: Das Festival wurde von *Prima* gesponsort. Das ist es, was völlig falsch läuft: Dass die Leute mit dem Wort *Vintage* Geld machen.

Shona: Es ist reine Geldmacherei.

5. Welche Einflüsse brachten Sie zu Vintage?

Shona: *Ich denke, meine Eltern liebten Vintage-*

Kleidung und meine Großmutter, die ich nicht wirklich kannte, war wohl sehr modisch. Aber ich schätze, ich wollte eigentlich immer nur anders aussehen.

6. Haben Sie eine Rolle in der Vintage-Bewegung oder ist es nur das Geschäft, das Sie damit verbindet?

<u>Shona:</u> Wir sind ein wenig zurückhaltend dem Gedanken gegenüber. Wir wissen, es ist ursprünglich eine gute Sache. Deshalb klingen wir vielleicht auch etwas verbittert. Wir verdienen Geld damit und sollten uns freuen, wenn es zum *Mainstream* wird. Aber wir würden lieber weniger Umsatz machen und nur an Menschen verkaufen, die die Dinge wirklich zu schätzen wissen.

<u>James:</u> Wenn ich die Wahl habe, ein Kleid aus den 1960er-Jahren an jemanden zu verkaufen, der es einmal für einen speziellen Anlass trägt und dann in die Ecke wirft, weil es ihm nichts bedeutet, oder es jemandem zu verkaufen, der sich darüber freut und es zu schätzen weiß und pflegt, würde ich mich immer für Letzteren entscheiden. *Aber ich versuche, es rein geschäftlich zu sehen.*

<u>Shona:</u> *Mehr als ich.*

<u>James:</u> Wenn ich jemandem etwas verkaufen kann, dass er wirklich liebt, macht ihn das glücklich. Und mich auch. *Wenn Sie heute in unserer Gesellschaft ein Geschäft betreiben und den Menschen das Geld aus der Tasche ziehen, indem Sie ihnen Dinge verkaufen, die sie toll finden, müssen Sie einfach glauben, dass das diese Menschen glücklich macht. Ich könnte das Geld der Kunden nicht einfach so nehmen. Was ich ihnen gebe ist auch Wissen, nicht einfach nur Kleidung. Es geht*

auch um Qualität. Ich habe Ware abgelehnt, die ich hätte günstig erwerben können, Anzüge aus den 1970er-Jahren, weil die Verarbeitung schlecht war.

<u>Shona:</u> Diese Sachen sind vintage, aber sie haben keine Klasse.

<u>James:</u> Man soll nur das verkaufen, wofür man sich selbst begeistern kann. Wir machen in unserem Laden keine Schlussverkaufsaktionen oder Sonderangebote. Wenn man nicht vom Wert jedes einzelnen Stücks überzeugt ist, soll man die Finger davon lassen. Wenn man Preise für einzelne Stücke herabsetzt, setzt man damit die Qualität der gesamten Ware herab. Die Botschaft ist: das ist eigentlich keine gute Qualität. Und die Kunden fangen logischerweise an, die anderen Preise zu hinterfragen: Wenn das fünf Pfund kostet, warum kostet das da dann zehn?

7. Haben Sie Vintage-Vorbilder?

<u>Shona:</u> *Es gibt Menschen, die ich mag, aber keine wirklichen Vorbilder.*

<u>James:</u> *Nein.*

8. Was war der erste Vintage-Artikel, den Sie gekauft haben?

<u>James:</u> Eine 1920er-Lederjacke.

<u>Shona:</u> *Vielleicht ein Cocktailkleid. Das waren die Sachen, die ich gekauft habe.*

9. Was ist Ihr Lieblingsabschnitt in der Geschichte?

<u>Shona:</u> *Die Fünfziger. Die dreißiger und die fünfziger Jahre.*

<u>James:</u> *Die vierziger Jahre. Wenn man die*

Rationierungen bedenkt für Garn, Knöpfe, alles Mögliche, ist es einfach erstaunlich, wie es den Menschen gelang, aus all diesem Mangel so wundervolle Kleidung zu schaffen.

Shona: Die Verarbeitung, das handwerkliche Können, das dahinter steht, ist einfach überraschend.

James: Die Sachen aus den 1930-ern sind viel mehr sexy. Es ist unglaublich, wie viel man anhand der Kleidung über eine Epoche lernen kann.

10. Sind Sie auch aktiv interessiert an Informationen aus anderen Medien?

Shona: Ja. Ich vertiefe mich in bestimmte Aspekte, die mich interessieren. Ich setze mich hin und lese.

James: Ich mag speziell Romane. Wenn sie gut sind, kann man mit ihnen wirklich in die jeweilige Zeit eintauchen, man ist an diesem Ort.

Den gleichen Effekt liebe ich auch bei *Science-Fiction*. Man gerät in eine andere Welt. Zum Beispiel H. G. Wells. Zu sehen, wie wissenschaftliche Phantasien der Vergangenheit später real werden. Ich wünschte ich hätte Zeit, mehr zu lesen.

11. Sie haben einen eher akademischen Ansatz für das, was Sie tun?

Shona: Ja.

James: Ja. Man muss es richtig machen. Und es geht um Kleinigkeiten, z. B. in den 1930er-Jahren hatten nur wenige Geld für gute Garderobe. Und die Frauen heirateten früh. Wenn eine Frau verheiratet war, es sei denn, ihr Mann war ein Banker oder sonstwie wohlhabend und Mitglied der vornehmen Gesellschaft, spielte Mode kaum eine Rolle.

Es ging darum, Kinder zu erziehen und ein normales Leben zu leben. Da machte man seine eigenen Sachen und hielt sie instand, so gut es ging. Es war nicht glamourös. Und dann z. B. die 1960er-Jahre: Twiggy. Das war 1968, also fast schon die Siebziger. Das war die Geburt der Teenie-Mode.

12. Wie stehen Sie zu Tätowierungen in der Vintage-Szene?

<u>Shona:</u> Ich habe Tätowierungen, aber ich bereue es. Was die Mädchen heute machen, ist ein Mix aus modern und vintage.

13. Was ist Ihr Hauptinteresse im Hinblick auf Vintage?

<u>James:</u> *Design. Kleidung und Inneneinrichtung.*

<u>Shona:</u> *Burlesque, Psychobilly.* Ich war bei einigen *Burlesque*-Veranstaltungen in Norwich. Es ist ziemlich *entre nous*, eine bestimmte Clique. Burlesque sollte hinter geschlossenen Türen stattfinden. Es ist seltsam, es zum Mainstream zu machen und überall aus-zubreiten.

14. Ist die Szene offen und tolerant?

<u>James:</u> *Sie ist intolerant. Und das sollte sie auch sein.* Da war z. B. eine *Vintage-Cocktail-Party* und die meisten Leute kamen in normaler Abendgarderobe. Für solche Veranstaltungen sollte es einen strikten *Dresscode* geben.

15. Wenn das Interesse an Vintage nachlässt, werden Sie trotzdem weitermachen wie bisher?

<u>Shona:</u> *Ich werde weiterhin so interessiert sein, wie ich*

es immer war. Als ich vor zehn Jahren damit begann, Vintage online zu verkaufen, machte es mir Spaß, etwas völlig anderes zu machen. Es war nicht wirklich eine Nische, aber schon außerhalb der üblichen ausgetrampelten Pfade. Und heute schäme ich mich fast zu sagen, dass ich einen Vintage-Laden habe, weil jeder einen hat. Es ist überlaufen. Als wir vor drei Jahren eröffneten, gab es nur uns.

<u>James:</u> Die Leute in Norwich wollen nicht weiter als zehn Minuten Fußweg zwischen einem Geschäft und ihrem Auto haben. Daher ist ein Geschäft in jeder Straße möglich.

16. Ist Vintage gut für die Wirtschaft der Stadt?

<u>James:</u> Es gibt eine Menge Konkurrenz überall.

<u>Shona:</u> Mit Vintage lässt sich eine Menge Geld machen. Allerdings tragen die Vintage-Veranstaltungen nicht zur Ökonomie der Stadt bei. Im Gegenteil: Die Händler dort kommen von auswärts und ziehen das Geld aus der Stadt.

<u>James:</u> Solange die Menschen in Norwich einkaufen, zirkuliert das Geld in der Stadt. Ich kaufe nur lokal und nicht im Internet.

17. Gibt es auch eher akademische Veranstaltungen zum Thema Vintage?

<u>James:</u> Die Dame, die die Kostümsammlung des Museums leitet, macht Veranstaltungen.

<u>Shona:</u> Sie weiß wirklich, wovon sie spricht.

18. Was halten Sie von *Vintage Norwich*?

<u>James:</u> Die Frau, die die Website betreibt, war beim

Fortie's Event, das ist die renommierteste Veranstaltung. Ins Geschäft kommt sie nie.

Sie schreibt einen Blog über Mode und Make-up, hat aber wenig Ahnung und überhaupt keine historischen Quellen. Aber sie macht Geld damit.

Es gibt zweimal jährlich eine Modewoche in Norwich, bei der nun Vintage ein fester Bestandteil ist. Das sollte nicht sein, wenn es doch um qualitativ gute, neue Mode geht.

<u>Shona:</u> Es sind nur Leute, die sich an einen Trend anhängen. Leute kommen dann zu uns, haben völlig falsche Sachen gekauft und wollen dann die passenden Schuhe dazu haben. Da frage ich mich: Sage ich ihnen jetzt die Wahrheit und kläre sie auf oder sage ich ‚Das ist hübsch‘ und lasse sie mit ihren Sachen in Ruhe.

<u>James:</u> Wenn man sich unser Geschäft betrachtet, dann sieht man, wir haben es nicht aufgemacht, um einfach Kleider auf Bügel zu hängen. Wir behandeln unsere Ware mit Respekt. Wir wollten ein Geschäft aufmachen, in das Menschen hineingehen, das sie motiviert. Wir dachten, damit haben wir in Norwich etwas gegeben. Die Stadt hat Vintage-Kleidung noch nicht in dieser Form gesehen. Wir versuchen, uns aus der Szene herauszuhalten, aber so weit wie möglich präsent zu sein. Und es lohnt sich.

3. Len – Zeitzeuge und Veteran

Len (geb. 1922) stammt aus Kent. Er beschreibt seinen familiären Hintergrund als ‚Arbeiterklasse‘; er hat eine handwerkliche Ausbildung genossen, in den 1960er-Jahren gelang ihm der soziale Aufstieg in die ‚Mittelklasse‘.

Len bei einem Auftritt im *Imperial War Museum* Duxford.

Während des Zweiten Weltkriegs kämpfte Len in der Marine, was ihn durch die halbe Welt führte. Er lebt heute mit seiner Frau in einem kleinen Ort in Norfolk und steht auf Wunsch Museen wie dem *Imperial War Museum* in Duxford[56] oder Schulen gern als Zeitzeuge zur Verfügung, um über seine Erlebnisse aus der Vergangenheit, speziell während des Krieges, zu berichten. Er gehört auch zu den Veteranen, die auf Einladung der englischen Regierung an den Gedenkfeiern bzgl. des Sturms auf die Normandie in Frankreich teilnahmen.

Das Interview fand 2013 statt.

1. Was ist Ihre erste Assoziation zum Begriff Vintage?
Alter. Alte Autos. In jedem Fall etwas Altes.

2. Was bedeutet es für Sie persönlich?
Nach Hause gehen.

3. Wie lange gibt es die Vintage-Bewegung?
Ich weiß es nicht. Ich bin seit Mitte der 1990er-Jahre als Zeitzeuge für das *Imperial War Museum* in Duxford tätig, aber damals ist mir noch nichts davon aufgefallen.

4. Gehen Sie zu Vintage-Events?
Gelegentlich. Meine Frau bringt mich dorthin. Aber sie bleibt nicht. Es interessiert sie nicht.

5. Welche Erwartungen haben Sie bezüglich solcher Veranstaltungen?
Mit Menschen ins Gespräch zu kommen. Dort, wo ich selbst aktiv als Zeitzeuge bin, baue ich mein Display auf und freue mich darauf, mit den Menschen zu sprechen. Es ist immer interessant. *Ich liebe wirklich, was ich da tue.* Einmal kam eine Frau mit ihren Enkelkindern den ganzen Weg aus Kent dorthin. Sie sagte zu mir 'Erkennst du mich nicht? Ich bin Julie.' Wir hatten früher zusammen gearbeitet. Abgesehen von solchen persönlichen Geschichten rede ich mit Menschen aus allen Teilen der Welt, z. B. aus China. Ohne irgendwelche Vorurteile – ich habe keine, sie haben keine. Wieso auch? Der Krieg ist lange vorbei. Aber Menschen möchten erfahren, wie es damals war. Wenn ich als Besucher zu anderen Veranstaltungen über den Zweiten Weltkrieg gehe, trage ich auch

meine Uniform und stecke die Orden an. Mitunter werde ich deswegen herausgefordert. Manche Leute wollen wissen, ob du echt bist oder nicht. Das kommt sogar ziemlich oft vor. Sie denken, du hast dich nur verkleidet. Anderseits kommen auch Menschen zu mir und bedanken sich bei mir dafür, dass ich ihre Freiheit verteidigt habe.

6. Haben Sie bei solchen Veranstaltungen neue Bekanntschaften gemacht, Freunde gefunden?
Oh ja, oft.

7. Würden Sie sagen, dass sich die Menschen bei solchen Veranstaltungen besser – ,gesitteter‘ und freundlicher – verhalten als sonst?
Ja, absolut.

8. Interessieren Sie sich auch persönlich für die Darstellung der Zeit in den Medien?
Ja. Ich habe mir einige Dokumentationen im Fernsehen angesehen.

9. Was ist Ihre bevorzugte Epoche?
Rückblickend auf mein Leben die 1960er-Jahre. Damals war für mich beruflich die beste Zeit.

10. Wie steht es mit Vintage-Mode? Kennen Sie irgendwelche Geschäfte aus diesem Bereich?
Du meine Güte! – Nein.

11. Was halten Sie von Menschen, die sich in der Mode der 1940er-Jahre kleiden, aber nicht wirklich an den historischen Fakten interessiert sind?

Das ist nur für ihr Ego. Ich sehe Frauen in solchen Sachen – ich kann mir nicht vorstellen, dass sie wirklich original, also vintage sind. Aber sie sehen authentisch aus.

12. Was halten Sie davon, wenn sich moderne Frauen im Stil dieser Epoche kleiden und dabei Tätowierungen zeigen?
Das hätte es in dieser Zeit nicht gegeben. Selbst wenn Frauen Tätowierungen gehabt hätten, so hätten sie sie nicht in der Öffentlichkeit gezeigt.

13. Was halten Sie von *Re-Enacting*, der Nachstellung von Szenen aus dem Krieg, sogar von Angriffen oder Schlachten?
Das ist ganz sicher nicht das, was ich tue. Und es ist auch nicht das, was ich will. Ich finde, das geht zu weit. Es hat nichts, aber auch gar nichts mit der realen Situation zu tun. Man kann das nicht ‚nachstellen‘. Es ist sehr wichtig, die Vergangenheit lebendig zu halten. Aber es gibt einfach Grenzen dafür. Menschen versuchen Dinge nachzuempfinden, von denen sie schlichtweg keine Ahnung haben. Die jungen Männer, die heute in den historischen Uniformen herumlaufen – hätten sie sich freiwillig gemeldet und wären in den Krieg gegangen? Und Frauen in ihren Sechzigern oder Siebzigern, die sich bei Veranstaltungen im Stil der Kriegsjahre anziehen und Kinderwagen mit Puppen herumschieben – das ist eher abstoßend.

14. Werden Sie von *Re-Enactors* angesprochen und um ihre Einschätzungen gebeten, nach ihren Erfahrungen gefragt?

Mich sprechen so viele Menschen an, Männer und Frauen, Menschen jeden Alters. Die Fragen sind sehr unterschiedlich, je nach Alter. Aber ich könnte nicht sagen, dass ich speziell um Auskunft von *Re-Enactors* oder für *Re-Enactors* gebeten worden bin.

Ich denke, die Leute kopieren einfach, was sie in den Medien sehen und halten das für authentisch. Aber das ist es nicht und es ist oft nicht einmal wirklich akkurat.

15. Sehen Sie sich als Teil der Vintage-Bewegung und wie würden Sie Ihre eigene Rolle definieren?

Nein, ich sehe mich nicht als Teil dieser Bewegung. Ich verstehe mich als Teil der Geschichte, ein sprechender Teil der Geschichte, der Fragen beantwortet, so gut er kann. Es geht mir darum, die Erinnerung lebendig zu halten. Es ist alles so lange her und es gibt heute keinen Grund für irgendwelche Ressentiments. Aber wir müssen uns erinnern, um aus dem zu lernen, was geschehen ist. Das ganze Leid dieser Zeit erhält nur dadurch irgendeinen Sinn, dass wir daraus lernen.

4. Lisa – Kuratorin der Kostümsammlung im Museum Norwich

Lisa (geb. 1972) beschreibt ihren sozialen Hintergrund als ‚Arbeiterklasse‘; sie hat durch ihr Studium, das sie mit einem Master-Examen abgeschlossen hat und ihrer Arbeit als Kuratorin den Sprung in die ‚Mittelklasse‘ vollzogen.

Lisa in Polka-Dots bei einer Veranstaltung des Museum Norwich.

Sie arbeitet in der Kostümsammlung des Museums der Stadt Norwich; es handelt sich dabei um eine der bedeutendsten staatlichen Textilsammlungen Englands. Das Interview mit Lisa fand 2012 statt:

1. Welche spontane Assoziation löst der Begriff Vintage in Ihnen aus?
Kneifende Röcke aus den 1950er-Jahren mit engen Taillen – im Gegensatz dazu, was wohl einem jüngeren Menschen zu dem Stichwort einfallen würde.
Es sollte wenigstens 50 Jahre her sein.

2. Was bedeutet Vintage für Sie persönlich?

Ich denke dabei an kurzlebige Sachen. *Ich denke dabei vielleicht an jemanden, der ein Cocktailschürzchen trägt und Dinge in Pastellfarben serviert.*

3. Wie lange gibt es die Vintage-Bewegung schon?

In meiner Erinnerung schon immer. Die Leute waren in ihren Moden und Idealen stets rückwärtsgewandt. Solange ich lebe, hat es schon immer eine Nostalgie-Bewegung gegeben. Ich kann mich an keine Zeit erinnern, in der es anders war.

4. Sind Sie selbst involviert in die Szene?

Nein. Aber ich kenne Menschen, die dazugehören. Ich kenne auch Leute, die noch immer Punks sind und sich so kleiden wie mit 18 oder 19 Jahren. Sie haben 20 Jahre alte Kinder und denken wohl, sie sind ziemlich vintage, aber sie beharren auf ihrem Stil. Ich bewundere das sehr.

5. Gibt oder gab es für Sie Vintage-Einflüsse?

Ich schätze schon. Ich ging gern ins *Village Inn* wo sich die Mitglieder aller Bands treffen. Es gibt eine große Musikszene in Norwich. Ich ging dort immer gern sehr früh hin mit meiner Schwester, um die Leute zu beobachten; ich glaube, das hatte einen großen Einfluss. Das war wirklich cool. Meine ältere Schwester war wohl sehr wesentlich. Sie war eine *New Romantic* und hörte die *Ramones* und sie tat genau das Gegenteil von dem, was alle anderen machten. Ich glaube, es war einfach nur, um seltsam zu wirken.

6. Gibt es für Sie ein Vintage-Vorbild?

Eher im negativen Sinne: Menschen, von denen ich mich absetzen wollte oder will.

7. Haben Sie Vintage-Events besucht?

Ich war bei einigen; tatsächlich habe ich dort Bilder gemacht für unsere Sammlung und fand sie spannend. Das waren Swing-Dance-Events, große Tanzveranstaltungen. Ich war sehr neugierig darauf, aber als Außenseiterin konnte ich nicht wirklich Zugang finden und fühlte mich leicht ausgegrenzt. Außerdem habe ich Fünfziger-Jahre-Veranstaltungen und verschiedene Feierlichkeiten im Zusammenhang mit den Jubiläen der Königin besucht.

8. Gibt es in der Szene Dinge, die Sie mögen oder nicht mögen?

Das Zusammengehörigkeitsgefühl war interessant. Aber als Zuschauer habe ich mich nicht wohlgefühlt, weil es darum ging, sich einzelne Elemente einer bestimmten Zeit, eines Stils, oder eines Genres herauszupicken, anstatt sich der jeweiligen Sache komplett zu widmen – das ist einfach nur So-tun-als-ob. Es erschien mir, als würden sie spielen.

Es ist fast wie mit diesen *Science-Fiction-Nerds*, wenn man so will, mit ihren bunten *Star-Trek*-Hemden, dem blauen von Spock und dem gelben und keiner will das rote tragen. Sie hatten sich nur für diesen Abend so angezogen und sind sonst anders. Es fühlte sich irgendwie seltsam an. *Es wirkte nicht real, ein wenig wie Plastik.*

9. Was ist Ihre bevorzugte Epoche?

Ich mag das 17. und 18. Jahrhundert, aber es ist hauptsächlich wegen der Farben, der natürlichen Färbung, der handwerklichen Fertigkeiten, der Fähigkeit, etwas Schönes herzustellen.

10. Gibt es für Sie ein spezielles Vintage-Thema?

Filme. *Ich bin ein großer Fan von B-Movies.* Aber ich mag mich nicht irgendwie verkleiden.

11. Kennen Sie Vintage-Geschäfte?

Oh ja, da gibt es einige in Norwich. Die Vintage-Geschäfte sind sehr gut und sehr beliebt.

Es gibt in meiner Familie diese Sitte, Dinge zu sammeln. Mein Vater ist Antiquitätenhändler und-sammler, meine Tanten waren Sammlerinnen. Deshalb fühle ich mich gefährdet, einfach Dinge um des Sammelns willen haben zu wollen und halte mich daher vorsichtshalber fern von den Geschäften. Wäre ich nicht durch meine Arbeit mit der Sammlung des Museums ständig mit Kostümen befasst, würde ich sie vermutlich privat sammeln, aber nicht um sie auch zu tragen.

12. Was denken Sie über die Vintage-Szene im Allgemeinen?

Ich denke, es ist ein wenig traurig. Ich glaube, ich habe Mitleid mit ihnen. Sie sollten nach vorne schauen. *Gibt es da nichts Aufregendes hinter der nächsten Ecke? Warum können wir nicht die Zukunft betrachten? Es ist eine Schande, dass alles so retrospektiv sein muss. Ich denke, es ist traurig, dass wir zurückschauen müssen, wenn wir nach Qualität und Stil suchen, anstatt nach vorn zu schauen.* Vielleicht, wenn man in einer Blase leben kann, etwa einer der 1950er-Jahre, kann man vermeiden, sich mit der Gegenwart auseinanderzusetzen und allem Schlimmen, das es heute gibt.

Steampunk, das ist aufregend. Das ist ein Hoffnungsschimmer. Sie sind an der Peripherie, deshalb wissen viele Leute nicht, worum es da geht, viele haben noch nie davon gehört. Was eigentlich eine Schande ist. Sie sind intelligent, nach vorn gerichtet und klug. Es hat etwas ganz Besonderes! Es ist nicht wie irgendetwas Anderes.

13. Ist die Szene offen und tolerant?

Da ist ständig jemand, der zu allem einen Kommentar abgibt. Aber sie müssen wohl tolerant sein. Sie scheinen in Norwich weniger elitär zu sein als in kleineren Orten.

14. Was halten Sie von *Vintage Norwich*

Das ist lobenswert. Ich mag wirklich, dass wir diese vielen Geschäfte hier haben.

15. Welchen Eindruck haben Sie von der Art, wie Vintage in Norwich interpretiert wurde/wird?

Ich habe gehört, es gibt *Burlesque*-Veranstaltungen. Und dann ist da natürlich das *Norwich-Festival*.

16. Wie sehen Sie die Entwicklung der Szene in Norwich?

Keine Ahnung. Ich glaube, es wird etwas toleranter. Und ich nehme wahr, dass es ein großes Zusammengehörigkeitsgefühl gibt.

17. Wie würden Sie *Vintage Norwich* in einem Wort charakterisieren?

Beschränkt (im Sinne von ‚in sich geschlossen‘).

5. Natasha – Archäologin, Anthropologin und Historikerin

Natasha ordnet sich der Mittelschicht zu. Zur Zeit des Interviews war sie als Projekt-Managerin und als Beauftragte für Erziehung in *Dragon Hall*, Norwich/Norfolk, tätig.

Natasha in *Dragon Hall*, Norwich.

Dragon Hall ist eine der bedeutendsten Markthallen Englands aus dem Mittelalter und wird heute als Kommunikations- und Veranstaltungszentrum genutzt. Zu den vielen regelmäßigen Angeboten zählen ein Mittelaltermarkt zu Weihnachten, außerdem noch zwei kommerzielle Vintage-Märkte pro Jahr, die von einem externen Veranstalter durchgeführt werden. Das Interview mit Natasha wurde 2012 geführt.

1. Was ist Ihre erste Assoziation zum Begriff Vintage?
Es war ursprünglich der Gedanke an Autos. Mein Vater

fuhr Rennen mit ,klassischen' Autos, als ich ein Kind war. ,Klassische Autos', ,Vintage-Autos' – all diese Kategorien für wunderbare alte Fahrzeuge! Aber neuerdings ist es zu einer Bezeichnung des 21. Jahrhunderts für ,anitk' geworden. Das ist meine erste Reaktion. Es gibt heute Vintage-Dampfzüge. Ich denke es kommt aus der Idee kulturellen Erbes. Vintage hat mit alten Zügen und Autos zu tun.

2. Wie lange gibt es die Vintage-Bewegung?

Es ist vermutlich innerhalb des letzten Jahrzehnts entstanden, würde ich sagen, in der Form, wie wir es heute verstehen. In den Achtzigern gab es vielleicht nicht diesen Sinn für ,Vintage-Mode'. Dann in den Neunzigern hatte man den *New Summer of Love* und jeder ging zu Festivals. Da war die gesamte *New-Age-*Bewegung, die sehr stark auf die Vergangenheit schaute und die sechziger Jahre, auch ihre Musik, waren wieder aktuell – und dann hatten wir *Oasis*. Von den frühen Neunzigern bis zur Mitte des Jahrzehnts hatten wir so eine Art *Neo-Hippie-Kultur*.

3. Sind Sie in der Szene involviert oder kennen Sie Menschen, die es sind?

Menschen, die ich kenne, mit Sicherheit. Einige Menschen nehmen es wirklich sehr ernst. Da ist eine Überschneidung in der Museumswelt mit der Interpretation von Kleidung. Die heutigen *Re-Enactors* haben den Trend ausgelöst, Stile und Moden aufzugreifen und neu zu interpretieren. Sie verkleiden sich wirklich, wenn sie zu speziellen Veranstaltungen gehen, wissen Sie. Es gibt zum Beispiel das *Goodward*

Festival, zu dem jeder in der Kleidung der vierziger und fünfziger Jahre geht. *Wir hatten hier einen Weihnachts-Ball und da waren einige Enthusiasten, die alles hatten: die Zigarettenspitzen, die richtigen Schuhe und die richtigen Frisuren.* Es war ziemlich offen und nicht auf eine bestimmte Epoche beschränkt. Obwohl die meisten sich im Stil der dreißiger, vierziger und fünfziger Jahre kleideten.

Wir haben – neben Veranstaltungen wie den Mittelalter-Märkten um Weihnachten – auch reguläre Vintage-Events im Programm von *Dragon Hall*. Da war z. B. eine Veranstaltung für Kleidung ab 1900: *Dressing the Decades* (etwa: ‚sich kleiden im Stil der Jahrzehnte‘) und dann gibt es zwei Vintage-Märkte pro Jahr. Die Menschen sind sehr ernsthaft dabei. Das ist ihre persönliche Form einer Auszeit, sich in ihre Vierziger-Jahre-Kleidung zu werfen und zu solchen Veranstaltungen zu gehen. Die Zahl solcher Angebote nimmt zu. Auch Mainstream-Geschäfte und Ladenketten steigen darauf ein. Ich habe gerade diese Woche gesehen, dass die Vintage-Geschäfte auf den Fahrkarten einer Nostalgie-Eisenbahn werben. *Es ist wie mit allen anderen Dingen: Es beginnt in einer kleinen Nische und dann wächst es und wächst und ist plötzlich überall.* Es hat sich hier zweifellos ausgebreitet. Und auch im Bereich des Nationalen Erbes ist es eine Möglichkeit, Publikum zu gewinnen.

4. Was wissen Sie über die Motivation der Menschen in der Szene?
Ich würde sagen, es gibt eine spezielle Nostalgie, was interessant ist, denn es scheint mir, es muss eine

bestimmte Zeit vergehen, bevor Dinge, die aus der Mode gekommen sind, wieder zu Mode werden können und als wert betrachtet werden, vintage zu sein.

Es muss eine Art mathematische Größe dafür geben. Die Sachen, die man vor zehn Jahren anhatte, betrachtet man heute und denkt: ‚Oh, Mann …!‘ - aber zwanzig Jahre später…? Ich denke, es hat mit dem Wechsel der Generationen zu tun. Als ich ein Kind war, gab es Fotos von meinem Vater in diesem kastanienbraunen Cordanzug mit riesigen Revers und meine Tante hatte in ihrem Speicher wundervolle Mäntel und Seidenkleider aus den 1960er-Jahren und Fotos von Kaftanen dieser Zeit, die ich liebte. Menschen dieser Generation sagen, wenn es wiederkommt: Oh ja, ich kann mich noch daran erinnern, als es das alles zum ersten Mal gab. Und dann ist da eine Art Eskapismus und eine Phantasiewelt, besonders, wenn die Zeiten hart sind, dann möchten die Menschen – und das gilt für das kulturelle Erbe generell – in die Vergangenheit flüchten, in eine Phantasiewelt, um Abstand zu bekommen zu allen Schwierigkeiten, mit denen sie zu tun haben – was immer die auch im Einzelnen sein mögen.

Es bedeutet eine Rückschau durch eine Brille mit stark getönten Gläsern. Man kann sich die Dinge heraussuchen, die nett waren und schön und die Probleme der Vergangenheit ignorieren. Ich denke, der Eskapismus führt in eine sehr geschönte Version der Vergangenheit; es ist eine Phantasiewelt. Das Leben ist hart, gemein und kurz. Die Leute wollen das hinter sich lassen. Die Kleidung ist ein ganz entscheidender Faktor. Ich denke, das ist fundamental. Man nimmt eine neue

Persönlichkeit an. Wenn Sie in einem Haus sind, das ganz im Stil der 1920er-Jahre eingerichtet ist, würden sie sich doch nicht wirklich anders fühlen als an anderen Orten, solange Sie moderne Kleidung tragen. Es ist etwas ganz Anderes, wenn sie in den Spiegel blicken und Frisur und Make-up sind völlig anders als sonst; dann hat eine *Transformation* stattgefunden. Dieser Prozess beginnt mit der Person und setzt sich dann möglicherweise in der Umgebung fort. Es gibt dabei zwei Ebenen: diejenigen, die sich einfach an der Schönheit der Kleider freuen und die, die nach geschichtlichen Hintergründen und Zusammen-hängen fragen: Welche Stoffe waren damals neu, wie wurden sie verarbeitet usw.

Die *Re-Enactors* sind sehr bedacht auf historische Genauigkeit, während andere einfach nach dem Prinzip handeln ‚Wenn es gut an dir aussieht, dann mach' es so'. Hier sind unterschiedliche Ansprüche vertreten.

5. Wissen Sie, ob es Paare oder Gruppen gibt, die gemeinsam beschließen Vintage zu werden?
Ja, mit Sicherheit. Da gibt es Paare, die zusammen zu Veranstaltungen gehen. Ob sie sich auch bei einer solchen Gelegenheit kennen gelernt haben, weiß ich natürlich nicht.

Eine ehrenamtliche Mitarbeiterin unseres Hauses liebt es, sich im Stil der vierziger Jahre zu kleiden und sie trifft sich mit anderen, mit denen gemeinsam sie dann zu Veranstaltungen geht. Es ist definitiv eine soziale Angelegenheit.

6. Auch wenn Sie selbst nicht in der Szene sind – gibt es ein Vorbild zwischen 1920 und 1960, jemand, den Sie bewundern?

Nicht als persönliches Vorbild. *Ich liebe die Musik der 1960er- und 1970er-Jahre – also vielleicht Janis Joplin wegen der Musik und des Stils. Ich weiß es nicht. Ich würde das nicht auf eine Person beschränken.*

7. Wenn wir über Vorbilder sprechen: Ist Ihnen aufgefallen, dass *Audrey Hepburn* als Ikone *Marilyn Monroe* abgelöst hat?

Nicht wirklich. Aber an solchen Stellen bin ich blind; ich bin nicht besonders aufmerksam bezüglich dieser Dinge. Es erscheint mir in einer gewissen Hinsicht als typisch. Das ist, denke ich, die Art, wie Menschen mit der Vergangenheit umgehen: *Da ist dieses Gefühl, es handelt sich um eine Art Patchwork-Decke und man sucht sich eben das Quadrat aus, das einem am besten gefällt. Und wenn man damit glücklich ist, dann passt es, verstehen Sie?*

8. Wie hat es sich für Sie selbst angefühlt, im Rahmen von Veranstaltungen historische Kleidung zu tragen?

Es ist befreiend. Man kann sein, wer man will. Ob man sich jetzt einen Teewärmer aufsetzt und sich als Mrs. Soundso damit vorkommt ... *es ist wie die große Verkleidungskiste für den Kindergeburtstag.*

9. Kennen Sie Vintage-Geschäfte?

Oh ja, da gibt es einige in Norwich. Natürlich findet man auch viele Dinge online, aber es gibt diverse Läden in der Stadt. *Vor Jahren waren da vielleicht zwei Geschäfte mit Filmplakaten oder alten Telefonen, eigentlich fast eher Trödelläden. Und Charity-Shops hatten alles, ungeachtet Herkunft, Alter oder Stil. Aber jetzt gibt es fast in jeder Straße von Norwich ein Geschäft mit Vintage-Kleidung und es gibt Orte, Tea-Rooms, mit altem Porzellan und mit Kuchen und solchen Dingen.* Es hat sich auch aufs Essen ausgeweitet – und natürlich auf Möbel, Haushaltsgeräte und Einrichtungsgegenstände und dann die Reproduktionen: Tiffany-Lampen, Bakelitradios usw.

10. Was denken Sie über die Entwicklung der Szene und den heute üblichen Gebrauch des Begriffs Vintage?

Es ist eine Mode wie jede andere, die irgendwann von einer anderen abgelöst werden wird. *Ich kann mir nicht vorstellen, dass die Leute Vintage-Kleidung aus den 1990er-Jahren tragen werden. Wenn ich mir da mein altes Nirvana-T-Shirt ansehe ...*

Es ist dieser Eskapismus, speziell in der heutigen Wirtschaftslage. Aber auch die Fragmentierung der Gesellschaft, der Familien etc.

Ich denke nicht, dass es z. B. in den fünfziger Jahren so idyllisch war. Aber vielleicht ist da doch die Verbindung: wenn Menschen sich über ihre Zukunft nicht sicher sind, tendieren sie dazu, sich der Vergangenheit zuzuwenden.

6. Paula – Buchhalterin und begeisterte Vintage-Anhängerin

Paula (geb. 1963) ist Buchhalterin; sie gehört damit zur ‚Mittelklasse'. Sie lebt in einer Kleinstadt in der Grafschaft Norfolk und ist viel in der Vintage-Szene unterwegs. Das Interview mit ihr wurde 2012 geführt:

Paula in perfektem Styling bei einem Event.

1. Woran denken Sie, wenn Sie den Begriff Vintage hören?
Kleidung und Möbel, Inneneinrichtung

2. Was bedeutet der Begriff Vintage für Sie persönlich?
Alter und Stil – Alter bedeutet: vom 19. Jahrhundert bis 1950. Das ist das wahre Vintage.

3. Wie lange gibt es die Bewegung schon?
Seit zwanzig bis dreißig Jahren.

4. Wie würden Sie Ihre Position innerhalb der Szene beschreiben?
Für mich ist das wirklich alles noch sehr neu. Bis 2010

hatte ich überhaupt keine Ahnung, dass es eine solche Szene gibt. Alte Filme habe ich schon immer geliebt und die Kostüme und Dekorationen darin bewundert, aber ich wusste nicht, wo man so etwas bekommt. Ich sehe mich noch nicht wirklich als einen Teil der Szene. Ich habe bei der Vorbereitung eines Events geholfen. Vor allem möchte ich Menschen treffen und von ihnen lernen. *Ich will echte Kleidungsstücke und Möbel von früher und möchte in einem Haus leben, das entsprechend eingerichtet ist.* Im Augenblick haben wir, mein Partner und ich, durch seinen *Oldtimer* auch einen gewissen aktiven Part. Wir fahren mit dem Wagen zu Veranstaltungen und sind natürlich auch entsprechend gekleidet.

5. Wie viel Zeit investieren Sie in die Szene?
Ich wünschte, ich könnte mich jeden Tag damit befassen, aber man muss ja auch noch seiner normalen Arbeit und dem Leben in der modernen Welt nachgehen. Ich würde gern sehr viel mehr Zeit damit verbringen, es zu leben. Aber diese Stufe habe ich halt noch nicht erreicht. Wenn wir zu einem Event aufbrechen, dann eben am Wochenende und es geht eine Menge Zeit dafür drauf, sich zurechtzumachen und zu sehen, ob das Auto in Ordnung ist. Alles andere muss dann zurückstehen und das Haus bleibt in dem Zustand, in dem es sich gerade befindet. Und ich sammle Kleidung bringe sie für mich wieder in Ordnung. Da sind eine Reihe von Projekten, die in Plastiktüten darauf warten, weitergeführt zu werden. Ich habe da zum Beispiel ein paar Strümpfe, die ich flicken müsste, aber ich habe nicht die Zeit dafür.

6. Welche Hobbys hatten Sie früher?

Früher hatte ich noch weniger Zeit, da ich Vollzeit gearbeitet habe. Als Teenager habe ich Schallplatten gesammelt: 1960er-Jahre-Musik und *Rhythm'n'Blues*, dann in den 1980er-Jahren zeitgenössische *Soul-Music.*

7. Gibt es für Sie ein Vintage-Vorbild aus der Vergangenheit?

Nicht eine bestimmte Person, aber vielleicht ein spezieller Stil; ein androgyner *Look* à la *Mary Quant.*

8. Was war der erste Vintage-Gegenstand, den Sie erworben haben?

Früher habe ich nicht wirklich alte Dinge gekauft, aber ich habe die Jacke eines 1960er-Jahre-Anzugs meines Freundes zu Röcken getragen, weil ihm das Stück nicht wirklich passte: die Ärmel waren eindeutig zu kurz. Andrew, mein heutiger Partner, teilt meine Begeisterung. Ein *Forties Weekend* war der Beginn unserer gemeinsamen Leidenschaft. Wir sahen Leute den Lindy Hop tanzen, versuchten es selbst und genossen es. Er ist ein Bastler und Schrauber. Sein erstes Auto war ein Mini und er lernte sehr viel damit, denn der Wagen war ziemlich mitgenommen und fiel fast auseinander. Als Mechaniker hatte er auch Lambrettas und Vespas aus den 1960er-Jahren. Doch nach einem Unfall ist er nicht mehr in der Vintage-Zweirad-Szene unterwegs.

9. Wie kleidet sich Ihr Partner bei Veranstaltungen? Trägt Andrew eine Uniform?

Ja, die meiste Zeit über an den Wochenenden. Abends

kleidet er sich mitunter als smarter Gentleman. Es kommt darauf an, in welcher Stimmung er gerade ist. *Es macht ihn stolz eine Uniform zu tragen. Er ist daran gewöhnt, denn er war in der Armee. Die militärische Seite ist ihm auch wichtig. Andrew ist sehr daran interessiert. Er fragt immer, unterhält sich mit Leuten, um mehr zu erfahren.*

10. Was halten Sie von Frauen in der Szene, die tätowiert sind?
Es ist eine persönliche Entscheidung. Obwohl ich annahm, dass Frauen zu dieser Zeit keine Tätowierungen hatten, habe ich gelernt, dass das nicht stimmt. Aber sie hatten sie an sehr privaten Stellen. Es sieht ordinär aus. Aber heute sind die Menschen daran gewöhnt. Man bekommt Aufmerksamkeit dadurch: Schau, was ich an mir habe!

11. Gibt es innerhalb der Szene auch einen Bezug zu *Burlesque*?
Ja, da ist eine *Burlesque*-Lady, fünfziger Jahre, *Burlesque*, S&M ... es wird alles ziemlich bunt gemischt.

12. Haben die Veranstaltungen, die Sie bisher besucht haben, Ihre Erwartungen erfüllt?
Ja – auch wenn ich keine so klaren Erwartungen habe. Ich genieße sie. Sie bauen mich auf, sie geben mir ein wunderbares warmes Gefühl. Das ist der Geruch von alten Dampfmaschinen und du isst, was sie gegessen haben. Obwohl es natürlich ganz offensichtlich nicht rationiert ist. Es ist normales Leben, dass man einkauft und zum Bahnhof geht.

Hier ist es gespielt. Wenn du bei solch einem Wochenende bist, dann verkleidest du dich, du tust so, als ob. Ich fühle mich einfach wohl dabei. Wir lachen viel, wir sind erwachsen, wir haben gute Jobs, wir freuen uns, uns vornehm anzuziehen. Man hat auch einen anderen Blick auf das Leben. Die Menschen benehmen sich anders; alle sind sehr freundlich. Es ist nett, du kannst ganz ohne Probleme und Vorbehalte mit Fremden tanzen – wenn du denn weißt, wie man die Tänze der Zeit tanzt.

13. Was mögen Sie am meisten an diesen Veranstaltungen?

Es ist die Erwartung, sich herauszuputzen, obwohl ich mitunter hektisch werde. Bis man es selbst versucht hat, hat man keine Ahnung, wie lange es Frauen früher beschäftigt hat, gut auszusehen. Ich denke, es ist Eskapismus. Die Menschen gehen zurück zu dem, wie England früher war. Das ist, glaube ich, ein anderer Grund, warum uns solche Wochenenden Spaß machen. Weil man noch einmal einen Teil von England sieht, der allmählich verschwindet. Es hat auch etwas Gemüt-liches, zum Bahnhof zu gehen oder sich der Dinge zu erinnern, die Mutter zu Hause hatte. Es ist tatsächlich alles psychologisch. Eigentlich geht es um unsere Kindheit. Es gibt die unterschiedlichen Jubiläen und Gedenktage. Als Kind habe ich darüber gelacht. Aber Menschen haben andere Menschen verloren, ihnen wurde das Herz gebrochen, wissen Sie. Man versteht die Dinge besser und sie werden wichtiger. Und ich lerne sehr viel über die Vergangenheit. Sozial-geschichte ist sehr wichtig. Man weiß auch nie, wen man trifft.

14. Spielen Sie eine Rolle bei diesen Veranstaltungen?
Ich benehme mich besser. Man will nicht betrunken oder laut sein wie die Mädchen heutzutage. Ja, in gewisser Weise spiele ich eine Rolle. Man muss einem bestimmten Stil gerecht werden.

15. Haben Sie neue Freunde gefunden?
Ja, einige. Sehr gute Freunde.

16. Gibt es eine besondere Ära, die Sie bevorzugen?
Manchmal noch die 1960er-Jahre. Aber dann, wenn wir z. B. Programme über diese Zeit sehen, dann die 1940er-Jahre.

17. Interessieren Sie sich auch für allgemeine Informationen über diese Zeit?
Ja, sehr

18. Was ist Ihr Hauptinteresse in Zusammenhang mit der Vintage-Szene?
Kleidung und Sozialgeschichte.

19. Kaufen Sie auch in Vintage-Shops?
Ich würde, wenn es bezahlbare Dinge in der Nähe gäbe. Meine Finanzen sind beschränkt. Ich schaue z. B. nach bei Charity-Shops und auch bei Ständen auf Veranstaltungen.

20. Wie stehen Sie zu Mode allgemein?
Sie ist immer ein Teil von mir gewesen, die Mode. Aber nicht die neueste, die die Läden einem

aufzudrängen versuchen. Ich würde nie Dinge tragen, die billig wirken und auf übertriebene Weise den Körper zur Schau stellen, um Aufmerksamkeit zu erregen. Mein Prinzip ist: *dress smartly*!

21. Ist Vintage eine Mode oder ein Lebensstil?
Ein Lebensstil.

22. Was denken Sie über die Szene allgemein?
Sie ist während der letzten fünf Jahre sehr populär geworden. Ich denke, es ist eine gute Sache, dass die Menschen mehr Möglichkeiten haben, wohin sie gehen können. Es ist natürlich auch Eskapismus.

23. Würden Sie sagen, die Szene ist offen und tolerant?
Toleranz ist kein Thema, Rassismus ist kein Thema.

24. Wenn andere das Interesse verlieren, werden Sie vintage bleiben?
Ja. Ich hoffe es. Einige Menschen leben es wirklich, zu denen möchte ich auch gehören. Wenn man es richtig machen will, muss man viel sammeln und studieren. Sonst weiß man nicht, was sie zu jener Zeit hatten und was nicht. Und man ist erstaunt, was sie hatten und was sie machten. Alles war handgearbeitet in diesen Tagen. Einige Leute betrachten es als eine Mode, speziell junge Leute. Aber für mich gilt: Es ist ein Lebensstil.

7. Rob – Vintage-Unternehmer

Rob (geb. 1977) ist selbständiger Elektriker in Norwich/Norfolk und somit der ‚Mittelklasse' zuzurechnen.

Rob in seinem Geschäft „Vintage TV & Wireless".

Sein Unternehmen *The Vintage TV And Wireless Company* bietet nicht nur Reparaturen alter Fernseh- und Radio-Apparate und anderer Unterhaltungstechnik an, sondern auch den Verleih von Geräten; er ist damit u. a. zu einem begehrten Zulieferer an entsprechenden Requisiten für TV- und Film-Produktionen geworden.

Das Gespräch mit Rob wurde 2013 geführt:

1. Was ist Ihre Erste Assoziation zu dem Begriff Vintage?

Für mich: Fernsehen.

2. Wie lange gibt es die Vintage-Szene?

Sechs bis sieben Jahre.

3. Sind Sie in die Szene involviert?

Nein, man wird nicht so stark mit einbezogen als Händler. Man unterhält sich mit den Kunden, aber kommt dadurch nicht näher in die Szene.

4. Gibt es für Sie persönlich einen Vintage-Einfluss?

Nein. Man redet mit Freunden darüber. Aber es gibt keinen Einfluss.

5. Wie sehen Sie Ihre Rolle in der Szene?

Ein Vintage-*Handwerker.* Es ist schön, wenn die Leute hereinkommen und man kann ihnen helfen. *Es gibt nur wenige von uns im Land.* Es gibt einige, die gute Reparaturen durchführen. Aber da sind nicht viele, bei denen man die alten Geräte funktionstüchtig kaufen kann, sogar mit Garantie. Natürlich bekommt man Geräte auch übers Internet. Aber eben ohne eine Garantie, dass sie auch funktionieren, wenn sie ankommen.

6. Wie sind Ihre Erfahrungen in/mit der Vintage-Bewegung?

Die Nachfrage hat zugenommen über die letzten 18 Monate, seit ich eine Website habe. Viele Leute kommen aus der Stadt. Wir haben eine Menge verkauft, aber nun kommen immer mehr Leute und bringen ihre eigenen Geräte zur Reparatur. Ich glaube, viele von ihnen gehören zur Szene.

7. Wie definieren Sie Vintage?

Vintage ist siebziger Jahre.

9. Was war der erste Vintage-Gegenstand, den Sie

erworben haben?

Ein kleines blaues Radio, als ich zwölf oder dreizehn Jahre alt war. Kleidung kam viel später: eine Safari-Jacke, so etwa vor 20 Jahren.

10. Ist Ihre Freundin/Partnerin auch an Vintage interessiert?

Es macht ihr ganz sicher Spaß, sich zu verkleiden und sie mag es, wenn wir tanzen gehen. Aber sie will keinen Fernseher aus den Fünfzigern. Sie ist vollkommen glücklich mit ihrem Plasma-Gerät.

11. Haben die Vintage-Events, an denen Sie teilnahmen, Ihre Erwartungen erfüllt?

Es ist ein wenig eintönig. Und ich will nicht jemand anderer sein.

12. Was mögen Sie an der Vintage-Bewegung und was nicht?

Manche Leute geben sich wirklich Mühe mit dem Äußeren, wenn sie zu solchen Veranstaltungen gehen. Der Spaß wäre größer, wenn alle das täten.

13. Wie fühlen Sie sich, wenn Sie vintage sind?

Ich fühle mich glücklich; ich mag es wirklich, bei solchen Veranstaltungen zu sein.

14. Benehmen sich die Leute dort anders?

Die Leute sind freundlicher und ansprechbarer; wenn sie sich zurechtmachen, verändern sie auch ihr Verhalten. *Sie haben diese Fassade – sie tun so, als ob sie eine andere Person wären. Aber sie sind sicherlich entspannter.*

15. Was ist Ihre Lieblingszeit in der Geschichte?
Ich liebe die Musik der dreißiger und vierziger Jahre,
durchaus auch noch aus den Fünfzigern und
Sechzigern. Die Siebziger vielleicht auch – ich mag
die technische Produktion in dieser Zeit.

**16. Was ist Ihr Hauptinteresse innerhalb des Vintage-
Spektrums?**
Ganz klar Musik.

17. Ist Vintage eine Mode oder ein Lebensstil?
Als ich zuerst damit zu tun hatte, hielt ich es für eine
Blase, die irgendwann platzen würde. Aber jetzt
dauert es um die zehn Jahre und ich schätze, es wird
bestehen bleiben, auch in der Stadt. Es hat seinen
Platz in den bevorzugten Einkaufsstraßen gefunden.
Es wird bleiben. Für mich ist das eine positive
Aussicht. Ich mag es.

18. Ist die Szene offen und tolerant?
Ja, sicherlich.

**19. Wenn das Interesse allgemein nachließe, würde
Ihres fortbestehen?**
Ja, bestimmt. Es ist für mich verbunden mit einem
Hobby, der Technik, das ich praktisch seit meiner
Kindheit habe. Das wird nie aufhören.

**20. Was sagen Sie zum Gebrauch des Wortes Vintage
heute?**
Alles ist rar, retro oder vintage, ich weiß.
Ich gebrauche es selbst nur in geschäftlichen
Zusammenhängen – und wenn, dann überlegter und

vorsichtiger.

21. Was halten Sie von *Vintage Norwich*?
Um ehrlich zu sein, ich habe damit nichts zu tun. Ich kann nur sagen, es ist eine gute Sache. Wenn man es betrachtet – es sieht gut aus.

22. Wären Sie auch an seriösen Informationen im Zusammenhang mit der Vergangenheit interessiert?
Nein. Es wäre aber eine gute Idee, da die meisten Leute in der Szene nicht unbedingt wissen, was sie da tun.

23. Wie charakterisieren Sie *Vintage Norwich* in einem Wort?
Aufregend.

8. Ruth – Kuratorin der Kostümsammlung im Museum Norwich

Ruth (geb. 1967) entstammt der oberen ‚Mittelschicht'; sie hat einen Master-Abschluss und arbeitet als Kuratorin für die zum Museum der Stadt Norwich gehörende Kostümsammlung.

Ruth bei einer Veranstaltung des Museums Norwich.

Das Interview mit Ruth wurde 2012 geführt:

1. Woran denken Sie spontan, wenn Sie den Begriff Vintage hören?
Ich fürchte, momentan macht es mich nicht gerade fröhlich, denn ich denke dabei an exzessiven Genuss von Cupcakes, Keep calm and carry on, Wimpelketten. Es verdirbt mir ein wenig die Laune. Als ein Mensch, der sich mit Sozialgeschichte befasst, halte ich es für eine überstrapazierte Idee, die dazu dient, einen Lebensstil zu verkaufen.

2. Was bedeutet Vintage für Sie persönlich?
Das Verlangen und die Sehnsucht, in der Vergangenheit

zu leben, ist etwas, was ich gern lieben möchte. Aber es ist verbunden mit all den Dingen, die uns nun überall begegnen und es macht mich krank.

3. Wie lange gibt es die Vintage-Bewegung?
Ich glaube, in den 1980er-Jahren hat es Subkulturen gegeben, die sich Dingen aus der Vergangenheit bedient haben. Die moderne Version entwickelte sich so um 2000, also gibt es sie seit 15 Jahren oder so.

4. Sind Sie involviert in die Vintage-Szene?
Ich habe Freunde, die in der Szene sind. Wenn ich zehn Jahre jünger wäre, wäre ich's vielleicht auch. Weder zu der speziellen Musik, noch zu irgendetwas anderem daran oder darin habe ich eine besondere Beziehung. Ich mag es zwar, mich herauszuputzen, aber ich will weder in der Vergangenheit leben, noch mich durch meine Kleidung einsortiert sehen – ich mag die Oberflächlichkeit dieser Szene nicht. Leute gehen zu Tanzunterricht, um zu lernen, zu Swing-Musik zu tanzen. Man trifft einander, dort und anderswo – so hat man ein fix und fertiges Sozialleben. Und zumindest solange man dieses Interesse teilt und bereit ist, sich entsprechend einzubringen, wird man Freunde finden.

5. Gibt es für Sie persönlich einen Vintage-Einfluss?
Vielleicht war meine Mutter einer, denn sie wusste sich wirklich interessant zu kleiden und die Zeit, die ich besonders mag, waren die späten 1970er-Jahre, wenn man zu Trödelmärkten gehen und Kleider aus den zwanziger Jahren kaufen konnte, Jacken oder was auch immer. Sie trug stets außergewöhnliche Dinge.

6. Was war der erste Vintage-Gegenstand, den Sie selbst erstanden haben?
Eine pinkfarbene Jacke aus Kunststoff. Sie ist noch immer eines meiner Lieblingsstücke.

7. Haben Sie Vintage-Events besucht?
Keine reinen Vintage-Events, nein. Aber eine *Burlesque*-Veranstaltung.

8. Hat sie Ihre Erwartungen erfüllt?
Ja.

9. Würden Sie sagen, die Szene ist offen und tolerant?
Das ist unterschiedlich. *Ich sehe insgesamt eine Art von Cliquenbildung.* Innerhalb der Szene gibt es unterschiedliche Gruppen und es kommt darauf an, wie weit man involviert werden will.

10. Wie fühlen Sie sich, wenn Sie vintage gekleidet sind?
Ich war bei einer Veranstaltung von Bananafama'[57] hier in Norwich. Dazu hatte ich mir ein leuchtend rotes, trägerloses Kleid angezogen und einen Lampenschirm als Hut aufgesetzt. Das funktionierte ganz gut. In meiner Vorstellung war ich ein Leuchtturm aus einer Tanzszene in einem Film-Musical der 1930er-Jahre.
Keine Ahnung, ob die Leute glaubten, ich sei vintage gekleidet oder nicht, aber die meisten schienen zu erkennen, dass ich ein Leuchtturm war. Es hat Spaß gemacht.

11. Haben Sie in der Szene neue Freunde gewonnen?
Nein. Ich habe Freunde, mit denen ich ausgehe, aber

ich gehe nicht aus, um neue Freunde zu finden.

12. Was ist Ihre liebste Zeit in der Vergangenheit?
Die 1970er-Jahre. Ich komme immer wieder darauf zurück. Die Mode, die Kultur sind für mich hoch interessant. Es ist das Jahrzehnt. Die 1950er-Jahre zum Beispiel mag ich nicht wegen dieser Vorstellung von ‚hübsch sein‘ und auch wegen der Silhouetten der Kleider.

13. Was ist Ihr Hauptinteresse im Zusammenhang mit Vintage?
Mode und Design.

14. Welche Bedeutung hat Mode für Sie?
Mode ist nicht so bedeutend für mich, wie man vielleicht annehmen könnte, wenn man meinen Beruf betrachtet. Ich habe seit 18 Monaten kein neues Kleidungsstück mehr gekauft. Ich schaue mich nach Dingen um, die in mir eine Glocke klingeln lassen und die in meinem Kopf irgendeinen Sinn machen – im Zusammenhang mit einem bestimmten Design oder mit einer bestimmten Epoche. So kann ich mir aus dem, was so in den Modegeschäften verkauft wurde und wird, die Dinge heraussuchen, die mich wirklich interessieren.
Ich benutze Mode nur als Mittel zum Zweck: dem Ausdruck meiner Persönlichkeit.

15. Ist die Vintage-Szene eine Mode oder ein Lebensstil?
Vintage ist eine Mode geworden, die zu einem Lebensstil hinführt. Ob es wirklich noch immer modern ist, darüber bin ich mir nicht sicher. Es hat natürlich

auch mit dem Alter zu tun, wie es verstanden wird. Für junge Menschen, sind die 1980er- und 1990er-Jahre schon vintage. Tatsächlich würde ich aber sagen, die zwanziger bis fünfziger Jahre, das ist vintage, die Sechziger bis Neunziger hingegen sind retro. Vintage als Inspiration für Motive hat die Mode durchdrungen.

16. Sollten die Leute das Interesse verlieren, werden Sie so weitermachen wie bisher?

Ja, ich würde so weitermachen wie bisher – da es ohnehin keine Verbindung zu dieser Szene gibt.

17. Was gefällt Ihnen an der Vintage-Szene und was nicht?

Da ist diese Cliquenbildung. Aber auch einfach: Nicht jeder in den fünfziger Jahren war Marlon Brando. *Die Menschen in der Szene haben nicht genug Ahnung von der Realität der Zeit und basteln sich eine neue Vergangenheit, der jeder Bezug zum historischen Kontext fehlt. Es ist diese Oberflächlichkeit, die ich nicht mag und die Tatsache, dass es ein geschlossener Zirkel ist, der komplett nur um sich selbst kreist, ohne den Willen zu lernen oder zur Veränderung.* Stattdessen werden einfach verschiedene Epochen zusammengemischt, zumindest ist das bei den meisten Veranstaltungen so. Es gibt aber wohl auch Events nur für Puristen.

18. Wie sehen Sie den Einfluss der Szene auf Norwich?

Sie hat sicherlich zur Attraktivität der Stadt beigetragen, speziell als Einkaufsort.

19. Wie würden Sie die Vintage-Szene in einem Wort

beschreiben?
Eklektisch.

9. Tracey – begeisterte Vintage-Anhängerin

Tracey (geb. 1963) ist Angestellte und zur ‚Mittelschicht' zu rechnen; zur Zeit des Interviews arbeitete sie als Assistentin der Geschäftsführung. Tracey ist in der Vintage-Szene etabliert.

Tracey im Stil der 1940er-Jahre.

Das Gespräch mit ihr fand 2012 statt:

1. Was ist spontan Ihr erster Gedanke, wenn Sie das Wort Vintage hören?
Kleidung und Autos. Beides hat für mich persönlich auch den gleichen Stellenwert. An Kleidung bin ich interessiert, seit ich neunzehn war; ich gehörte zu den *New Romantics*, die damals Vintage-Kleidung kauften und trugen, wobei sie allerdings noch nicht 'vintage' hieß.

2. Was bedeutet für Sie persönlich Vintage?
Alles vor 1950, stilistisch gesehen speziell Kleidung und Autos. *Mode ist für mich das Schlüssel-Element.*

3. Wie lange besteht die Vintage-Bewegung schon?
Etwa zehn bis fünfzehn Jahre. Doch erst innerhalb der letzten zehn Jahre (seit 2002) ist die Szene richtig bedeutend geworden. Vorher gab es nur *secondhand* und *retro*.

4. Wie definieren Sie Ihre Rolle in der Bewegung?
Ich bin ziemlich bekannt für meine Kleidung. Für mich persönlich ... Wenn jemand irgendwann fragte: ‚Oh, welche ist Tracey?‘, wäre die Antwort: ‚Sie ist die mit den tollen Kleidern.‘ So möchte ich gesehen werden – in Verbindung mit diesen wundervollen Kleidungsstücken. Sie geben mir innere Sicherheit, denn man sieht nicht mich an, sondern die Kleider, die ich trage.
Ich habe Visitenkarten mit der Aufschrift *Miss Tracey, dedicated follower of vintage fashion* (also etwa: ‚Miss Tracey, hingebungsvolle Anhängerin der Vintage-Mode‘). *Ich bin so etwas wie eine Kleidernärrin.*

5. Würden Sie sagen, Sie schlüpfen in eine andere Rolle, wenn Sie bei Vintage-Veranstaltungen sind?
Ich halte mich anders. Ich spreche auch anders, in einer gesetzteren Art. Es geschieht nicht bewusst, man stellt einfach fest, man verhält sich so, weil man so wundervoll aussieht. Dein ganzes Auftreten verändert sich und du willst dich selbst nicht im Stich lassen. Du nimmst vollständig die Persönlichkeit eines Menschen an, der diese Dinge in den vierziger Jahren trug.
Jeder geht zurück in diese Form des Umgangs der Menschen von früher. Wenn du so gekleidet bist, dann verhältst du dich einfach auch so. Die Menschen sind höflicher und freundlicher – es macht einfach einen Unterschied.

5. Gibt es spezielle Vintage-Einflüsse in Ihrem Leben?
Eben die *New Romantics* als ich neunzehn war. Ich trug damals Kleider und einen Fuchspelz als Stola und ich war Stammgast in den Londoner Clubs, in denen diese Szene verkehrte. Meine beste Freundin, Beverly, und ich wollten immer aus der Masse herausstechen und suchten auf *Secondhand*märkten in London nach passender Kleidung, die zu dieser Zeit noch nicht mit dem Etikett vintage versehen wurde. Dann, ab 1998, kam der Eintritt in die Vintage-Bewegung. Ich suche noch immer nach Stücken, die besser sind als die, die ich bereits habe. *Es ist schön, anders zu sein; man fühlt sich als etwas Besonderes.* Im Beruf trage ich keine Vintage-Kleidung, aber einen vintage-orientierten Stil. Die Originale sind zu kostbar, um sie im Alltag zu verschleißen; auch mein Make-up im Alltag ist anders – kurz: Da bin ich eine völlig andere Person.

6. Was sagen Sie dazu, wenn Frauen in der Szene Tätowierungen tragen und zeigen?
Es ist fürchterlich. Es ist abstoßend. Ich habe nie den Gedanken erwogen, mich tätowieren zu lassen. Es ist schade, dass Frauen mit großflächigen Tätowierungen anders – und hier eher negativ – wahrgenommen werden; es sollte nicht so sein, doch es ist so. Tätowierungen passen nicht zu Vintage; in den 1930er bis 1950er-Jahren waren Frauen nicht tätowiert, jedenfalls nicht in diesem Ausmaß und wenn, dann sehr diskret. *Es ist schräg, es ist hässlich, es sieht billig und vulgär aus. Das ist nicht meine Idee davon, was vintage sein sollte.*

7. Gibt es für Sie ein spezielles Vorbild?

Nicht wirklich, da ich meinen Stil immer wieder variiere.

8. Was war der erste Vintage-Gegenstand, den Sie erworben haben?

Das Erste, was ich je gekauft habe, waren wunderschöne schwarze Handschuhe gewesen. Das war damals die Art, wie ich mich kleidete, wenn ich in die Clubs in London ging. Den Vintage-Look zu haben, war einfach angesagt und ich kreierte meine persönliche Variation davon. Ich trug meist Schwarz. Heute kaufe ich einfach, was mir gefällt und arrangiere alles, versuche etwas zu finden, das dazu passt. Ob die Dinge zu etwas passen, das ich schon habe, oder nicht, ist dabei irrelevant.

9. Wird Ihre Begeisterung von Ihrem persönlichen Umfeld geteilt?

Sicher nicht von meinem Partner, aber er weiß zu schätzen, was ich tue und weiß, was es mir bedeutet. Aber von meinen Freundinnen Beverly und Paula.
Die meisten Leute denken wohl, ich sei etwas exzentrisch.

10. Wie fühlen Sie sich, wenn Sie vintage gekleidet sind?

Ich selbst fühle mich so sicher und elegant und viel interessanter und so, als könnte ich die ganze Welt erobern. Und Menschen nehmen Notiz von dir. Auch wegen der Frisuren und Accessoires. *Es sieht so elegant aus. Die Menschen behandeln dich anders.* Wenn man zu Veranstaltungen geht in Vintage-Kleidung, dann sprechen die Menschen einen an.

Leute mit Baseballmützen in Jeans verschwinden
einfach irgendwo im Hintergrund. Und auch aktuelle
Mode – Ich habe den Schrank voll mit Sachen in
Trendfarben. Aber ich habe das Interesse an aktueller
Mode verloren, da alle irgendwie das Gleiche tragen.
Vintage ist individueller – die Chance, dass eine an-
dere Frau das gleiche Kleid trägt wie du, ist wirklich
verschwindend gering.

11. Was mögen Sie besonders an der Szene, was nicht?
Ich finde die Kommerzialisierung schrecklich: die
Konditionen für die Anbieter bei Veranstaltungen
werden immer härter, so dass viele Verkäufer es sich
nicht mehr leisten können, dort Stände zu buchen. *Das
macht mich sehr traurig*, da die Leute, die die ganze
Sache ins Rollen gebracht haben, nun ausgebootet
werden. Die gute Seite: Jeder ist immer so freundlich,
ohne Ausnahme. Man geht zu einer Veranstaltung
und kommt ins Gespräch und findet neue Freunde, es
ist so einfach. Ich habe wundervolle Freunde kennen
gelernt.

**12. Versuchen die Menschen in der Szene auch, den
Werten von früher zu genügen?**
*Es ist wie eine Gemeinschaft. Die Leute erzählen sich
gegenseitig davon, was sie Neues erfahren haben. Sie
sind alle sehr offen, miteinander zu sprechen. Es ist ein
wundervoller Gemeinschaftssinn. Die Menschen
schätzen mehr, was man früher hatte und früher hatte
man Werte, die wir nie mehr haben werden. Man geht
zum Beispiel nicht mehr einfach zu den Nachbarn auf
eine Tasse Tee und ein Schwätzchen.*

13. Warum haben Sie gerade diese spezielle Vorliebe für die 1940er-Jahre?

Ich habe auch Sachen aus den 1950er-Jahren, doch die Events zielen mehr auf 1940er ab und ich will den richtigen *Look* haben.

14. Haben Sie auch Interesse an anderen Informationen über die Zeit?

Ja, absolut. Ich liebe Bücher, Geschichten aus den 1930er-Jahren und dem Krieg; und ich sehe mir im Fernsehen Serien an, wie z. B. *Poirot* und *Landgirls*.

15. Was ist Ihr vorrangiges Interesse bezüglich des Spektrums, das die Szene bietet?

Kleidung, Autos, Musik – in dieser Reihenfolge.

16. Kennen Sie spezielle Vintage-Läden?

Ja, aber ich kaufe meist auf den Märkten bei Events.

17. Was bedeutet Mode allgemein für Sie?

Das Wichtigste überhaupt! Mode ist ein großer Teil meines Lebens.

18. Ist die Vintage-Bewegung eher eine Mode oder ein Lebensstil?

Definitiv eine Mode.

19. Was sagen Sie zur Vintage-Szene generell?

Viele Veranstaltungen sind mit einem caritativen Zweck verbunden, das ist gut. *Ich befürchte nur, dass die Szene zu groß wird. Sie ist so gewachsen, dass sie schon lächerliche Dimensionen annimmt.* Sie ist bereits in gewissem Maß überkommerzialisiert. Wenn man sich die Veranstaltungen ansieht: auch

Kinder kommen. Sie haben in gewisser Weise durchaus auch einen bildenden Aspekt, was das Wissen über unsere Geschichte betrifft. *Ich habe viele gute Freunde gefunden, viele schöne Kleider und komme immer mit einem Lächeln von den Veranstaltungen zurück. Ich hoffe nur, es wächst nicht alles ins Unsinnige.*

20. Wenn das Interesse an der Szene nachlässt, werden Sie trotzdem so weitermachen wie bisher?
Ja, ich werde meinen Stil beibehalten.

21. Würden Sie sagen, die Szene ist offen und tolerant?
Wenn man genau den richtigen *Look* trifft, sind sie tolerant. Ich hatte einmal ein schönes Kleid aus den 1950er-Jahren an und musste mir anhören: ‚Oh, wie hübsch. Wirklich ein hübsches Kleid. Aber leider etwas zu spät für diesen Anlass.‘ Man bemüht sich, gut auszusehen, sich dem Niveau anzupassen und das sollte gewürdigt werden. Ansonsten ist jeder willkommen, der etwas zum Ereignis beiträgt; allerdings sind Schwarze nicht oft vertreten.

22. Was sagen Sie zu dem inflationären Gebrauch des Begriffs Vintage?
Das bringt mich auf die Palme. Die 1980er-Jahre zum Beispiel waren definitiv nicht vintage und die Mode war grauenhaft.

10. Heidi – PR-Leiterin eines Museums

Heidi (geb. 1966) gehört zur gehobenen ‚Mittelschicht‘; sie hat einen Master-Abschluss, lebt und arbeitet in New York und hat für sich selbst einen Stil entwickelt, der auf dem *Look* vergangener Jahrzehnte aufbaut.

Heidi bei einem Event in New York.

Heidi hat unseren Fragebogen im Jahr 2012 beantwortet:

1. Was fällt Ihnen spontan als Erstes zum Begriff Vintage ein?
Nicht nur ein Sinn für Stil, sondern Wertschätzung für etwas Historisches.

2. Was bedeutet der Begriff Vintage für Sie persönlich?
Historisch.

3. Wie lange gibt es die Vintage-Bewegung schon?

Während es Geschäfte (zumindest in Kalifornien) seit den späten 1960er-Jahren gegeben hat, hat die Idee einer Bewegung aus der Vielfalt unterschiedlicher Subkulturen vielleicht in den frühen achtziger Jahren ‚Fahrt aufgenommen'. Wenn ich das sage, denke ich, wir haben sicher weniger Re-Enactment und Vintage-Veranstaltungen zur *Lebendigen Geschichte* in den Vereinigten Staaten als Sie in England, daher ist mein Konzept einer Vintage-Bewegung ein wenig breit, vage und nebulös. Ich denke, es gibt viele verschwiegene Gruppen hier, die in eine Retro-Kultur involviert sind, aber ich bin nicht sicher, wie intensiv Überschneidungen zwischen ihnen sind. Das macht es ein wenig schwer, eine konkrete Antwort auf diese Frage zu formulieren.

4. Sind Sie oder Menschen, die Sie kennen, in die Szene involviert?

Ja.

5. Wenn ja, in welcher Weise?

Ich trage – unabhängig von und ohne eine Szene – Vintage-Kleidung seit 1982 und habe erst in den letzten sieben Jahren gleichgesinnte Menschen gefunden, mit denen ich mich diesbezüglich zusammentun kann. Ich führe das auf andere soziale Interessen, z. B. *Swing*-Tanzen, und auf die Art zurück, wie das Internet Menschen zusammenbringt.

6. Gab es in Ihrem Leben einen speziellen Vintage-Einfluss?

Ehrlich gesagt, ich glaube mein Interesse ist

angeboren. Ja, ich wuchs auf mit der Fernsehserie *Masterpiece Theatre* und diversen Kostümdramen, was sicherlich die Flammen weiter angefacht hat, doch ich bin sicher, ihr Eindruck auf mich war so stark, weil dieses Feuer für die Betrachtung der Vergangenheit mir angeboren ist.

7. Wie verstehen Sie Ihre persönliche Rolle in der Vintage-Bewegung?

Ich erröte, wenn ich das sage, aber ich bin ziemlich gut bekannt in verschiedenen Gruppen der Vereinigten Staaten für meine Art, mich vintage zu kleiden, da ich in einer großen Stadt lebe und in 'Facebook', manchmal auch auf FedoraLounge.com unterwegs bin (weniger zwar, aber in gewissem Maße). Im Laufe der Zeit bin ich zum Gegenstand des Interesses diverser Mode-Blogs geworden und war auf dem Cover von verschiedenen Zeitungen, was in einer Weise zu meiner Präsenz beigetragen hat, die es wohl so nicht gegeben hätte, lebte ich eben nicht in einer Großstadt und Hauptstadt der Medien. Und, um die Enthüllungen zu vervollständigen: Ich bin eine professionelle Publizistin im Museums-Bereich, was mich mit einer großen Zahl von Fotografen zusammengebracht hat und mit Kulturredakteuren, die mich bei Veranstaltungen wiedererkennen. Ich reise viel und werde oft in Vintage-Kleidung bei *Lindy Hop*/Balboa-Veranstaltungen angetroffen, bei akademischen Workshops im ganzen Land mit einem recht breiten, internationalen Publikum; und zu meiner Freude scheine ich während der vergangenen sieben Jahre einen ermutigenden Effekt auf Tänzer in dieser Szene ausgeübt zu haben, sich mehr nach historischer Kleidung umzusehen. In New York City gehöre ich außerdem, neben Leuten wie Händlern, zu denen, die man in solchen Dingen um Rat fragt.

8. Was ist Ihre Motivation für Ihr persönliches Vintage-Leben?

Ich weiß die Mode und wie sie an mir aussieht zu schätzen und habe Spaß daran. Aber meine Fokussierung auf historische Kleider ist Teil eines umfassenderen Interesses für die Geschichte der zwanziger bis vierziger Jahre, was Politik, Sozialgeschichte und Kultur (speziell Musik und Tanz) einschließt.

9. Gibt es für Sie ein Vintage-Vorbild?

Ich liebe den Stil und das Auftreten von Katherine Hepburn und fühle mich auch hingezogen zu Joan Blondell, Norma Shearer usw. – selbstbewusste Frauen, die gut beieinander waren.

Ich habe auch eine ältere Generation von Vintage-Sammlern getroffen, die zu Mentoren für mich geworden sind und mich nicht nur zu Geschäften geführt haben, sondern zu Filmen, Büchern und anderen Informationsquellen. – Auch das ist eine Antwort auf diese Frage.

10. Was war der erste Vintage-Gegenstand, den Sie gekauft haben und warum haben Sie ihn gekauft?

Es war ein roter, handgestrickter Pullover aus den sechziger Jahren (ursprünglich habe ich mich im Stil der 1950er- und 1960er-Jahre gekleidet, aber jetzt bin ich ausnahmslos konzentriert auf die Zeit von

1925 bis 1945). Ich war damals in der *High School* und trug die meiste Zeit über eine Schuluniform, abgesehen vom ‚Freie-Kleidung-Freitag'. Meine Eltern hatten aufgehört, Kleidung für mich zu kaufen, weil sie dachten, die Uniform sei genug. Ich habe Geld, das ich durch *Baby-Sitting* verdiente, genutzt, um meine Garderobe mit sparsamen Einkäufen in den frühen 1980er-Jahren aufzustocken, als Billig-Läden eine Menge Vintage-Kleidung im Angebot hatten. Der erste, den ich betrat (in San Francisco), lag auf der Polk Street neben einem wunderschön aufgemachten ernsthaften Vintage-Geschäft ... und so ging ich hinüber und begann über historische Kleidung als Ausdruck meiner Persönlichkeit nachzudenken und schließlich meine Garderobe aufzubauen. Was für eine Erleuchtung, dass man diese wunderbaren Sachen kaufen konnte!

11. Teilen Sie Ihren Enthusiasmus mit Ihrem Partner und/oder Freunden?

Ja, mein Mann mochte schon immer Dinge von früher und über die letzten zehn Jahre hin hat er Vintage-Kleidung vollständig und dauerhaft übernommen. Einige meiner Freunde in San Francisco und Los Angeles waren bereits in der Szene, aber ich habe auch eine entscheidende Rolle dabei gespielt, Swing-Tänzer in New York davon zu überzeugen, sich vintage oder zumindest vintage-orientiert zu kleiden.

12. Haben Sie spezielle Vintage-Veranstaltungen besucht?

Ja.

13. Wurden dabei Ihre Erwartungen erfüllt?

Ich bin eine Puristin und suche nach der vollständigen Zeitreise-Erfahrung, die zustande kommt, wenn die Mehrheit der Teilnehmer sich wirklich darauf einstellt und die Organisatoren verbissen sind in der Detailgenauigkeit und die richtige Unterhaltung in der richtigen Umgebung anbieten. Das ist sehr schwer zu finden und entsprechend bin ich oft enttäuscht. Manchmal, bei kleineren Veranstaltungen, habe ich das Gefühl, dass ich persönlich die ganze Detailtreue verkörpere – und aus diesem Grund laden die meisten Organisatoren in New York meinen Mann und mich ein.

14. Was haben Sie beiden Veranstaltungen gemacht und was nicht?

Ich wünsche mir, dass die Leute ihre Augen öffnen hinsichtlich dieser Art, sich mit Geschichte zu befassen und es freut mich sehr, dass so ein großer Teil des Publikums dieser *Events* in New York aus jungen Leuten zu bestehen scheint. Andererseits bin ich nicht so begeistert von den sorglosen Persiflagen, die mitunter entstehen, selbst wenn ein Thema vorgegeben wird, zum Beispiel eine Zwanziger-Jahre-Veranstaltung, die mit 1960er *Mad Men*-Kleidern oder Glotzern in Jeans überrannt ist. Ich mag auch den Gedanken von langen Vintage-Events nicht, die sich nicht einer bestimmten Zeit verschreiben, sondern stattdessen versuchen, alles was retro ist, einzubeziehen. Vielleicht liegt die Ursache für den Impuls, das zu tun, in kommerziellen Erwägungen, aber für mich als Konsument haben solche Erfahrungen wenig Magie zu bieten. Das kommt mir eher wie *Halloween-Party* vor als wie eine Veranstaltung, bei der es um *Lebendige Geschichte* geht. Und mit Halloween-Partys bin ich fertig.

15. Wie fühlen Sie sich, wenn Sie vintage sind?
Stark, unabhängig, intelligent, unverwechselbar.

16. Haben Sie bei solchen Veranstaltungen neue Freunde gefunden?
Ja, allerdings. Und das ist eine der besten Seiten daran.

17. Was ist Ihre Lieblingszeit in der Geschichte und warum?
Die dreißiger Jahre: phantastische Musik, Tanz, Mode und obwohl die Zeit schwierig war (ganz sicher war sie das für meine Familie: Mein Vater überlebte seine Kindheit in Berlin in einer Familie, die halb jüdisch und halb lutherisch war), ist es für mich politisch und sozial eine enorm faszinierende Zeit.

18. Sind Sie auch an Literatur über diese Zeit interessiert (Belletristik oder Sachbücher)?
Ja, hauptsächlich Sachbücher. Ich besitze ein ganzes Regal mit Büchern beider Art zur Mitford-Familie ... ha! Aber ja, auch Publikationen über Musik, Tanz, Film und Geschichte, nicht zu vergessen Mode und Art Déco Sammlerstücke und – natürlich! – Berge von zeitgenössischen Magazinen und Katalogen.

19. Was ist Ihr Hauptinteresse?
Kleider und Jazz sowie authentische Partnertänze aus den 1920er bis 1940er-Jahren (*Lindy Hop, Balboa* und *Collegiate Shag*).

20. Kennen Sie spezielle Vintage-Geschäfte?
Ja, überall in den Vereinigten Staaten und einige in
Europa.

21. Haben Sie dort auch schon eingekauft?
Ja, wann immer es möglich war.

22. Wenn ja, wie oft?
Ich kaufe wöchentlich ein, persönlich oder online.

**23. Was würden Sie sagen: Wie bedeutend ist Mode
grundsätzlich für Sie?**
Sehr wichtig, wenn wir über Vintage-Mode sprechen.
Ich habe aus Interesse durchaus ein Auge darauf, was
aktuell modern ist, aber ich besitze fast keine
moderne Kleidung.

**24. Auf der Basis Ihrer persönlichen Erfahrungen:
Sehen Sie Vintage als Mode oder als Lebensstil?**
Als Lebensstil.

**25. Was halten Sie von der Vintage-Szene ganz
allgemein?**
Es ist eine gute Entscheidung, aber es ist nichts
Strukturiertes. Es ist, was man selbst daraus macht.

**26. Würden Sie die Vintage-Szene als offen und tolerant
beschreiben?**
Als offen; ich wurde sehr freundlich willkommen
geheißen.

**27. Wenn generell das Interesse an Vintage-Dingen
nachlassen sollte, würden Sie so weitermachen wie
bisher?**

Ja.

28. Was halten Sie von der Art, wie der Begriff Vintage heute benutzt wird?

Also, ganz zuerst: vintage ist ein Adjektiv. Ich erschauere, wenn es als Substantiv benutzt wird. ‚Tragen Sie immer Vintage? – ‚Vintage-Was?' Aber wichtiger: ja, ich denke als moderner Marketing-Begriff für Kleidung, die jünger als zehn Jahre ist, ist es lächerlich, nicht nur überstrapaziert, sondern irreführend seitens amerikanischer Unternehmer, um sich vor den Konsumenten zu tarnen. Es wird außerdem von den *Stylisten* berühmter Zeitgenossen missbraucht in ihren Versuchen, vornehm zu klingen – als ob sie eine Ahnung von Kostümgeschichte hätten.

11. Sabine – Übersetzerin in Paris

Sabine (geb. 1968) lebte zu der Zeit, als sie diesen Fragebogen für uns ausfüllte, in Paris. Sie rechnet sich selbst zur ‚Mittelschicht'; auf der Basis eines französischen Fachdiploms als Kongress-dolmetscherin ist sie als Übersetzerin tätig.
Sabine hat unseren Fragebogen im Jahr 2012 beantwortet:

1. Was fällt Ihnen spontan zu dem Begriff Vintage ein?
Wundervolle, kunstvoll hergestellte Kleidung, die einem das Gefühl gibt, schön zu sein.

2. Was bedeutet der Begriff für Sie persönlich?
In der Lage zu sein, mich schön, elegant und sehr individuell zu kleiden.

3. Wie lange gibt es die Vintage-Bewegung schon?
Ich weiß es nicht.

4. Sind Sie oder Menschen, die Sie kennen, in die Bewegung involviert?
Nein.

5. Hat es einen speziellen Vintage-Einfluss in Ihrem Leben gegeben?
Meine Großmutter Lenz und meine Online-Freundin Rachel.

6. Haben Sie ein spezielles Vorbild?
Doris Day.

7. Was war der erste Vintage-Gegenstand, den Sie

gekauft haben und warum haben Sie ihn gekauft?
Mein erster Vintage-Gegenstand war ein Kleid und ich habe es gekauft, weil ich – ganz plötzlich – festgestellt habe, dass das möglich ist.

8. Teilen Menschen in Ihrem Umfeld Ihre Leidenschaft?
Nein.

9. Waren Sie jemals bei einer speziellen Vintage-Veranstaltung?
Nein.

10. Wie fühlen Sie sich, wenn Sie vintage gekleidet sind?
Schön, anders und kreativ.

11. Haben Sie Freunde bei Veranstaltungen gefunden?
Nein, aber wunderbare Freunde online.

12. Was ist Ihre Lieblingszeit in der Vergangenheit und warum?
Die fünfziger Jahre, wegen der Silhouetten, der Musik, der Filme.

13. Nutzen Sie auch andere Quellen (Medien), um sich über die Zeit zu informieren?
Ja.

14. Was ist Ihr Hauptinteresse innerhalb des breiten Vintage-Spektrums?
Kleidung.

15. Kennen Sie spezielle Vintage-Geschäfte?
Nur im Internet.

16. Haben Sie dort auch schon gekauft?
Oh ja.

17. Wenn dem so ist, wie oft haben Sie dort gekauft und was?
Sehr oft. Kleidung und Accessoires.

18. Wie bedeutend ist Mode generell für Sie?
Sehr bedeutend.

19. Aufgrund Ihres persönlichen Erlebens – würden Sie die Vintage-Bewegung eher als eine Mode ansehen oder als einen Lebensstil?
Ich denke – basierend auf dem, was ich aus Blogs und von anderen Stellen erfahre – gibt es eine ganze Reihe von Menschen, die es als Lebensstil ansehen, was ich wundervoll finde. Allerdings ist es auch wahr, dass Vintage innerhalb der letzten Jahre sehr *trendy* geworden ist. Wenn die großen Mode-Designer Kollektionen entwerfen, die schon mehr als nur vintage-inspiriert sind.

20. Würden Sie die Vintage-Szene als offen und tolerant bezeichnen?
Ich hoffe, dass sie das ist.

21. Sollte das breite Interesse am Vintage-Phänomen nachlassen, würden Sie trotzdem so weitermachen wie bisher?
Das hoffe ich doch. Nun, da ich es gefunden habe, will ich es nicht mehr aufgeben.

22. Was denken Sie über die Art, wie der Begriff Vintage heute in den verschiedensten Zusammenhängen

benutzt wird?

Na ja, man fühlt sich dadurch etwas weniger besonders, nicht wahr? Es ist in allen Mode-Magazinen etc., es ist *trendy* geworden, sich vintage zu kleiden. Es beweist, dass die Menschen ein Bewusstsein für die Bedeutung entwickeln, Dinge zu bewahren, die von Menschen gemacht wurden, die noch mit ihrer Hände Arbeit ihren Lebensunterhalt hier bestreiten konnten (im Gegensatz zu den Produkten aus Billiglohn-Ländern oder Dingen, die unter noch schlimmeren Bedingungen hergestellt werden). Es ist das Ende des Massenkonsums. Das ist auch gut für den Planeten.

III. Theorien und Erklärungen –
Gedanken zur Urteilsfindung

1. Überzeugungstäter und Mitläufer –
Menschen in der Vintage-Szene

Wir wollen uns nun etwas ausführlicher damit befassen, wer in der Vintage-Bewegung aktiv ist und welche Gründe dafür ausschlaggebend sind. Im ersten Teil haben wir bereits im Kontext unterschiedlicher Einflüsse, die zum Entstehen der Bewegung beigetragen haben und die noch immer in ihr wirken, einige Gruppen kennengelernt, die ganz offensichtlich ihren Betrag geleistet haben und weiterhin leisten.

Da sind zunächst jene Menschen, die wir hier als die *Puristen* bezeichnen wollen. Dies sind gewissermaßen ‚Überzeugungstäter‘: Ihr Herz und ihr Verstand sagen ihnen, dass sie in der falschen Zeit geboren wurden und sie versuchen, diesen Fehler zu korrigieren. Soweit es ihnen möglich ist, sind sie dabei auch konsequent. Ihr Interesse gilt dieser bestimmten Epoche, sie lesen Bücher darüber, sie sehen Filme, die in dieser Zeit spielen oder aus ihr stammen, sie besuchen Veranstaltungen jeder Art zu diesem Thema, wenn sie sich davon einen ästhetischen Gewinn oder einen Zuwachs an Wissen versprechen. Sie haben sich dazu entschlossen, aufgrund ihrer Bewunderung für die Werte und/oder die Kunst und das Design der Vergangenheit – hier speziell des Art Déco – diese zur Grundlage ihres Lebens in der Gegenwart zu machen. Sie kleiden sich demgemäß, sie umgeben sich mit Dingen aus dieser Zeit und schaffen damit eine kleine Insel des Vergangenen im Hier und Heute. Das alles setzt drei Dinge voraus: ein Selbst- und Weltverständnis, das mit größter Wahrscheinlichkeit Produkt einer höheren Bildung ist, außerdem ein großes Maß an Unabhängigkeit, Selbstbewusstsein und Selbstsicherheit, schließlich auch einen gewissen Wohlstand, denn diesem Lebensstil wirklich konsequent zu frönen, ist nicht unbedingt billig. So lässt sich zumindest der größte Teil der *Puristen* – gesellschaftlich gesehen – in der oberen Mittelschicht finden. *Heidi* aus New York ist ein sehr gutes Beispiel für diesen Lebensstil. Daneben gibt es jene, die ihre Liebe nicht an einen bestimmten Stil und damit eine spezielle Epoche gehängt haben, aber sehr wohl an ein bestimmtes Produkt dieser Zeit, so zum Beispiel die *Oldtimer- und Dampfzug-Enthusiasten.* Vintage ist für sie aufgrund der zeitlichen Herkunft ihres Hobbys von Bedeutung; sie sind in Maßen offen dafür, sich auch bei bestimmten Gelegenheiten in der Öffentlichkeit durch ihre Kleidung stilistisch den geliebten Fahrzeugen anzupassen, doch das ist für sie Beiwerk und nicht wirklich von Bedeutung. Es geht ihnen um die Liebe zur Technik der Vergangenheit, zu Präzision und Ästhetik ihrer Erscheinungsformen. Sie sind die von uns als *Tüftler* Bezeichneten innerhalb des Vintage-Spektrums. Auch dieses Hobby verlangt durchaus verfügbare Geldmittel, jedoch nicht in solchem Umfang wie das Leben der *Puristen.* Hier wird im Zweifelsfall einfach so lange gespart, bis eine erforderliche Anschaffung zum Erhalt oder der Ver-

Ein Tüftler in seinem Element: Dave King, Bewahrer der
Eisenbahngeschichte und aktiver Hobby-Lokführer der North Norfolk
Railway.

schönerung eines Fahrzeugs möglich ist; und hinsichtlich der allerdings extrem hohen Instandhaltungs- und Betriebskosten von Bahnstrecken ist es schlicht die Menge der beteiligten Personen, die es möglich macht, sie aufzubringen.

So haben wir hier eine wesentlich breitere soziale Basis, die die gesamte Mittelschicht umfasst und sich bis in die Unterschicht erstrecken kann. Ein Beispiel für die Vertreter dieser Gruppe ist *Andrew*, *Paulas* Partner, den wir zwar nicht persönlich kennengelernt haben, von dessen Leidenschaft für alte Autos und Zweiräder wir aber über *Paula* erfahren konnten.

Dann haben wir gesehen, dass Vintage auch eine ökonomische Seite hat, die dank der entsprechenden Szene während der letzten Jahre Veränderungen erfahren und gleichzeitig an Bedeutung gewonnen hat. Es gibt also nicht nur Menschen, die für und mit, sondern auch solche, die von Vintage leben: Veranstalter, Händler in allen Arten von *Secondhanddingen*, all die *Haarstylisten* und die *Visagisten*, die auf den Glamour der Vergangenheit spezialisiert sind oder das zumindest von sich behaupten, desweiteren Verleger, Musiker etc., ganz zu schweigen von den Produzenten all der Waren, die mit mehr oder weniger deutlichem Bezug zur Vergangenheit propagiert und auf den Markt geworfen werden. Wir nennen sie der Einfachheit halber die *Professionellen*. Einige davon werden sich auch selbst in ihrer Freizeit entsprechend kleiden und sei es nur, um bei der tatsächlichen oder potenziellen Kundschaft zu punkten. Andere wiederum, speziell Händler von Dingen, die nichts mit Kleidung zu tun haben, werden ihr Geschäft deutlich von ihrem Privatleben abgrenzen.

Gesellschaftlich gesehen bewegen wir uns hier fast ausnahmslos in der Mittelschicht, konkrete Beispiele aus dem Pool unserer Interviewpartnerinnen und Interviewpartner sind *Shona*, *James* und *Rob*.

Als Nächstes wäre die größte Gruppe zu nennen. Zu ihr gehören alle Menschen, die als regelmäßige Besucher von Veranstaltungen, vielleicht sogar als ‚Historisierer‘, die eigentliche Szene ausmachen und mit Leben füllen. Sie kleiden sich mehr oder weniger korrekt im Stil der Zeit und haben Spaß daran, die Musik, das Ambiente, die Stimmung zu genießen. Wie aus den Interviews zu erfahren war, spielen dabei aber auch eine Reihe von unterschiedlichen sozialen Beweggründen eine Rolle. Etwa das Empfinden, innerhalb der Gemeinschaft der Gleichgesinnten auf andere Umgangsformen zu stoßen; dann ist da natürlich das ‚Sehen-und-gesehen-werden‘ und der damit verbundene kommunikative Aspekt. Wer sich im Stil einer vergangenen Epoche kleidet, egal ob es sich um die 1920er-, 1930er-, 1940er-, 1950er-Jahre oder vielleicht sogar eine spätere Zeit handelt, der schafft damit automatisch unverfängliche Gesprächsthemen, die es bei solchen Begegnungen mit Gleichgesinnten erlauben, schnell Kontakt zu finden. Man kann sich zum Kennenlernen über die Herkunft der Garderobe unterhalten, über mögliche ähnliche, mit der jeweiligen Epoche verbundene künstlerische Interessen und so fort. Das gemeinsame Zelebrieren der Vergangenheit in einem räumlich und zeitlich klar begrenzten Feld verbindet natürlich und das über

Generationen hinweg. Wir nennen die Angehörigen dieser Gruppe hier die *Gestalter*, denn sie sind es im Wesentlichen, die das Leben innerhalb der Vintage-Bewegung tragen und die Szene durch ihre Anwesenheit und ihre Interessen am Leben erhalten. Hier finden sich Angehörige aller Altersgruppen, von Pensionären bis zu Kindern, die von ihren Eltern mitgenommen werden, insbesondere wenn es etwas Spannendes wie alte Züge oder Autos zu bestaunen gibt. Dabei werden die wenigsten Kinder ein ähnliches Interesse an den Events haben wie die Erwachsenen; trotzdem: Sie sind dabei und erfahren auf diese Art und Weise ein lebendiges, wenn auch recht buntes und nicht gerade authentisches Bild einer Zeit, die weit vor ihrer Geburt lag. Das Gros der *Gestalter* gehört allerdings der Generation der sogenannten *Babyboomer* an, d. h. es sind Menschen zwischen 40 und 55 Jahren. Hinsichtlich der Gesellschaftsstruktur sind die *Gestalter* überwiegend der Mittelschicht zuzurechnen, wie z. B. *Tracey* und *Paula*. Ebenfalls bei vielen Vintage-Veranstaltungen, aber auch im täglichen Straßenbild und bei anderen Gelegenheiten sind die Personen zu treffen, die die nächste Gruppe bilden: die *Fashionistas*. Meist sind dies eher junge Menschen, die sich aus modischen Gründen gelegentlich in einer Art und Weise herausputzen, die entweder echte Vintage-Anteile enthält oder aber Reproduktionen und von früheren Stilen inspirierte Stücke. Die Märkte der Vintage-Bewegung sind für sie ebenso ein mögliches Einkaufsziel wie *Secondhand*boutiquen. Sie sind gewissermaßen Mitläufer. Ihre Anregungen kommen aus der aktuellen Pop-Kultur von jenen Stars, die immer wieder auf ein Vintage-Styling zurückgreifen wie etwa die Sängerin *Lily Allen*. Dabei ist den *Fashionistas* völlig egal, ob die Dinge authentisch sind, aus welcher Zeit sie ursprünglich stammen und was in dieser Epoche geschehen ist. Viele werden sich gar nicht darüber im Klaren sein, dass es etwa Plateausohlen-Schuhe bereits in den vierziger und dann wieder in den siebziger Jahren gegeben hat. Sie werden sie für eine originäre Erfindung der Gegenwart halten, ebenso wie einige alte Stoffe, die mit Rosen bedruckt sind oder mit den berühmten *Polka-Dots*, die sie *per se* nicht allein für vintage, sondern auch für absolut authentisch ansehen, ungeachtet der jeweiligen Schnitte.

Die *Fashionistas* sind prinzipiell in allen Segmenten der Gesellschaft zu finden. Das Bewusstsein über Art und Herkunft bestimmter Kleidungsstücke dürfte allerdings innerhalb der sozialen Pyramide nach unten hin abnehmen. Es gibt außerdem jene sehr unterschiedlichen Personengruppen, die sich für Dinge begeistern, die nur bedingt eine Überlappung mit Elementen aus der Vergangenheit haben. Man könnte sagen, dass sie Vintage als Thema streifen und wir könnten sie, da gerade die Rede von Punkten war, die *Gestreiften* nennen. Aber das wäre vermutlich doch zu albern. Nennen wir sie daher besser die *Berührten*. Hierzu gehören etwa die Fans von *Cyber-* und *Steampunk* oder auch jene Personen, die *Burlesque* als eine künstlerische oder erotische Ausdrucksform für sich entdeckt haben, inklusive aller Überschneidungen, die sich hier wiederum zur sado-masochistisschen Szene ergeben. Während die meisten Formen von *Cyberpunk* durchaus intellektuell sind und eine bestimmte ästhetische Sensibilität voraussetzen, ist *Burlesque* vom Ursprung her eine Form des Amüsements, die vor allem die Mittel-, zum Teil aber auch die Unterschicht erreicht.

Schließlich sind da noch jene, die sich mit Symbolen der Vergangenheit ausstatten, die auf die Darstellung von zu Ikonen der *Popkultur* gewordenen Persönlichkeiten zurückgreifen, um damit eine Aussage über die Gegenwart und die eigene Person zu formulieren. All jene, die Taschen mit aufgedruckten Bildern von *Audrey Hepburn* oder *Marilyn Monroe* oder T-Shirts mit den Konterfeis von *James Dean* oder *Marlon Brando* tragen. Sie beschwören das Image dieser Personen und nehmen es gleichzeitig für sich selbst in Anspruch. Dieses Verhalten kann man – von den *Puristen* abgesehen – in allen der genannten Gruppen vereinzelt finden, aber es kann auch ganz für sich allein stehen und die einzige sichtbare Verbindung einer Person zur Vergangenheit bilden. Es spielt keine Rolle, ob die Eleganz von *Audrey Hepburn*, der *Sex-Appeal* von *Marilyn Monroe* oder *Marlene Dietrich* oder das Draufgängertum eines *Steve McQueen* oder anderer Leinwand-Heroen zitiert werden. Der dahinterstehende Gedanke ist jeweils gleich: Es geht unbewusst darum, diese Qualitäten auf die eigene Person zu übertragen. Die Stars vergangener Tage werden zu einer Art Totem, einem geistigen Begleiter, einem Schutzgeist, der die charakterlichen, körperlichen und/oder intellektuellen Vorzüge verkörpert, die man in der eigenen Person realisiert wissen möchte. Nennen wir diese Gruppe daher schlicht die *Totemisten*. Dabei sei darauf hingewiesen, dass das aus der Sprache der kanadischen Algonkin-Indianer stammende Wort rein gar nichts mit dem deutschen Substantiv Tod zu tun hat; und es liegt nur im Bezug auf den Vintage-Gedanken begründet, wenn hier im Kontext dieses Übertragungs-Phänomens Persönlichkeiten als Vorbilder angeführt werden, die bereits verstorben sind. Schließlich gibt es auch genug Menschen, die mit den Fotografien überaus lebendiger Stars wie *Madonna, Lady Gaga* oder *Justin Bieber* auf Kleidung oder Accessoires durch die Welt marschieren. Die *Totemisten* sind in jedem Fall eher jung und vermutlich häufiger in der Mittel- und Unterschicht zu finden. All diese Gruppen bilden gemeinsam die aktuelle Vintage-Szene. Grafisch gesehen, formen sie eine Folge ineinander versenkter konzentrischer Kreise, eine Art Zielscheibe: Ein kleines Universum, bei dem gewissermaßen jede Gruppe ihre eigene ‚Umlaufbahn‘ besitzt, die sich um das gemeinsame Zentrum, die Vergangenheit, bewegt. Bleiben wir noch einen Moment bei diesem vergleichenden Modell, das hier in einer bunten Version dargestellt wird, wobei die Größe der einzelnen Ringe in keiner Weise die reale Personenstärke der jeweiligen Gruppe widerspiegelt.

Puristen

Tüftler

Professionelle

Gestalter

Fashionistas

Berührte

Totemisten

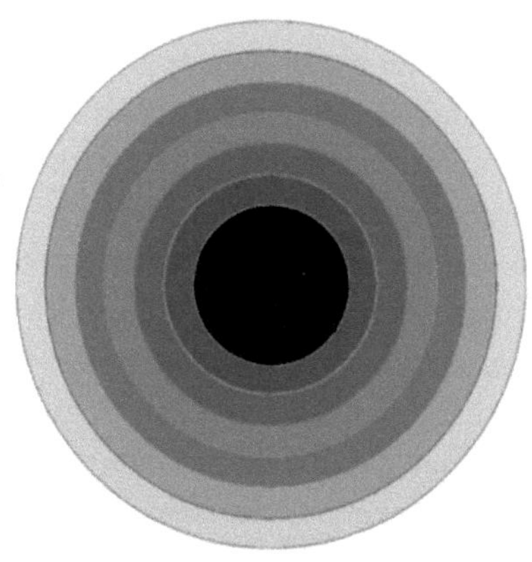

Die Entfernung der einzelnen Ringe zum Zentrum stellt – wenn auch hier nicht in einem korrekten, messbaren Verhältnis – gewissermaßen die geistige Entfernung zum eigentlichen Gegenstand dar. Man könnte auch sagen, sie stehen für Nähe im Sinne von Identifikation. Demzufolge befinden sich die *Puristen* direkt im Zentrum. Sie sind diejenigen, die ihr Leben oder doch zumindest einen großen Teil davon bewusst dieser Epoche verschrieben haben. Das macht sie, wenn man so will, zu deren Repräsentanten in der Gegenwart; es sind die Bewunderer und Bewahrer ihrer Werte und Kultur. Das gilt, wenn auch in wesentlich eingeschränkterem Maße, ebenfalls für die *Tüftler*. Ihre Beziehung zur Vergangenheit ist auch sehr innig, ist jedoch an einen Gegenstand gebunden, ein Automobil oder eine Lokomotive und sie widmen diesem Symbol des Vergangenen große Teile ihrer Freizeit. Damit ist ihr Vergangenheitserlebnis zwar sehr intensiv, jedoch in verschiedener Hinsicht eingeschränkter als das der *Puristen*. Ebenfalls primär materiell orientiert ist das Verhältnis der *Professionellen* zur Vergangenheit. Das soll nicht bedeuten, dass es nicht auch unter ihnen *Puristen* gibt – aber die befinden sich dann eben im Feld dieser Gruppe. Die *Gestalter* sind innerhalb der Vintage-Szene nicht nur die größte und heterogenste Gruppe, sie sind auch in mehrfacher Hinsicht die interessanteste. Sie stellen einerseits den Übergang dar von jenen, die eine starke persönliche Beziehung zur Vergangenheit an sich oder Teilen von ihr haben, zu jenen, die nur mehr oder minder einer eigenen Laune oder der der Mode oder den Ideen von Kreativen folgend bestimmte Motive aus der Vergangenheit aufnehmen, deren eigentliche Interessen aber nicht an eine vergangene Epoche gebunden sind. Zum anderen kann die Bezeichnung *Gestalter* nicht nur auf das äußere Auftreten der Menschen angewandt werden, die zu dieser Gruppe gehören. Ihre eigentliche kreative Leistung geht sehr viel weiter und ist von viel größerer Konsequenz: Sie sind diejenigen, die in der Tat Geschichte (um)gestalten. Oder präziser: Sie gestalten die Vorstellung der Öffentlichkeit von einem bestimmten Abschnitt der Geschichte, indem sie ihm durch ihre eigene Aufmachung, durch ihre persönliche Wahrnehmung und Interpretation der Geschichte und ihren Ausdruck in der Öffentlichkeit eine Lebendigkeit verleihen, die von Betrachtern leicht als Authentizität missverstanden werden kann. An dieser Stelle sei auch noch einmal auf die Aussagen und Einschätzung der von uns Befragten verwiesen, vor allem von *Dawn*, *Len* und *Ruth*, die dies explizit angesprochen und auch jeweils für sich selbst mehr oder minder kritisch gewertet haben. Die *Berührten*, die *Fashionistas* und die *Totemisten* hingegen haben keinen wirklichen Bezug und keine wirkliche Beziehung zur Vergangenheit. Die *Cyberpunks* propagieren die Vermischung vom Design überholter Technik mit dem bestehender oder futuristischer, aber es geht dabei nicht um die Vergangenheit, sondern um die Erschaffung einer Phantasiewelt. Das Interesse der *Burlesque*-Fans bezieht sich auf den Ausdruck bestimmter erotischer oder sexueller Phantasien, die zufällig mit Bildern, Gesten und Gegenständen einer bestimmten Epoche verbunden sind. Ihre Motivation ist daher eng verwandt mit der der *Totemisten*, die nach Symbolen für Eigenschaften suchen, die sie in oder auf sich selbst projizieren wollen, nach Vorbildern, von denen sie hoffen, ihnen mittels Abbildern nahekommen zu können. Auch das ist nicht an eine bestimmte Epoche gebunden. In einem Planetensystem wirken unterschiedliche physikalische Kräfte, die dessen Stabilität beeinflussen, die wichtigste davon ist die Gravitation. So erhebt sich nun die Frage, welche Kräfte auf das ‚System Vintage' einwirken. Wovon wird es zusammen und in Bewegung gehalten? Wird diese Bewegung sich beschleunigen und werden durch die daraus entstehenden Fliehkräfte früher oder später Teile des Systems verlorengehen? Wird es am Ende gar selbst völlig kollabieren und sich auflösen? Es ist schwer, hier verlässliche Prognosen anzustellen. Betrachten wir also etwas näher jene Kräfte, die hier eine Rolle spielen. Dies sind Mode, Markt und Postmoderne. Die Antwort auf die Frage, ob die Bewegung Bestand haben wird, hängt mit ihrer wahren Natur zusammen. Was ist die Vintage-Szene eigentlich? Ist sie eine Mode-Erscheinung oder ist sie vielleicht eine Subkultur? Auch das werden wir herausfinden.

Doch beginnen wir erst einmal damit, uns näher mit den drei sozio-kulturellen Phänomenen zu beschäftigen, die den Vintage-Kosmos zusammenhalten.

2. Mode, Markt und Postmoderne –
Zur ‚Physik‘ der Vintage-Bewegung

Nichts kommt von ungefähr, auch und erst recht nicht eine so bedeutende und starke Bewegung wie die Vintage-Szene. In der Beschreibung jener Einflüsse, die zu ihrem Entstehen und zu ihrem Bestehen beigetragen haben und beitragen, wurde bereits angedeutet, dass es natürlich gute Gründe dafür gibt, warum sie zu dem geworden ist, was wir heute vorfinden und warum sie gerade zu dem Zeitpunkt aufkam, an dem sie nun eben entstanden ist. Hier spielen Einflüsse eine Rolle, die zum Teil rein ökonomisch sind, wie etwa die Märkte, die wiederum in einer komplexen Wechselwirkung funktionieren mit primär kulturellen Erscheinungen, die aufgrund dieser Beziehung auch ihre ökonomische Macht entfalten können, wie etwa die Mode(n).

Beides gab es jedoch schon lange vor dem Aufkommen dieses spezifischen Interesses an der Vergangenheit in jener Ausprägung, die wir nun als Vintage-Bewegung bezeichnen. Die dritte, speziell hinsichtlich des Entstehens der Szene historische Komponente stellt das dar, was man mit dem vor allem in den 1970er-Jahren sehr beliebten Begriff *Zeitgeist* versieht: Die soziokulturelle Verfassung, gewissermaßen die Atmosphäre oder ‚geistige Großwetterlage‘ einer Zeit. In unserem Fall handelt es sich dabei um das mitunter gespenstisch anmutende Konstrukt, dem man die Bezeichnung *Postmoderne* gegeben hat. Ihm wollen wir zunächst unsere Aufmerksamkeit zuwenden.

2.1 Aspekte der Postmoderne –
Die Geschichte als Baukasten

Wer die Postmoderne nicht nur betrachten, sondern auch verstehen will, der muss sich zunächst einmal mit dem Begriff der *Moderne* und seinen Inhalten auseinandersetzen. Denn die *Postmoderne* ist nur verständlich aus ihrem Bezug zur Epoche davor, zu bestimmten Teilen der Geschichte – und sie wird nicht zuletzt geprägt von ihrem Umgang mit der Geschichte.

Die *Moderne* wiederum ist nicht zu verstehen ohne die philosophische Epoche der Aufklärung, die im 17. und 18. Jahrhundert das Leben in Europa und Nordamerika bestimmte. Sie bedeutete, auf wenige Schlagworte verkürzt, die Hinwendung zum Prinzip der Vernunft und zur Erkenntnis, also eine Abwendung von allem Metaphysischen. Was nicht sinnlich wahrgenommen oder durch logische Schlüsse belegt werden konnte, wurde irrelevant für die Betrachtung der Welt. Diesen hohen Ansprüchen folgend, rückte die Erkenntnistheorie als Plattform der Auseinandersetzung mit der Fähigkeit des Menschen, vermittels seiner Sinne und seines Verstandes Realität zu erfassen und zu definieren, in den Mittelpunkt des philosophischen Interesses. Dies bedeutete in jeder Weise eine Hinwendung zur materiellen Seite der Welt und gab damit den Wissenschaften, aber auch der Kunst und der Wirtschaft völlig neue Impulse.

Die Revolutionen im 18. Jahrhundert wären ohne die Aufklärung so nicht denkbar gewesen. Das gilt in gleicher Weise für die politischen Umwälzungen, allen voran die Französische Revolution, wie auch für die Industrielle Revolution, mit der der Grundstein für Massenproduktion und damit für unser heutiges Wirtschaftssystem gelegt wurde. Es ist leicht nachvollziehbar, dass sich die Moderne auf unterschiedlichen soziokulturellen Gebieten zu unterschiedlichen Zeiten durchsetzte. Als eine geistige Reformbewegung durchdrang sie die einzelnen Lebensbereiche nicht alle im gleichen Tempo. Was die Wirtschaft betrifft, so kam sie langsam in Fahrt und erreichte ihre volle Durchschlagskraft in der Perfektionierung der Massenfabrikation in den Vereinigten Staaten zu Beginn des 20. Jahrhunderts, die unter dem Begriff *Fordismus*[58] in die Geschichte eingegangen ist.

In der Bildenden Kunst und der Literatur vollzog sich der Bruch mit den Traditionen ebenfalls unterschiedlich schnell; der Schock des Ersten Weltkriegs beschleunigte den Vorgang ebenso wie das Aufkommen eines völlig neuen Mediums, des Films, im frühen 20. Jahrhundert. Die wirtschaftlichen Entwicklungen führten zu gravierenden Veränderungen in der Struktur der Gesellschaft, die wiederum soziale Probleme aufwarfen, denen man zu begegnen suchte. So musste in den entstehenden industriellen Ballungsräumen schnell günstiger Wohnraum für die immer rascher ansteigende Zahl der Arbeiter geschaffen werden und es mussten die sich weitenden Märkte natürlich mit neuen Produkten versorgt werden. Architektur und Design nahmen sich dieser Herausforderungen an. Die beiden Weltkriege verursachten einerseits große Erschütterungen in der Entwicklung. Die von ihnen verursachte Zerstörung jedoch funktionierte auch als Triebfeder für sie, man denke nur an das deutsche *Wirtschaftswunder*. Ab den 1960er-Jahren wurden die Zeichen für eine Veränderung immer sichtbarer. Im bereits deutlich angeschlagenen, mehr und mehr von der Entwicklung überholten *Fordismus*, der global im Wesentlichen auf der Ausbeutung natürlicher Ressourcen und der physischen Arbeitskraft der Menschen beruhte, erschien schließlich 1972 die Studie *Die Grenzen des Wachstums*, mit dem die Wirtschafts- und Gesellschaftstheoretiker des *Club of Rome* ein Menetekel zukünftiger ökonomischer Entwicklung kreiert hatten. Es wies in deutlicher Sprache auf die Begrenztheit der für die Industrie nötigen Rohstoffe hin. Damit rückte die Bedeutung der ‚Ressource Mensch' in den Fokus der Aufmerksamkeit und die bereits begonnene Entwicklung hin zu einer Dienstleistungsgesellschaft erhielt zusätzlichen Schwung. Der *Fordismus* geriet endgültig in eine Krise, die sich in den Industrienationen nicht zuletzt in heftigen Arbeitskämpfen bemerkbar machte. Damit wurde der

Weg geebnet für neue Doktrin, deren Ideen auch wieder aus der Automobilproduktion stammten, diesmal jedoch nicht aus den Vereinigten Staaten kamen, sondern aus Japan: der *Toyotismus*[59], heute besser bekannt als *Post-Fordismus*. Es wird nun gewiss nicht überraschen, dass der *Post-Fordismus* für die Postmoderne das ist, was der *Fordismus* für die Moderne war. Doch die Postmoderne ist, ebenso wie die Moderne, nicht ein auf die Wirtschaft beschränktes, sondern ein allgemeines sozio-kulturelles Phänomen. Wie die Moderne auch, hat sie alle Bereiche des Lebens erfasst, allerdings natürlich ebenfalls in unterschiedlichen Geschwindigkeiten. Der Begriff *postmodern* taucht zum ersten Mal in den 1960er-Jahren in Zusammenhang mit Architektur auf und tatsächlich wird sie am stärksten in kulturellen Zusammenhängen wahrgenommen und diskutiert. Der italienische Schriftsteller *Umberto Eco*, einer der führenden Denker und Autoren der Postmoderne, sagt von ihr, sie sei keine Epoche, sondern eher eine Geisteshaltung[60]. Sie ist geprägt von der Wirklichkeit der westlichen Industrienationen während der letzten 40 bis 50 Jahre, ihren Entwicklungen und Erscheinungen, speziell von der Evolution der Medien- und Informationsgesellschaft und der Digitalen Revolution.

„Living in the Past": Die Vergangenheit bietet Versatzstücke für die Konstruktion des modernen Lebens.

In mancherlei Hinsicht erscheint die Postmoderne als Gegenbewegung zur Moderne und damit zur Aufklärung, zur Vernunft. Doch diese Abkehr vom Prinzip der Vernunft bedeutet weder eine Renaissance des Metaphysischen, noch eine Hinwendung zur Emotion, sondern schlicht eine Öffnung hin zur ‚Unvernunft‘, fort vom Konkreten, hin zum Vagen, Ungreifbaren, Unverbindlichen, das aus allen Quellen gespeist und in jeder denkbaren Form konstruiert werden kann. Hatte die Aufklärung versucht, die Welt zu verstehen, zu definieren und damit zu verfestigen, so gilt das Interesse der Postmoderne der Beliebigkeit, der Fähigkeit zur Mutation. Wo die Moderne klare Schaltpläne entwarf, bietet die Postmoderne Kaleidoskope, deren einzelne Bestandteile sich in- und gegeneinander verschieben lassen. Die Veränderlichkeit selbst wird zu einem der wichtigsten Werte stilisiert: ‚Nix is' fix!‘ lautet das Motto und es gilt schlichtweg für alle Bereiche des Lebens. Das gesamte Leben wird zu einem permanenten Projekt: „Der *Umgang mit Unsicherheit und Risiko, mit Ambivalenz und Unübersichtlichkeit* wird so zu einer für die Postmoderne typischen Herausforderung.“[61] In den Künsten werden postmoderne Grundsätze besonders deutlich. Der wichtigste davon ist das Zitat – oder, wenn man so will: die Wiederholung, die Kopie. Es scheint Konsens darüber zu herrschen, dass mit dem Ende der Moderne auch das Ende des Originären erreicht wurde. Natürlich basierten alle literarischen, künstlerischen, musikalischen und sonstigen Stile stets auf der Erfahrung des bis dahin Bestehenden, dem dann ein neuer Aspekt, ein kreativer Impuls hinzugefügt wurde, um etwas Neues zu schaffen. Das ‚Neue‘ der Postmoderne ist erklärtermaßen das Alte. Der zusätzliche Impuls bleibt aus, stattdessen wird die gesamte Vergangenheit, also die (Kunst- und Kultur-)Geschichte als Baukasten begriffen, aus dem mehr oder minder wahllos zitiert wird. Bereits bekannte Formen und Motive werden so zu etwas zusammengesetzt, das nicht neu ist, sondern nur anders. In Bildender Kunst und Literatur, aber auch in Film und Theater zeigt sich außerdem ein deutlicher Trend zu Anleihen bei der aktuellen Popkultur oder der früherer Zeiten. Die postmoderne Literatur ist nicht mehr erzählend, sondern hauptsächlich beschreibend. Sie ist meist emotional distanziert und spielt unbefangen mit der Geschichte. Ein geradezu klassisches Beispiel etwa ist der Bestseller *Die letzte Welt* von *Christoph Ransmayr*[62]. Er bezieht sich auf das klassische Werk *Metamorphosen* des römischen Dichters *Ovid*. Die Handlung spielt in einer ‚Phantasie-Antike‘, in der u. a. moderne Medien wie das Kino auftauchen und ist durchdrungen von der Idee der Transformation. Die Darstellung erinnert an den Blick aus dem Fenster eines fahrenden Zugs: alles rauscht vorbei. Es gibt keine Emotion, die Möglichkeit zur Identifikation bieten könnte, denn das würde eine Fixierung bedeuten und dem Prinzip der Wandelbarkeit zuwiderlaufen, das in allen Lebensbereichen zur Maxime geworden ist – mit allen positiven und negativen Konsequenzen. „Alltägliche Prozesse der Lebensbewältigung werden komplexer und stressreicher. Mehr denn je werden Flexibilität, Verfügbarkeit und lebenslange Lernprozesse in allen

Lebensbereichen gefordert. Einerseits entwickeln sich neue Chancen des Erwerbs von Qualifikationen, des Wechsels von Arbeitsplätzen und -orten, für neue Erfahrungen mit sich und anderen in der Arbeit. Andererseits wachsen Leistungs-, Kosten- und Preisdruck im internationalen Wettbewerb, die Konkurrenz um weniger Arbeitsplätze, die Belastungen am Arbeitsplatz, die Angst um seinen Verlust. In vielen Ländern gibt es ein relativ hohes Niveau dauerhafter Arbeitslosigkeit und erzwungener Mobilität, die soziale Zusammenhänge gefährdet. Zugleich werden die Lebensarbeitszeit länger und die Renten unsicherer."[63] Doch nicht nur die Renten werden in der postmodernen Zeit immer unsicherer. Die Auflösung erfasst alle Aspekte der Kultur, das Private ebenso wie den beruflichen Sektor: „Es kommt zu Diskontinuitäten, zur Fragmentierung und Zerstreuung von bisher geltenden, ordnenden ‚Selbstverständlichkeiten' in allen Bereichen des Lebens. Gemein ist diesen Entwicklungen Ambivalenz und Widersprüchlichkeit."[64] Jede und jeder muss einen eigenen Weg finden, damit umzugehen. Die Rezepte sind individuell verschieden und je jünger die Menschen sind, je weniger sie über Erinnerungen an Alternativen verfügen, desto selbstverständlicher nehmen sie die Dinge hin, wie sie sich ihnen darstellen und entwickeln ihre persönlichen Überlebensstrategien. Diese bestehen meist in einer Variante des ‚mit dem Strom Schwimmens': um den gesellschaftlichen Anforderungen allgemeiner Beweglichkeit zu genügen, wird auf die Bildung einer gefestigten Persönlichkeit verzichtet. An ihre Stelle treten Images, die mit den

Marken verbunden sind, mit denen man sich umgibt wie mit einem Außenskelett. Es ist letztlich der Konsum, der diese Konstrukte formt und zusammenhält und ihnen die Möglichkeit schneller Veränderung und Anpassung gibt. Die *Postmoderne* ist ein Gesellschaftszustand, indem die perfekten Konsumenten in den nächsten Zustand mutieren und selbst zu Produkten werden. Mit der ständigen Verfügbarkeit von Informationen und dem Wissen um den Wert des Menschen als Träger kreativen Potenzials wird er selbst zum allzeit an- und abrufbereiten Produkt, zur Ware, deren Wert sich im Beruf wie im Privatleben durch den Grad ihrer Vernetzung bestimmt. Der ständige Austausch von Informationen wird zu einem unumgänglichen Zwang, um den eigenen Wert zu überprüfen und zu erhalten. Die Älteren stehen diesen Entwicklungen mit Kopfschütteln gegenüber. Es sind vor allem die sogenannten *Babyboomer* der späten fünfziger und der sechsiger Jahre. Sie haben nun ein Alter erreicht, dass sie bei einem vorzeitigen Ausscheiden aus dem Erwerbsleben in starkem Maße der Gefahr aussetzt, keine neue Anstellung mehr zu finden. Zu dieser Bedrohung kommt der zunehmende Umgang mit jenen Vertreterinnen und Vertretern der nach-folgenden Generationen, die in völlig anderen Zu-sammenhängen und vor dem Hintergrund völlig an-derer Werte denken und handeln. Man könnte auch sagen, die heutigen Mittvierziger und Älteren erleben sich mehr und mehr in einem Umfeld, das ihnen fremd ist. Sie erinnern sich an andere Zeiten, wissen deren Werte und ihren Wert zu schätzen und müssen nun erleben, wie Dinge, die ihnen wichtig waren und zumindest zum Teil noch sind, missachtet und ohne den Ansatz einer Würdigung beiseite geräumt werden, um für etwas Platz zu machen, das sie in weiten Teilen als überaus zynisch und verunsichernd empfinden. Wobei diese Entwicklung sich immer weiter zu verschärfen scheint – ihr Gefühl sagt ihnen, es wird immer schlimmer und ihr Verstand findet nicht genügend Argumente, dem zu widersprechen. Die Zukunft scheint für sie weitgehend verloren, die Gegenwart ist die beängstigende Vorstufe zu dem, was kommen wird. So bleibt als einziger Ort des Rückzugs, der Sicherheit und Vernunft in diesem sich ausbreitenden Chaos die Vergangenheit. Ein Ziel, das umso näher liegt für Menschen, die – wie wir es über die Engländer erfahren haben – ohnehin eine sehr innige und starke Beziehung zu ihrer Geschichte haben. Dabei ist es durchaus nicht gleichgültig, welche Epoche auf dieser Flucht vor der Postmoderne die bevorzugte ist. Die dreißiger und vor allem die vierziger Jahre bieten sich hier an. Sie sind weit genug von der persönlich Historie entfernt, um ohne Einschränkung durch eigenes Erleben und das daraus resultierende Bewusstsein, dass doch nicht alles zu dieser Zeit nur schön war, als Projektionsfläche für jenes bereits beschriebene *Heimweh* zu dienen, das immer nach einem selbst geschaffenen Ideal und nicht nach geschichtlicher Realität verlangt. Gerade eine andere Epoche massiver Unsicherheit und Bedrohung, in der aber vermeintlich all die heute vermissten Werte nicht nur existierten, sondern das (Über)Leben der Menschen bestimmten und sicher-

Ein Blick ins Café Sorgenfrei in Berlin aus dem Jahr 2011:
Jugendstilkacheln und 1950er-Jahre-Möbel in postmoderner Eintracht.

ten, ist dazu angetan, die erhoffte Sicherheit, die gewünschte Bestätigung und Beruhigung zu vermitteln. Hier ist das Leben geordnet, es folgt klar definierten Regeln und die Menschen rücken näher zusammen, um die großen gemeinsamen Aufgaben zu lösen, anstatt sich zu vereinzeln. Hier herrscht nicht postmoderne Egozentrik, sondern Gemeinschaftssinn, hier werden Menschen als Persönlichkeiten geschätzt und geachtet. Das ist der Motivationshintergrund, vor dem sich jene größte und bedeutendste Gruppe der englischen Vintage-Bewegung, die wir als die *Gestalter* bezeichnet haben, engagiert und in Szene setzt. Und tatsächlich geht es genau darum: um die gemeinsame Gestaltung der Illusion einer Vergangenheit, die so niemals existierte. Paradoxer- und ironischerweise ist gerade der Gedanke, vor der postmodernen Gegenwart mit all ihren als bedrohlich empfundenen Auswüchsen in eine imaginäre Vergangenheit zu fliehen, eine durch und durch postmodern erscheinende Idee. Doch wir haben gesehen, dass es ähnliche Ansätze schon zu anderen Zeiten und dann bezogen auf andere Epochen gegeben hat. Dabei kann zumindest für einige ein ähnlicher emotionaler Hintergrund festgestellt werden. Zu Zeiten *Königin Victorias* waren die Engländer geradezu verrückt nach allem, was ihrer Vorstellung vom Mittelalter nahekam – eine Reaktion auf die Umwälzungen der Industriellen Revolution, die das soziale Gefüge veränderte und große Verunsicherung in der Bevölkerung auslöste. Das Digitale Zeitalter, das sich seit den 1990er-Jahren erst massiv und – wie wir inzwischen sehen – überaus nachhaltig entfaltet hat, mag von vielen Menschen ähnlich wahrgenommen werden. Einschätzungen, wie sie unsere beiden Interviewpartnerinnen *Tracey* und *Paula* über die Vintage-Szene abgegeben haben, sind mit größter Wahrscheinlichkeit in mehrfacher Hinsicht typisch. Die Beobachtung, dass die Menschen bei *Szene*-Events bessere Umgangsformen zeigen und der Umgang untereinander dort schlicht angenehmer ist als an den meisten anderen Orten heutzutage, ist zum einen sicherlich zutreffend und zum anderen mit größter Wahrscheinlichkeit ein sehr wichtiger Anreiz für Menschen dieser Generation, sich der Bewegung zu öffnen, an ihr teilzuhaben. Teilhabe bedeutet hier für die oder den Einzelnen einen zeitweiligen Rückzug in eine vorgestellte ‚gute alte Zeit‘ und hinsichtlich der Situation die Übernahme einer Position in einer Art Rollenspiel. Je nachdem, wie weit das Wissen über die Zeit und die Identifikation mit ihr reicht, heißt das, sich entweder in ihrem Stil zu kleiden, zurechtzumachen und sich wirklich als eine Person dieser Zeit zu *fühlen* oder sich mehr oder weniger aufwendig und mit größerem oder geringerem Verständnis für Details zu verkleiden.

Die *Gestalter* der Vintage-Bewegung sind Menschen, für die aufgrund ihres Alters und ihrer Sozialisation der Begriff Interaktion noch reales Beisammensein, wirkliche physische Nähe und direkte Kommunikation von Angesicht zu Angesicht bedeutet. Auch das mag zumindest teilweise eine Gegenreaktion gegen die zunehmende Dominanz der virtuellen Welt sein. Was die Veranstaltungen für diese Generation so interessant macht, lässt sie z. B. für deren Enkel eher langweilig erscheinen. Wenn diese Betrachtungen, die zwar wohlbegründete Schlussfolgerungen unserer Recherchen, jedoch trotzdem nur Spekulationen sind, so zutreffen, dann kann der Zeitpunkt für das Ende der Vintage-Bewegung relativ konkret vorausgesagt werden. Er wird dann kommen, wenn die Angehörigen der bereits erwähnten Babyboomer-Generation sich im Ruhestand etabliert haben werden, wenn das Bedürfnis nach einem Ausgleich zu ihrem post-modernen, als stressig und bedrohlich empfundenen Arbeitsleben nicht mehr vorhanden ist, wenn sich die Anspannung in ihnen löst und sie ihre aktive Rolle in der Gesellschaft nach Wunsch aufgeben können. Natürlich wird auch dann bei vielen noch immer das Interesse an der Vergangenheit bestehen, sie werden noch immer die Musik, die Filme, den Flair der dreißiger und vierziger Jahre, ihre Mode und ihr Design lieben. Doch der Druck des Alltags wird zumindest nachlassen und damit wird auch das Bedürfnis schwinden, sich in einer Gegenwelt zur Postmoderne zu bewegen – und das ‚Sich-Bewegen‘ an sich wird früher oder später beschwerlicher werden und damit zum Beispiel auch die Freude am Tanz und den Spaß an der Musik verändern. Oder vielleicht auch nicht. Mag sein, dass die *Babyboomer* als Senioren sich erst recht und mit wesentlich entspannterer Haltung in die Vintage-Kleidung stürzen und sich unter den *Gestaltern* eine ähnlich ausgeprägte Hobby-Haltung durchsetzt wie unter den *Tüftlern*, wodurch sie ebenso fest der Vergangenheit verbunden bleiben werden wie diese. Doch dann wird die Bewegung zu einer Seniorenveranstaltung werden, dem Schicksal der Überalterung anheimfallen und schließlich mit ihren Protagonisten langsam aussterben. Eines ist in jedem Fall klar: Die *Puristen* und die *Tüftler* werden auch ohne eine Vintage-Szene ihre Begeisterung für die Vergangenheit in der ihnen eigenen Art weiter ausleben. Ebenso verlässlich kann schon jetzt prophezeit werden, dass sich bei einer Verkleinerung der Bewegung und erst recht bei ihrem Ende die *Professionellen* in ähnlichem Maße umorientieren werden wie die *Fashionistas* und die *Totemisten*. Die *Berührten* werden sein, was sie schon heute sind und tun, was sie schon heute tun, mit dem gleichen geringen Anteil an Überschneidungen mit der Vergangenheit. So hängt letztlich die Antwort auf die Frage nach dem Fortbestand der Vintage-Szene wesentlich vom Verhalten der *Gestalter* ab. Schon jetzt sind deutliche Anzeichen zu erkennen, die auf eine Veränderung hindeuten. Die Kommerzialisierung des Vintage-Phänomens nagt letztlich an dessen Glamour und reduziert seine Attraktivität. Es bedeutet mehr und mehr den Einbruch der Gegenwart in die als Schutzraum empfundene Sphäre der weitgehend von ihren Protagonisten selbst gestalteten Interpretation der Vergangenheit. Damit werden sie genau von dem eingeholt, vor dem sie eigentlich Zuflucht gesucht haben. Das bringt uns zurück zu den ‚kommerziellen Gravitationskräften‘, die auf die Szene einwirken: Mode und Markt.

2.2 Gesetze der Mode –
Leben zwischen Zugehörigkeit und Abgrenzung

Mode ist ein Phänomen, das, wie es der Kölner Soziologe René König formuliert, „den ganzen Menschen erfasst"[65]. Das bedeutet nichts anderes, als dass Mode nicht nur auf Kleidung beschränkt ist, auch wenn das vermutlich noch immer der erste Gedanke ist, der den meisten Menschen zu dem Stichwort einfällt. In allen Bereichen menschlichen Zusammenlebens lassen sich Moden identifizieren. Das gilt natürlich für die Wirtschaft, aber auch für Politik und Wissenschaft – kurz gesagt: Moden sind immanenter Bestandteil kulturellen Verhaltens, zumindest in modernen Industriegesellschaften. Denn Moden setzen – im Konsumbereich – die Möglichkeit zur massenhaften Produktion voraus; in allen anderen Bereichen benötigen sie ein tragfähiges Kommunikationssystem, um sich verbreiten zu können. Trotz der Bedeutung, die der Mode in unserer Kultur zukommt, ist sie vergleichsweise wenig zum Gegenstand wissenschaftlicher Forschung geworden. Mag sein, es liegt eben an diesem gedanklichen Kurzschluss zur Bekleidung und daran, dass deren modische Veränderungen mit dem Ruch des Oberflächlichen und Banalen versehen sind.
Eines der besten Bücher zum Thema ist unseres Erachtens noch immer das zuerst 1899 veröffentlichte *Theory of the Leisure Class*[66] (in Deutsch erschienen als *Die Theorie der feinen Leute*) des aus Norwegen stammenden Amerikaners *Thorstein Veblen*. Er beschreibt darin nicht nur u. a. den

wichtigsten Mechanismus, der hinter dem ‚Phänomen Mode' steht: Den Wunsch, sich zu positionieren, also sich als einer Gruppe zugehörig darzustellen und damit automatisch gegen alle anderen abzugrenzen. *Veblen* erklärt, welche sozialen Mechanismen diese Form demonstrativen Konsums[67] antreiben und welche Bedeutung dies für die Wirtschaft hat, wie Klassenunterschiede realisiert und zu einem Antrieb für das System werden. Dies erklärt das Funktionsprinzip jener Wellenbewegungen, in denen Moden auftreten: Zunächst wird eine Mode von einigen wenigen angestoßen. Das sind jene Figuren, die man als ‚modische Vorreiter' bezeichnen kann. Sie sind als Meinungsführer in dem jeweiligen Kontext bekannt und akzeptiert, sie formen gewissermaßen die jeweilige Avantgarde. Ihr Tun wird beobachtet und die Kunde davon wird weitergegeben. Es wird dann von ihren Anhängern kopiert; damit beginnt sich die Welle zu verbreiten und immer weitere Kreise der Bevölkerung zu erreichen. Auf diesem Weg in und durch die Öffentlichkeit erfährt die ursprüngliche Idee jedoch Veränderungen und Variationen, da der Geschmack und die sonstigen Vorstellungen der Majorität nur bedingt mit denen der Vorbilder übereinstimmen. Es findet also eine Anpassung statt, die in der Regel als eine Verwässerung wahrgenommen wird. Somit fühlen sich die Mitglieder der Avantgarde verpflichtet, sich von diesem Ergebnis zu distanzieren – erstens, da die massenhafte Kopie nicht mehr ihrem Original entspricht, zweitens, da sie ihren Status als Gruppe nur durch Abgrenzung von der Mehrheit verteidigen können. Also entwickelt sich bereits die nächste Welle, während die vorhergehende sich ausbreitet. Die Geschwindigkeit, mit der dieser Mechanismus funktioniert, hängt nicht zuletzt von der Verfügbarkeit entsprechender Massenkommunikationsmittel und von der Relevanz des modischen Gegenstands an sich ab. Nun werden nicht alle Menschen in immer gleicher Weise von den verschiedenen Moden auf ganz unterschiedlichen Gebieten berührt und ihre Möglichkeit zu modischem Verhalten ist prinzipiell sehr verschieden. Manche Moden sind subtil und auf kleinere Gruppen beschränkt, andere mehr oder weniger unausweichlich. Wenn sich z. B. im Design-Bereich bestimmte Farben oder Farbkombinationen etablieren, ist es fast unmöglich, sich dem noch zu entziehen. Der Unterschied zwischen Moden und Stilen besteht darin, dass ein Stil einen länger währenden und stärker prägenden Einfluss ausübt. Im Bereich der Bekleidung heißt das, dass ein Stil wie etwa Art Déco über Jahre und Jahrzehnte besteht und somit diverse Kleidermoden inspiriert, darüber hinaus aber auch diverse andere Lebensbereiche durch eine Interpretation der Grundideen im Design prägt: Möbel, Gebrauchsgegenstände, Architektur etc.

Mode im Zusammenhang mit Design hat immer schon von Zitaten gelebt. Die Silhouetten von Kleidern, Formen von Kragen oder Ärmeln, Farben und Druckmotive sind meist inspiriert durch Stücke früherer Epochen. In der Postmoderne, die das Zitat zum wesentlichen und universellen Gestaltungsprinzip erklärt hat, wird dieses Phänomen logischerweise auf die Spitze getrieben. Gleichzeitig gibt sie der Oberfläche und damit insbesondere auch der Kleidung durch die enorme Relevanz von Marken als sozialer Aussage in einer kommerzialisierten Gesellschaft eine neue und wachsende Bedeutung:

„Die Metaphern ‚Oberfläche‘, ‚Formen‘ (statt Inhalte) und ‚Stile‘ (statt Wesen) sind keine philosophischen Dünnbrettbohrer und Schimpfworte mehr, was wirklich zählt, ist das Design. Das ontologische Bedürfnis nach ‚Tiefsinn‘, das sich stets dem Wesenhaften nahe wähnt, wird aufgeweicht. [...] Was den jungen Menschen ausmacht, liegt demnach eben nicht nur ‚tief innen‘, in seiner Kraft spendenden und das Gewissen reinigenden Lebensaskese, in seiner verborgenen, oftmals latent bleibenden Gesinnung, in seinem guten Charakter, in seiner kantigen Moralität, sondern tritt auch an der ‚Oberfläche‘ offen zutage: das sichtbar Tiefste am jugendlichen Menschen ist seine – über gepflegtes Outfit, Musik und Mode inszenierte – Oberflächen-Selbstdarstellung, -stilisierung, -reflexivität und -kostümierung, sein attraktives Aussehen, seine gute Figur, seine erotische Ausstrahlung, seine ‚geile‘ Kleidung, seine ‚witzigen‘ Schuhe, seine ‚wilde‘ Frisur, sein ‚ansprechendes‘ Duftwasser, sein geschminkter Lidschatten, seine ‚pittoresken‘ Accessoires, sein Drink, sein Flanieren im Kaufhaus, in der Universität etc., die ihn – paradoxerweise genug – vor ‚tieferen‘ Einblicknahmen voyeuristischer Beobachter und gezielten [...] Maßnahmen und Interventionen schützt [...]. Das Outfit ist so gesehen nicht nur Hülle, sondern ‚Lebens-Design‘, ‚zweite Haut‘, ist bewußter Ausdruck des Lebensstils und Stärkung der Persönlichkeit und ermöglicht, den süßen Rahm des jugendlichen Lebens auszuschöpfen."[68] Das Leben in der postmodernen Gesellschaft hat sich, insbesondere für jüngere Menschen, gegenüber der Moderne stark verändert. Der Begriff des *Lebensstils* nimmt eine zentrale Rolle ein, wobei dessen Inhalte stark mit bestimmtem Konsumverhalten und damit auch mit der Selbstinszenierung über spezielle Marken verbunden sind. Die Tatsache, dass sich die Vintage-Bewegung immer mehr ausgedehnt hat und so zu einer immer stärkeren Präsenz innerhalb des Alltagserlebens gelangt ist, hat auch ein neues Interesse an den modischen Erscheinungen ihrer bevorzugten Epoche aufkommen lassen. Die Schnitte, die Farben und bestimmte Designs der dreißiger und vierziger Jahre, die Accessoires dieser Zeit wie Hüte oder Sonnenbrillen, die in erstklassig ausgestatteten Fernsehserien wie *Poirot* zu sehen sind, haben immer mehr Aufmerksamkeit gefunden. Wenn Popstars wie *Lily Allen*, die als modische Vorbilder gelten, einen solchen Trend aufgreifen, wird damit eine Welle an Nachahmungen provoziert. Das heißt mit anderen Worten: Es wird eine Nachfrage geschaffen, die erstens über die noch verfügbaren Originale ohnehin nicht mehr zu befriedigen wäre, die sich zweitens tatsächlich auf Nachahmung bezieht und nicht auf stilistisch korrektes Nachempfinden oder eine Nachschöpfung. Das Kleidungsverhalten von Jugendlichen strebt nicht nach Perfektion, sondern nach Akzeptanz innerhalb der von ihnen bevorzugten Gruppen, nach leicht einzuordnenden, von den anderen zu verstehenden Zeichen, die möglichst auf den ersten Blick Zugehörigkeit signalisieren. „Die (...) mit einem postmodernen Habitus bzw. Existenz-Design ausgestatteten Jugendlichen bilden eine quasi virtuelle ‚multiple Identität' aus, d. h., daß ihre Zeichen, Symbole und Verweisungen aus einer Kombination ironisch gebrochener Stil-Zitate vergangener Moden stammen."[69] Daher ist es auch für jüngere Frauen in der Vintage-Szene oftmals kein Problem, sich perfekt und sogar glamourös im Stil der 1930er-Jahre zurechtzumachen und zu kleiden und dabei an Armen und/oder Beinen großflächige Tätowierungen zu entblößen. Was den *Puristen* einen Schauer über den Rücken jagt, ist hier einfach das Mit- und Nebeneinander verschiedener Aussagen, die durchaus zusammen einen Sinn ergeben können: Ich fühle mich in dieser Szene wohl, aber ich bin eine Frau von heute, egal wie ich mich gerade kleide. Die Vintage-Mode im Sinne einer Kleidermode ist, das darf man nicht übersehen, auf postmoderne Art oberflächlich. Sie zitiert und verweist auf eine bestimmte Zeit, ohne allerdings diese Zeit selbst als historische Epoche in der Summe ihrer Fakten wahr- und ernst zu nehmen. Sie ist reduziert auf Bilder, die schlicht auf moderne Oberflächen projiziert werden. Und als Projektion kann sie nur eine Illusion ohne Anspruch auf Substanz sein. Wenn inzwischen der bloße Anblick eines Rosenmusters auf einem Kleiderstoff, der einer Frau in einem Kostüm oder eines Mannes im Anzug mit Krawatte automatisch die Assoziation „vintage" bei den meisten Menschen auslöst, dann gibt das ein überzeugendes Beispiel für die Oberflächlichkeit des damit verbundenen Weltverständnisses. So sehr wie die Vintage-Bewe-gung für die mittlere Generation, für die *Babyboomer,* von inhaltlicher Relevanz ist, so wenig ist die Mode, die vor allem die jüngere Generation mit der Szene verbindet, mit Inhalten irgendwelcher Art verbunden. Die bloße, offensichtlich sehr leicht über visuelle Reize herzustellende Anmutung „vintage" reicht bereits, um den Zweck zu erfüllen. Es geht um dieses Adjektiv, das ein Versatzstück unter vielen ist, aus denen die zeitlich begrenzte Idee einer Identität geschaffen wird. Ihre Halbwertzeit endet in dem Moment, in dem die Aussage innerhalb der Bezugs-gruppe an Bedeutung verliert, weil sie durch etwas anderes ersetzt wird. Das können ebenso Militaria sein wie die Overalls von Rennfahrern, je nachdem, was gerade in Mode kommt und damit die vorherige verdrängt. Letztlich ist die Botschaft stets die gleiche: Ich konsumiere, also bin ich – und zwar jetzt. Es liegt in der beschriebenen Natur aller Moden, nur kurzfristig aktuell zu sein. Auch wenn man nicht vorhersagen kann, wodurch eine Mode abgelöst wird, dass sie in keiner Weise nachhaltig ist, steht fest. Bezogen auf unsere Betrachtung der Vintage-Be-wegung heißt das schlicht, all jene, die wir als die *Fashionistas* bezeichnet haben, werden früher oder später ihr Gastspiel innerhalb der Bewegung beenden und sich etwas anderem zuwenden. Bis es jedoch so weit ist, bleibt ein Teil der modisch Interessierten mit der Szene verbunden und sorgt dafür, dass eine andere stabilisierende Kraft ihren Einfluss aufrechterhalten kann: der Markt.

2.3 Prinzipien des Marktes –
Die Dynamik sich selbst verzehrenden Feuers

Natürlich ist eine Bewegung von der Größe, wie die Vintage-Szene in England sie nun im Verlauf von über zehn Jahren angenommen hat, immer mit ökonomischen Aspekten verknüpft – wobei dies hier eindeutig eine wechselseitige Beziehung meint. Sobald eine Idee genügend Anhänger findet, um sich durch alle Bevölkerungsschichten und fast alle Altersgruppen auszubreiten, wird sie selbstverständlich für die Märkte interessant und ihre Ausbreitung selbst wird ab einem bestimmten Zeitpunkt nicht unwesentlich auch von diesen Märkten beeinflusst und getragen. Was allerdings in einem Fall wie diesem auch bereits den ersten Schritt zu ihrem Ende beinhaltet. Aber betrachten wir zunächst noch einmal, welcher Art die Verflechtungen mit den Märkten eigentlich sind, oder genauer: mit welchen Märkten sich bis heute dauerhafte Verflechtungen ergeben haben.

Kommen wir zurück auf die Erkenntnisse aus dem ersten Teil des Buches. Die Vintage-Szene, das haben wir dort betrachtet, hat einige ihrer Wurzeln im Bereich der Musik und des Tanzes, des Designs, kurz gesagt der Kunst. Andere finden sich im Antiquitäten- und Gebrauchtwarenhandel, wobei wir hier auch schon auf den zerstörerischen Einfluss der Bewegung hingewiesen haben. Es war der über die Medien initiierte *Boom* des Gebrauchtwarenmarktes, der zunächst zu einer Entprofessionalisierung durch das Aufkommen von *Antique-Centres* als fester

Umschlagplätze für Laienhändler führte, wobei die mit der Vintage-Szene gewachsene Aufmerksamkeit für und Nachfrage nach Originalwaren speziell aus den 1920er bis 1960er-Jahren mittlerweile zu einer Überschwemmung des Marktes mit minderwertigen Objekten führte. Als Resultat fühlen sich nun auch diese bestenfalls semiprofessionellen Händler zu einer Verbilligung ihrer Waren genötigt, was auf längere Sicht den Fortbestand der *Centres* höchst fragwürdig erscheinen lässt. Das Internet hat durchaus auch seinen Beitrag dazu geleistet. Und dann gibt es natürlich noch unterschiedliche *Fashion-Labels*, die sich mit ihren Kollektionen an den Zug der Vintage-Bewegung anhängen wollen und die schier unüberschaubare Flut von Produkten aller Art, die aufgrund ihrer Gestaltung dort verortet sind oder sein wollen. In diesem Kontext hatten wir auf all die Varianten von Slogans und Symbolen hingewiesen. Dabei nimmt unzweifelhaft der *Union Jack* eine herausragende Stellung als ultimatives Symbol einer Zeit ein, in der Patriotismus angesichts einer realen Bedrohung und klarer Feindbilder eine Eigenschaft war, deren Wert völlig außer Frage stand. Schließlich dürfen auch die unzähligen Medienprodukte nicht vergessen werden, die die Vergangenheit und speziell die Zeit der 1940er-Jahre wieder aufleben lassen, sei es im Fernsehen, in Büchern, in Zeitschriften oder aber im Internet.

Markt ist Markt und der Schlager heißt „Verkaufen", egal ob aus einem Grammophontrichter oder als MP3-Download.

Vintage ist in England heute überall in irgendeiner Form zu finden. Der neue Terminal 2 des Flughafens Heathrow wird u. a. eine Vintage-Boutique beherbergen; aber natürlich kann man die beschriebenen Zeichen an jedem Zeitungs- und Erfrischungsstand, in jedem Laden finden. Erst recht, da in England die überwiegende Zahl der Geschäfte nicht wie in Deutschland ein auf ein bis zwei Produktgruppen reduziertes Sortiment hat. Das ökonomische Interesse an der Szene ist somit mehr als deutlich zu erkennen. Die Wirtschaft brennt im Vintage-Fieber und verbrennt dabei die Saat, die sie eigentlich ernten wollte. Denn wer sind die Zielgruppen für all diese Dinge? – Da sind natürlich zum einen die *Fashionistas*. Ihr Bezug zur Vintage-Bewegung ist ebenso beschränkt wie ihre Zahl. Anders gesagt: Hier dürfte schnell der Sättigungsgrad erreicht sein, so er es nicht schon jetzt ist. Wesentlich zahlreicher und daher auch wesentlich interessanter für die Wirtschaft sind die *Gestalter*. Doch deren Hauptantrieb für ihre Aktivität in der Szene liegt gerade darin, sich von den Belastungen der modernen Gesellschaft zu entfernen, wozu natürlich auch die Konsumzwänge zählen. Die Kommerzialisierung ihres Wunsches nach einer anderen, besseren Zeit dürfte bei ihnen kaum auf Gegenliebe stoßen. Ein gutes Beispiel dafür sind bestimmte Medienprodukte. Es gibt nur einige wenige Print-Journale wie etwa *Vintage Life Magazine* oder *The Chap*, die sich für einen längeren Zeitraum am Markt etablieren konnten, allerdings mit sehr geringen Auflagen. Das Interesse bei den *Gestaltern* als Hauptzielgruppe richtet sich auch nicht darauf, sich über die Dinge auszutauschen, sondern dabei zu sein, sie direkt vor Ort zu erleben. Sie sind keine Philatelisten oder andere Sammler, die nach Informationen über den Gegenstand ihrer Zuneigung verlangt. Sie goutieren Fernsehsendungen, die sie in ihren eigenen Empfindungen hinsichtlich dieser Epoche bestätigen und sie freuen sich über eine neue CD mit Aufnahmen der inzwischen fast 100-jährigen Sängerin *Dame Very Lynn*. Ihr gelang es im Jahr 2009, im Alter von 92 Jahren, die englischen Charts zu stürmen und anzuführen, da sie ein Teil dieser vergangenen und verklärten Zeit war, der die Sehnsucht der Menschen, der ihr *Heimweh* gilt.

Eine solche CD ist ein Stück Authentizität, auch wenn jeder, der darüber nachdenkt, natürlich die kommerzielle Kalkulation hinter der Veröffentlichung erkennt. Doch Waren, die nichts anderes als diesen offensichtlichen wirtschaftlichen Hintergrund zur Berechtigung ihrer Existenz anführen können, werden als das wahrgenommen, was sie auch tatsächlich sind: Versuche der Ausbeutung menschlicher Gefühle. So gilt auch hier das auf Johann *Wolfgang von Goethes Torquato Tasso* zurückgehende geflügelte Wort ‚Man merkt die Absicht und ist verstimmt‘. Man muss nur in eine Suchmaschine des Internets den Slogan ‚*Keep calm and have sex*‘ eingeben, um zu verstehen, was hier passiert. Der, wie bereits berichtet, oft und nicht immer sinnvoll zitierte, noch öfter und noch weniger sinnvoll variierte Slogan aus Kriegszeiten hat für jene Menschen, die seinen Ursprung kennen, eine besondere Bedeutung. Sie werden es in gleicher Weise als Zumutung und als Entweihung der Vergangenheit wie als Bestätigung ihrer Abneigung gegen unsere Gegenwart empfinden, wie damit umgegangen wird. Was ironischerweise zwar nicht dem kommerziellen Zweck hilft, jedoch die Idee der Vintage-Nostalgie in gewisser Weise unterstützt und damit nur von Seiten der Hersteller als kontraproduktiv einzustufen ist. Der Kommerz feiert auch im Veranstaltungsbereich fröhliche Urstände. Zu einer der herausragenden Figuren ist hier der englische (Mode-)Designer *Wayne Hemingway* geworden. Er ist nicht nur auf den Vintage-Zug aufgesprungen, sondern hat ihn gewissermaßen im Handstreich gekapert. Mit seinem jährlichen Vintage-Festival, bei dem es Musik, Tanz, Märkte, natürlich Essen und Trinken in rauen Mengen und diverse andere Programmpunkte gibt, deckt er inzwischen nach eigenem Bekunden „*7 Decades of British Cool*"[70] (also etwa „*7 Jahrzehnte britischen Cool-Seins*"), von den 1920er bis zu den 1980er-Jahren ab. Damit übernimmt er die Definition von Vintage als ‚älter als 20 Jahre' und versucht eine möglichst große Basis für seine Unternehmungen zu finden. Im Jahr 2011 hatten sich nach Verlautbarung seines Unternehmens rund 200.000 Besucher bei der Riesenparty eingestellt. Die Veranstaltung, die sich über ein Wochenende hinzieht, findet an wechselnden Orten statt. Es gibt getrennte Bereiche für die Freunde unterschiedlicher Stil-Epochen, dort wiederum die unterschiedlichen Angebote, für die jeweils einzeln Eintrittspreise zu entrichten sind, die sich letztlich zu stolzen Summen addieren. Das Vintage-Festival ist also ein gigantischer und rein kommerzieller Kostüm- und *Shopping-Event,* basierend auf dem Bedürfnis nach ‚Sehen-und-gesehen-werden‘, bei dem jene Selbstdarsteller, die sich entsprechend einer bestimmten Zeit kleiden, gleichzeitig zur Attraktivität der gesamten Veranstaltung beitragen und dafür auch noch bezahlen. Das ist unbestritten eine clevere Geschäftsidee. Sie dürfte allerdings von jenen Menschen, die sich aus einer Sehnsucht nach besseren Zeiten der Vergangenheit zuwenden, kaum goutiert werden. Denn für sie ist ihre aktive Teilnahme an der Bewegung eben sehr viel mehr nur eine weitere Gelegenheit, Partys zu feiern. Es ist ein Teil ihres Lebens, ihrer Kultur. Ist die Vintage-Szene somit eine Subkultur?

3. Vintage aus Überzeugung, Frustration oder einer Laune – Die soziologische Sicht

Der englischen Vintage-Szene ein Etikett aus dem Repertoire der Soziologie zu verleihen, kann durchaus zu ihrem Gesamtverständnis beitragen und auch dazu, die bereits begonnene und eher schwierige Prognose hinsichtlich der Dauer ihres Fortbestehens mit besseren Argumenten anzugehen. Wir haben schon gesehen, dass Mode(n) im Zusammenhang mit der Vintage-Bewegung eine Rolle spielen. Ist aber das Phänomen insgesamt deshalb als Mode zu betrachten? Oder ist es eben doch das, was man eine Subkultur nennt? Oder ist es vielleicht etwas ganz anderes? Eine ebenso kurze wie richtige, jedoch nicht besonders zielführende Antwort auf diese Fragen lautet schlicht: ‚Ja. Es sieht zumindest so aus‘.
Die Verwirrung entsteht dadurch, dass wir die

Vintage-Szene als solche bezeichnen und damit der Wahrnehmung Ausdruck verleihen, es handle sich um eine einheitliche, homogene Bewegung. Doch tatsächlich ist sie das nicht. An dieser Stelle muss wieder auf das ‚Zielscheibenmodell‘ zurückgegriffen werden. Die verschiedenen Gruppen, die jeweils ihre Beiträge innerhalb der Szene leisten, sind nicht nur unterschiedlich stark und aufgrund durchaus divergierender Motive involviert, sie sind soziologisch gesehen auch verschiedenen Bevölkerungskreisen zuzuordnen. Bevor dies näher betrachtet wird, zunächst eine kurze Erklärung zu den Begrifflichkeiten. Obwohl die englische Gesellschaft in gewisser Weise noch immer stärker vom Klassendenken geprägt ist als die deutsche, haben sich auch hier mit dem Übergang von der Moderne zur Postmoderne und damit – wirtschaftlich gesehen – vom Fordismus zum Post-Fordismus deutliche Veränderungen ergeben. Die Klassengesellschaft entstand im Zuge der Industrialisierung und war geprägt von deren Produktionsform. Je mehr die Bedeutung der Warenproduktion von der der Dienstleistung in den Hintergrund gedrängt wurde, desto weiter entfernte sich die Realität von diesen Ursprüngen. Was seinen Niederschlag u. a. auch in einer veränderten (Selbst-)Wahrnehmung der Menschen hat, die nicht zuletzt durch die Darstellung der Medien, insbesondere des Fernsehens, geprägt wird. Bis in die frühen 1970er-Jahre gehörte das entsprechende soziologische Vokabular zu den Standards politischer Information und Berichterstattung, Klassen- und Schichtenmodelle bildeten die Basis für den täglichen politischen

Diskurs und wurden so als mediale Inhalte von Printmedien, Radio und Fernsehen in die Bevölkerung getragen, wo sie deshalb jedermann geläufig waren. Inzwischen wird der Klassenbegriff in einem ganz anderen Kontext verwendet. Durch die Wortschöpfung der ‚politischen Klasse‘ werden jene, die sich mit Politik befassen, was in Deutschland in der Regel ‚Parteipolitik‘ bedeutet, von allen anderen Bürgerinnen und Bürgern unterschieden – was ganz offensichtlich mit gutem Grund geschieht, da es das Empfinden vieler Menschen widerspiegelt. Abgesehen davon allerdings hat der Klassenbegriff bei uns inzwischen im Zusammenhang mit Deutschland oder anderen Industrienationen im öffentlichen Leben keine Bedeutung mehr. Die schon wesentlich ‚weicheren Schichtenmodelle‘, bei denen nach Unter-, Mittel- und Oberschicht getrennt wurde, werden ebenfalls kaum noch zitiert. Es macht auch wenig Sinn in einer Gesellschaft, in der sich die meisten Menschen als zur Mittelschicht zugehörig einschätzen, ganz gleich, ob sie in einer Mietwohnung leben und gerade eben so ihr Dasein fristen können oder ob sie über Eigenheim, eine Yacht, diverse Autos und größere Geldanlagen verfügen. Trotz allem macht es Sinn, auf gewisse Aspekte beider theoretischer Ansätze zurückzugreifen. Erinnern wir uns an das ‚Zielscheibenmodell‘ der Vintage-Bewegung und die darin wiedergegeben Personengruppen und betrachten deren soziografische Daten etwas näher:

Die im Zentrum stehenden *Puristen* sind Menschen, die sich ganz bewusst für ein Leben entschieden haben, indem sie sich mit Relikten der Vergangenheit einrichten. Das setzt einiges voraus. Zunächst ein gewisses Maß an Bildung, dann ein gewisses Maß an verfügbarem Vermögen, denn sein Haus mit Art-Déco-Gegenständen zu füllen, ist kein preiswertes Unterfangen, wenn man Wert auf Qualität legt. Außerdem müssen diese Menschen in ihrem Tun eigenständig und unabhängig genug sein, um sich Eigenwilligkeit bis hin zur Exzentrik leisten zu können. Man kann auch sagen: Wer in einem Büro arbeitet oder in einem Supermarkt, der wird Gefahr laufen, in einer perfekten Dreißiger-Jahre-Garderobe anzuecken, sich dieser Gefahr auch bewusst sein und demgemäß handeln. „Selbst-Regie ist ein zentraler Wert für Menschen einer höheren Klasse, die sich selbst als kompetente Mitglieder einer im Wesentlichen gleichgültigen oder bedrohlichen Gesell-schaft sehen. Kurz gesagt, Selbst-Regie ist im Einklang mit einem Orientierungssystem, das auf der Prämisse fußt, dass man auch erreichen kann, was man sich vorgenommen hat; Konformität steht für ein Orientierungssystem, das auf der Gefahr beruht, aus der Reihe zu tanzen.“[71] Dieses Zitat von *Melvin L. Kohn* stammt aus dem Jahr 1969, also aus einer Zeit, kurz vor dem Übergang vom Fordismus zum Post-Fordismus. Im gleichen Jahrzehnt wurde *Art-Déco* unter dieser Bezeichnung als Stil wieder- und neu-entdeckt. Die meisten jener heutigen *Puristen* haben zu dieser Zeit bereits gelebt, bei einigen von ihnen hat da tatsächlich auch die Initialzündung ihrer anhaltenden Leidenschaft eingesetzt. Diese Menschen stammen also zum guten Teil aus einer Ära, in der die Klassengesellschaft noch Realität war und wurden im

Geiste dieser Epoche erzogen. Ihr Verhalten kann somit durchaus als eine Konsequenz dieser Tatsache betrachtet und damit als ein Ausdruck des Selbstverständnisses ihrer Klasse gewertet werden. Damit ist es immanenter Bestandteil eines Lebensstils, in dem Selbstdarstellung im Sinne einer Zurschaustellung von Unabhängigkeit ebenso wichtig wie normal ist. Ob sie diese Form findet oder eine andere, ist nachrangig, bedeutsam ist, dass diese Selbstinszenierung stattfindet. Ganz anders sieht es da schon mit den *Tüftlern* aus. Sie sind prinzipiell eher der Mittel- und auch der Unterschicht zuzurechnen. Es sind Menschen, die ihre Leidenschaft und ihre Emotionen in der Liebe zur Technik verausgaben und teilweise auch ihr Geld, wie viel oder wenig das auch immer sein mag. Das sind ‚Schrauber‘ und Monteure wie andere in ihrer Freizeit Gärtner oder Wanderer sind. Das Interesse ist dabei ebenso wenig auf ein bestimmtes Alter beschränkt, wie es an spezielle Fabrikate gebunden ist. Dieses Hobby mag für die *Tüftler* selbst eine große, vielleicht sogar die größte Erfüllung sein; es bleibt trotz allem auf ihre Freizeit reduziert und es geht eigentlich auch nicht wirklich über den Spaß an und mit den Automobilen oder Lokomotiven hinaus. Der Teil der Geschichte, der hier interessiert, ist genau jener, der mit dem Gegenstand der persönlichen Passionen verbunden ist. Alles andere, was zu dieser Zeit oder an dem entsprechenden Ort geschah, erfährt nur Beachtung, wenn sich eine direkte Verbindung zum Fahrzeug ergibt. Das alles hat nichts mit modischem Verhalten zu tun und es entbehrt auch jeglichen Anspruchs auf gesellschaftliche oder politische Bedeutsamkeit. Die *Professionellen* verbinden in unterschiedlicher Form private mit geschäftlichen Interessen. Sie sind Begleiter und, wenn sie Glück haben, auch Profiteure der Vintage-Bewegung; alle Altersgruppen sind hier vertreten und die meisten von ihnen werden der Mittelschicht zuzurechnen sein, wobei die Herkunft einiger sicher auch in der Unterschicht sein wird, selten in der Oberschicht. Auch in diesem Zusammenhang sind die *Gestalter* nicht nur aufgrund ihrer Personenstärke die interessanteste Gruppe. Hinter ihrem Engagement in der Szene verbirgt sich, wie wir gesehen haben, ein persönlicher, aber auch gesamtgesellschaftlicher sozialer Nutzen. Es geht ihnen darum, ein Gegengewicht zu schaffen zu einer Realität, die als verunsichernd und bedrohlich empfunden wird. Für sie selbst wird so ein Ausgleich erzeugt, der es ihnen erlaubt, ihre gesellschaftliche Rolle weiterhin auszuüben und damit wird die Gesellschaft an sich stabilisiert. Die Unzufriedenheit und die daraus folgende Abwendung von der Gegen-wart und Hinwendung zu einer selbstkonstruierten besseren Vergangenheit schaffen also nicht einen Widerspruch, sondern sie hilft, mit ihm zu leben, ihn zu ertragen. Die Vintage-Bewegung ist somit für die größte und vermutlich aktivste in ihr vertretene Gruppe schon einmal keine Gegenkultur, auch wenn das Freizeit(er)leben in der Szene im Gegensatz zu dem des Alltags steht. Tatsächlich trägt sie gewisse äußere Anzeichen einer Subkultur; doch auch hier könnte bestenfalls von regressiven, einer zeitlich nach hinten gewandten anstatt einer progressiven, zukunftsorientierten Kultur gesprochen werden. Da sind die gemeinsamen Codices der Kleidung, der Musik, der Umgangsformen. Bei näherer Betrachtung werden allerdings auch schnell Unterschiede zu anderen als Subkulturen definierten sozialen Phänomenen sichtbar: Die in der Vintage-Szene gültigen und kultivierten Werte und Normen unterscheiden sich eigentlich nicht von jenen, denen der Rest der Gesellschaft folgt, sie werden nur teilweise ernster genommen, erhalten andere Prioritäten.

Eine Subkultur ist immer durch bestimmte Merkmale klar vom Rest der Gesellschaft unterschieden. Sie können ethnischer Natur sein, sie können mit religiöser Zugehörigkeit oder sexueller Orientierung zu tun haben, mit Formen der Verweigerung sozialer Anpassung oder mit aktiver sozialer Ausgrenzung (‚Rotlichtmilieu‘), sogar mit dem Beruf (etwa bei Schaustellern). Was immer auch eine Gruppe von der Mehrheit unterscheidet und zum Auslöser für Ab- oder Ausgrenzung (oder beides) wird, es ist allen Mitgliedern eigen und bildet den Auslöser für die Etablierung einer Subkultur. Bei den *Gestaltern* der Vintage-Bewegung ist das anders. Was sie in der Szene ausleben, ist nichts, was sie vom Rest der Gesellschaft trennt, in die sie auch weiterhin durch ihre diversen sozialen Beziehungen am Arbeitsplatz und im Privatleben eingebunden bleiben. Ihre Verunsicherung angesichts der Entwicklungen einer postmodernen Gesellschaft teilen sie mit vielen anderen Menschen, die sich jedoch für andere Wege entschieden haben, damit umzugehen. Die Vintage-Bewegung ist, wie wir gesehen haben, aus durchaus kommerziellen Veranstaltungen hervorgegangen, aus Musik- und Tanzabenden, aus Märkten und anderen sozialen Anlässen. Sie ist ein Resultat der Postmoderne, so wie ein Strudel in einem Fluss aus der Bewegung des Wassers hervorgeht, auch wenn sich an dieser Stelle die Fließrichtung verändert. Die Sehnsucht nach der Moderne, oder zumindest nach bestimmten Epochen und Erscheinungen der Moderne, ist ein integraler Bestandteil der Postmoderne, ein Aspekt ihres Umgangs mit Geschichte. Die Entstehung der Vintage-Bewegung als Manifestation dieser Sehnsucht wäre ohne die für die Postmoderne prägende Funktion der Medien nicht möglich gewesen.

Für die *Gestalter* bedeutet ihr Mitwirken innerhalb der Szene einen wichtigen Teil ihres Lebensstils; und das Konzept solcher Lebensstile scheint „zur Schlüsselkategorie postmoderner sozialer Differenzierung zu werden und damit ein bestimmtes Maß an Orientierungsmöglichkeiten in der postmodernen Vielfalt zu liefern."[72] Tatsächlich ergeben sich auf der Ebene solcher Betrachtungen wesentlich sinnvollere Ergebnisse als bei der Anwendung der nun eben doch überholten Klassen- und Schichtenmodelle. Man spricht nun von ‚sozialen Milieus‘, zu deren Definition nicht nur das Einkommen, sondern das Verhalten und das Selbstverständnis der Personen herangezogen werden. So werden beispielsweise folgende Milieus unterschieden: das ‚etablierte‘ einer traditionell konservativen Elite, dem quasi als Gegenbewegung das ‚liberal-intellektuelle‘ Milieu entspricht, es gibt das ‚aufstiegsorientierte‘, das ‚traditionelle Arbeiter-Milieu' und diverse andere[73]. Eines in diesem System ist das traditionell bürgerliche Milieu; seine Mitglieder leben „die traditionellen Werte, Konventionen und Moralvorstellungen, die unsere Gesellschaft lange Zeit prägten"[74]. Dies ist das Potenzial aus dem die *Gestalter* der Vintage-Bewegung stammen. Sie haben mit dem Rollenspiel in ihrer Freizeit als Bürger einer anderen Zeit eine für sie adäquate Form gefunden, diese Werte, die Konventionen und Moralvorstellungen zu bewahren, sie in einer Schein-Vergangenheit zu konservieren und zu kultivieren, um sie zumindest für die Gegenwart zu retten.

Unser Fazit lautet also: Die Vintage-Szene bietet einen geschützten Ort, an dem Menschen mit unterschiedlichen Motiven und durchaus auch unterschiedlichen Lebensstilen sich treffen und in gemeinsamem Tun jeder für sich die Realisierung ihrer ungleichen Wünsche und Bedürfnisse in tatsächlicher Selbstverwirklichung oder dem Ausleben einer angenommenen Rolle finden. Aufgrund der kommerziellen Orientierung, die schon im Ursprung der Bewegung gegeben ist, hat sich im Laufe der Zeit parallel dazu ein modischer Trend etabliert, der Personen mit anderem Hintergrund und anderen Motiven angezogen hat. Das sind die überwiegend jüngeren Gruppen innerhalb der Bewegung, die *Fashionistas* und die *Totemisten*. Dabei ist anzunehmen, dass sich diese wieder lösen und anderen Moden zuwenden werden, während jene, die wir als die *Puristen* bezeichnet haben, in jedem Fall ihren Idealen treu bleiben werden, ebenso die *Tüftler* und einige der *Professionellen* und in der einen oder anderen Form auch - mehr oder weniger – die *Gestalter*. Sie sind es, deren zukünftiges Verhalten über das weitere Schicksal der Vintage-Szene größtenteils entscheiden wird.

4. Das andere postmoderne Leben – Außerhalb der englischen Vintage-Szene

Zwei Fragen bleiben noch, wobei beide hier nicht wirklich beantwortet, sondern nur angerissen und bis zu einem bestimmten Punkt diskutiert werden können – und auch das nur auf der Basis von Vermutungen: Wie gehen eigentlich die Menschen in England mit den postmodernen Zeiten und ihren Erscheinungen um, die nicht in der Vintage-Bewegung nach einem Ausgleich suchen? Und wieso gibt es das Vintage-Phänomen in anderen westlichen Industriegesellschaften nicht im gleichen Maß wie in England? Wir haben gesehen, dass es sich bei den *Gestaltern* als wesentlich prägender Gruppe innerhalb der aktuellen englischen Nostalgie-Bewegung um Menschen handelt, die sich in ihrer Freizeit durch ein zweites Leben in einer historisierten Fassung der Vergangenheit (speziell der 1940er-Jahre) einen Anker schaffen, einen Fixpunkt außerhalb der postmodernen Zwänge zur ständigen Veränderung, der ihnen hilft, mit diesen Anforderungen des modernen Lebens umzugehen. Nun bilden zwar die *Gestalter* gewissermaßen den ‚harten Kern‘ der Vintage-Bewegung, trotz allem sind sie natürlich, bezogen auf die Gesamtbevölkerung, nur eine Minderheit. Die Erscheinungen und Belastungen postmodernen Lebens betreffen aber alle. Was also tut die Mehrheit? Ist sie vielleicht aus irgendwelchen Gründen unempfindlicher dem ständigen Wandel und den Entwicklungen des Medien- und Informationszeitalters gegenüber? Es wäre in der Tat interessant, dem letzten Gedanken durch eine wissenschaftliche Untersuchung nachzuspüren.

Unsere Thesen dazu gehen zumindest von zwei wesentlichen Unterschieden aus. Einer davon liegt gewissermaßen in der persönlichen Aktionsbereitschaft. Jene Menschen, die sich der Vintage-Bewegung als *Gestalter* anschließen, sind sehr aktiv. Sie suchen gezielt nach einer Möglichkeit, sich in ihrer Freizeit zu regenerieren. Das tun andere auch – und kommen dabei zu anderen Lösungen. Gerade die moderne Informationstechnologie, hier speziell das Internet, bietet dazu unterschiedliche Möglichkeiten, bis hin zu der, sich in der virtuellen statt der wirklichen Welt ein zweites, ein alternatives und weitgehend selbstbestimmtes, zumindest aber nach verständlichen Regeln funktionierendes Leben zu schaffen. In diesem Bereich werden sicherlich die Grenzen zwischen aktivem und passivem Konsum immer unklarer. Die Differenz zwischen den möglichen Fluchtpunkten in der realen und denen in der virtuellen Welt ist keine qualitative, vielleicht nicht einmal eine soziale, sondern eher eine sensorische. Menschen, die Wert auf sinnliches Erleben legen, die also nicht nur sehen und hören, sondern auch riechen, schmecken und berühren wollen, können das nur in der realen Welt tun. Wem jedoch das Sehen und Hören ausreicht, der wird im virtuellen Universum sein Refugium finden. Beides, wenn es für die jeweilige Person zur Befriedigung ihrer Bedürfnisse führt, erhält dadurch ein mehr oder minder starkes Suchtpotenzial, abhängig von den individuellen Voraussetzungen des oder der Einzelnen. Auch hier ist kein Unterschied zwischen der realen und der virtuellen Welt zu finden; er liegt eher in den Folgen der Flucht aus der Realität, die hier wie da in extremen Fällen sehr negativ sein können. Man kann sich zwar in einer virtuellen Welt nicht aus Gründen der Geselligkeit betrinken, dafür aber läuft man Gefahr, sich sensorischer Deprivation auszusetzen, wobei diese umso größer ist, je mehr auch das Berufsleben durch Arbeit an Computern und mit anderen verwandten elektronischen Kommunikationsgeräten geprägt ist. Dabei spricht übrigens für die Vintage-Bewegung, dass ihr durchaus nicht zeitgemäßer Verhaltenskodex ihre Formen der Geselligkeit wesentlich zahmer ausfallen lassen dürfte, als die sonst heute üblichen Partys. In jedem Fall dürften die Menschen, die sich – in welcher Form und wo auch immer – aktiv um einen Ausgleich zum Alltagsgeschehen bemühen, in der Minderheit sein. Was dann für die Mehrheit den Schluss zulässt, dass sie ihre Freizeit eher passiv verbringen, also sie gestalten lassen. Die Spezialisten hierfür sind natürlich die audiovisuellen Medien. Ihre Angebote selbst erlauben bereits eine absolut passive Aufnahme als abendfüllende Beschäftigung. In ihren Inhalten liefern sie durch Soap-Operas wie *Coronation Street, EastEnders, Hollyoaks*[75] und durch Serien sogenannter *Scripted Reality*[76] wie *The Only*

Way Is Essex[77] das fertige Leben aus zweiter Hand, indem reale, dem Zuschauer durchaus vertraute Probleme gestreift und mit Sensationselementen gemischt werden. Die Grenze zwischen Fiktion und Realität verschiebt sich dann, wenn das Privatleben der Darstellerinnen und Darsteller solcher Formate durch echte oder inszenierte Affären, Skandale oder Katastrophen ebenfalls zum Gegenstand medialen Interesses wird. Es erscheint uns angemessen und fair, hier auch auf diesen Teil der Wirklichkeit einzugehen, um die Aktivitäten von Menschen in der Vintage-Bewegung, speziell die der *Gestalter*, in einen größeren Kontext zu stellen und so im richtigen Licht erscheinen zu lassen. Gleichzeitig haben wir durch diese Ausführungen die Antwort auf die Frage nach dem Umgang mit den Erscheinungen der Postmoderne in anderen Ländern, in denen das Thema Vintage eine geringere Rolle spielt, zumindest schon angerissen. Die Entwicklung einer so starken Nostalgie-Bewegung, wie wir sie in England antreffen, ist vermutlich nicht ohne diese ganz besondere Beziehung der Engländer zu Vergangenheit denkbar. Sie ist tatsächlich in gewisser Weise ein Inselphänomen. Es gibt zwar auch in Deutschland immer wieder einmal, meist in großen Städten *Swing*-Tanzveranstaltungen, zu denen das Publikum mehr oder minder stilgerecht gekleidet erscheint, so wie in Deutschland auch in einem gewissen Maß eine *Country*- und *Western*-Szene existiert; und es gibt auch hier *Oldtimer*-Treffen, Fünfziger- und Sechziger-Jahre-Partys oder andere nostalgischen Angebote. Da ist selbstverständlich eine Kultur des Trödel- und

Antiquitätenhandels, obwohl hier schon die Begrenztheit der Nachfrage deutlich wird. Wenn man bei entsprechenden Märkten das Gespräch mit professionellen Händlern sucht, hört man oft die gleiche Geschichte: Sie haben ihren festen Standort, ihren Laden, aufgegeben und sind nur noch unterwegs, um den Abverkauf der restlichen Ware zu gewährleisten. Durch die Wiedervereinigung und die Öffnung des Eisernen Vorhangs wurde der deutsche Markt innerhalb kurzer Zeit massiv mit Antiquitäten überschwemmt, so dass die Bedürfnisse der durchaus begrenzten Zielgruppe schnell gesättigt waren. Die bereits viel zitierten *Babyboomer* sind die Generation, die noch am meisten an Antiquitäten interessiert ist und nun jedoch weitestgehend hat, was sie benötigt bzw. möchte. Es bedarf sicherlich keiner Erklärung, warum speziell die Zeiten der Weltkriege sich nun überhaupt nicht für deutsche Nostalgie eignen, zumindest nicht außerhalb reaktionär-faschistischer Kreise. Und das Interesse der Deutschen an Geschichte war noch nie besonders groß – vielleicht einfach wirklich deswegen, weil es in der vergleichsweise kurzen Zeit, in der Deutschland als Nation besteht, kaum wirklich in positiver Weise identitätsstiftende und einer lobenden oder verklärenden Erinnerung werte Momente gegeben hat. Die seit der Wiedervereinigung durch manche Köpfe geisternde sogenannte ‚Ostalgie‘ ist hier ebenso ein nationales (oder sogar regionales) Sonderphänomen, wie es die Geschichtsbegeisterung der Engländer darstellt.

Ob Milchbar, Tante-Emma-Laden, Friseur oder privates
Wohnambiente: Das Fünfziger-Jahre-Museum in Büdingen zeigt
Dioramen aus den Kindertagen der Bundesrepublik.

Der Blick der Deutschen, von einigen Personen mit
teilweise recht zweifelhaften An- und Absichten
abgesehen, ist eher auf das Jetzt gerichtet oder auf
das Morgen. Postmoderne Erscheinungen wie der
Zwang zu Flexibilität und dazu, sich ständig neu zu
erfinden, sind für viele Deutsche vermutlich weniger
schwierig zu ertragen als sie es für Engländer sind, da
ihnen kein System von Traditionen als mögliches
Hemmnis entgegensteht. Aus der nach dem Krieg
begonnenen und immer weiter voranschreitenden
Amerikanisierung ist so etwas wie der Wunsch nach
und das Gefühl von Internationalität entstanden, mit
dem eine gewisse Bereitschaft zum Wandel ein-
hergeht. Es ist daher kaum überraschend, dass die
wenigen Angebote, die es in Deutschland hinsichtlich
Vintage/Nostalgie gibt, eher die Zeit feiern, in der
diese Entwicklung begann: die fünfziger Jahre. Dazu
gehören zum Beispiel das privat betriebene
Fünfziger-Jahre-Museum im hessischen Büdingen
oder Bars und Cafés wie etwa das *Café Sorgenfrei* in

Berlin, die diese Epoche bundesdeutscher Geschichte auch eher mit einem Augenzwinkern als mit Wehmut betrachten. Mag sein, dass dies eine positive Variante des vagen Gefühls der Entwurzelung ist, das nicht gerade neu in diesem Land ist und dem früher mit der Überbetonung romantischer Heimatgefühle entgegengetreten wurde. Es scheint jedenfalls, dass die Deutschen bislang mit der Postmoderne ganz gut zurechtkommen. In den bereits zitierten Vereinigten Staaten ist, wie auch den Antworten unserer ‚Zeugin‘ Heidi zu entnehmen, eine Vintage-Bewegung in gewissem Umfang vorhanden, aber ganz anders als in England. Sie ist kleiner und sie ist vor allem feiner: orientiert eher am Glamour Hollywoods der dreißiger und vierziger Jahre, inszeniert und zelebriert von Mitglieder der Oberschicht als eine Art gemeinsames Hobby. Die Verunsicherungen der Postmoderne werden in der Gesellschaft vermutlich mit jenen amerikanischen Vorstellungen vom Schmelztiegel der Nationen beantwortet, nach denen jede und jeder gern den jeweiligen Nationalcharakter des Herkunftslandes beibehalten darf, solange sie und er sich in erster Linie dazu bekennen, Amerikaner zu sein. Tatsächlich ist dies ein großer einender Gedanke. Ob er groß genug ist, um in Zukunft weiterhin das Nationalbewusstsein zu formieren, wird sich erweisen.

Es scheint deutlich, dass weder Ort noch Zeitpunkt des Aufkommens der Nostalgie-Bewegung in England zufällig sind. Tatsächlich sind dieses Phänomen selbst und sein Erfolg durchaus logisch erklärbar und ebenso typisch für England wie *Big Ben* und das

Königshaus – oder wie *Keep calm and carry on* und *Cupcakes* (mag man es auch bedauern) für diese Bewegung selbst.

Vielleicht ist das der beste Rat angesichts der Vintage-Bewegung: *Keep calm and have fun* – Die Ruhe bewahren und Spaß haben …

Danksagung

Wir bedanken uns bei allen, die uns in Gesprächen inspiriert haben, vor allem bei unseren Interviewpartnerinnen und –partnern, ebenso bei allen, die uns Bilder zur Verfügung gestellt haben und besonders bei der Norwich Costume Collection und bei dem Museum Gressenhall Farm and Workhouse für Interesse und Unterstützung, für Material, Anregungen, für ihr Engagement und den Spaß, den sie mit uns geteilt haben.

Abbildungsnachweis

Alle Fotografien von Martin Faulkner und Herbert Jost-Hof, außer:

Seite 8 (privat; Fotografin: Christiane Wittenbecher)
Seite 18 (privat; Fotograf: Christian Fessel)
Seite 38 (privat; mit freundlicher Genehmigung von Tracey Caney)
Seite 59 (privat; Fotograf: Greg Cuddimore)
Seite 78 (privat; mit freundlicher Genehmigung von David Suchet)
Seite 101 sowie Seiten 173 und 198 (mit freundlicher
Genehmigung der Norwich Costume Collection)
Seite 118 und 186 (privat; mit freundlicher Genehmigung von
Paula Broom)
Seite 121 und Seite 226 (mit freundlicher Genehmigung der North
Norfolk Railway)
Seite 122 und Seite 129 (mit freundlicher Genehmigung des
Museum Gressenhall Farm & Workhouse)
Seite 158 (privat; Fotografin: Joanna Millington, mit freundlicher
Genehmigung von Shona Daly und James Nisbet)
Seite 211 (privat; mit freundlicher Genehmigung von Heidi
Rosenau)

Illustrationen auf den Seiten 27, 55, 104 und 241 von Martin
Faulkner, ebenso graphische Entwürfe der Abbildungen auf den
Seiten 60, 63, 111 und 261; Illustration auf Seite 71 von Herbert
Jost-Hof.

Quellenverzeichnis

Eastoe, Jane und Gristwood, Sarah: Fabulous Frocks. London (Pavillon Books) 2008.

Eco, Umberto: Nachschrift zum Namen der Rose. 10. Aufl., München (dtv) 2007.

Ferchoff, Wilfried u. Drewe, Bernd: Postmoderne Stile in Jugendkulturen. In: Helsper, Werner (Hrsg.): Jugend zwischen Moderne und Postmoderne. Obladen (Leske und Budrich) 1991.

Frankenberger, Ralf, Meyer, Gerd: Postmoderne und Persönlichkeit. Theorie – Empirie – Perspektiven. Baden-Baden (Nomos) 2008.

Gardiner, Juliet: The 1940s House. London: Random House (Channel 4 Books) 2000.

Hahn, Ronold M., Jansen, Volker: Lexikon des Science-Fiction Films. München (Heyne) 1997.

Halliwell, Leslie: Halliwell's Film Guide. 4Th Edition. London (Book Club Associates) 1983.

Hillier, Bevis: Art Deco of the 20s and 30s. London (Herbert Press) 1985.

Hislop, Ian: I love 70s. In: Radio Times, 5.-11. April 2014, S. 24f.

König, René: Kleider und Leute. Zur Soziologie der Mode. Frankfurt a.M. (Fischer) 1967.

Kohn, Melvin L.: Class and Conformity. A Study in Values. Georgetwon (Dorseys Press) 1969.

McCrum, Mark and Sturgis, Matthew: 1900 House. London: Random House (Channel 4 Books) 1999.

Milner, Chris: The 'Santa Special' Phenomenon. In: The Railway Magazine No. 12/2013. December 2013.

Ransmayr, Christoph: Die letzte Welt. Frankfurt am Main (S. Fischer) 1988.

Russel, Gary: Doctor Who Encyclopedia. London (BBC Books) 2007.

Stevenson, Greg: The 1930s Home. Princes Risborough: (Shire) 2000.

Veblen, Thorstein: Theory of the Leisure Class.New York (Dover Publications) 1994.

Volmerstein, Tina: Der Stil der Zwanziger Jahre. Art Deco – Bauhaus – De Stijl. München (Schuler) 1975.

Online-Artikel

Appleyard, Diana: Time Warp Wives: Meet the women who really live in the past. In: dailymail.co.uk. 08.08.2008. URL: http://www.dailymail.co.uk/femail/article-1042702/Time-Warp-Wives-Meet-women-really-live-past.html. [abgerufen 24.02.2014, 21:34h]

Cineclub.de: Wild, Wild West. URL: http://www.cineclub.de/filmarchiv/wild_wild_west.html [abgerufen 22.02.2014; 12:26h].

dayly mail: http://www.dailymail.co.uk/femail/article-1042702/Time-Warp-Wives-Meet-women-really-live-past.html

filmstarts.de: The Black Dahlia. URL: http://www.filmstarts.de/kritiken/37488-The-Black-Dahlia.html [abgerufen 24.02.2014, 20:06h].

dies.: L.A. Confidential. URL: http://www.filmstarts.de/kritiken/35807-L.A.-Confidential.html [abgerufen 24.02.2014, 20:12h].

film-zeit.de: Sky Captain and the World of Tomorrow. URL: http://www.film-zeit.de/Film/13471/SKY-CAPTAIN-AND-THE-WORLD-OF-TOMORROW/Kritik/ [abgerufen 23.02.2014, 21:42h].

Glombitza, Birgit: The Good German: Nostalgisch am Abgrund. In: Spiegel online, URL: 28.02.2007. http://www.spiegel.de/kultur/kino/the-good-german-nostalgisch-am-abgrund-a-469033.html [abgerufen 24.02.2014, 19:51h].

Hemingwaydesign.co.uk: The Vintage Festival. URL: http://www.hemingwaydesign.co.uk/projects/events/the-vintage-festival [abgerufen 24.04.2014, 16:14 Uhr].

Marsden, Rhodri: How long can the 'Keep Calm' trend carry on? In: independent.co.uk. 05.01.2014. URL: http://www.independent.co.uk/news/uk/this-britain/how-long-can-the-keep-calm-trend-carry-on-8627557.html [abgerufen 07.01.2014, 14:43h].

O'Connor, Kira: Keep Calm and Get a Trademark: The IP Woes of ‚Keep Calm and Carry On' In: article 3, 22.01.2013. URL: http://www.article-3.com/keep-calm-and-get-a-trademark-the-intellectual-property-woes-of-keep-calm-and-carry-on-910963 [abgerufen 08.01.2014, 17:22h].

Anmerkungen

[1] Im Jahr 1967 von George Roy Hill für 'Universal' inszeniert, mit Julie Andrews in der Titelrolle als Mädchen vom Lande, das in den 1920er-Jahren nach New York kommt, um dort ein Leben als *Flapper* (die leichtlebigen jungen Frauen dieser Zeit) zu führen und in eine überaus schräge Kriminalgeschichte (das Thema scheint uns zu verfolgen) gerät (vgl. Halliwell, Leslie: Halliwell's Film Guide. 4[Th] Edition. London (Book Club Associates) 1983, S. 824).

[2] Was uns persönlich ziemlich vage erscheint: Puristen argumentieren, alle Kleidung nach 1960 sollte als retro klassifiziert werden, während alles vor 1920 antik sei – also bliebe der Zeitraum zwischen 1920 und 1960 für vintage.

[3] Das ist auch der Grund, warum wir es hier gelegentlich auch als Substantiv verwenden, obwohl es eigentlich ein Adjektiv ist: Es wird inzwischen auch als Bezeichnung von etwas geprägt, das viele als eigenen Stil wahrnehmen.

[4] Wenn Personen unterschiedlichen Geschlechts gemeint sind, werden in diesem Buch grundsätzlich die Formen der Worte für beide Geschlechter in dieser Zusammenziehung verwendet. Sollte das aus grammatikalischen Gründen den Lesefluss unnötig hemmen, werden wir uns auf die männliche Form beschränken.

[5] Ebenso interessant wie vielleicht bezeichnend, dass dieses Revival mit der kulturellen Revolution der 1960er-Jahre zusammenfiel und es nicht nur bis heute andauert, sondern sich sogar noch verstärkt hat.

[6] Vgl. Volmerstein, Tina: Der Stil der Zwanziger Jahre. Art Deco – Bauhaus – De Stijl. München (Schuler) 1975, S. 71f.

[7] Um hier in England zu bleiben: Man denke zum Beispiel nur an die sogenannten Jakobitischen und Tudor-Stile, die in englischer Architektur und englischem Möbel-Design dieser Zeit überaus beliebt waren.

8 Das Viktorianische Zeitalter wird benannt und damit auch definiert anhand der Regentschaft Königin Viktorias von England, 1837 bis 1901.

9 Vom Edwardianische Zeitalter spricht man – nach der Regentschaft Edward VII. – von 1901 bis 1910, es wird in der Definition aber meist mindestens bis zum Beginn des Ersten Weltkriegs, also bis 1914, ausgedehnt, fasst man die Zeit des Ersten Weltkriegs noch hinzu, dann folglich bis 1918.

[10] Wie viele Menschen wissen eigentlich, dass es das Internet tatsächlich schon seit 1969 gibt?

[11] 1952 von Stanley Donen und Gene Kelly für Metro Goldwyn Meyer inszeniert mit Kelly und Debbie Reynolds in den Hauptrollen

(vgl. Halliwell, , a.a.O,, S. 744).

[12] Unvergessen mit Marilyn Monroe, Tony Curtis und Jack Lemmon, in Szene gesetzt für United Artists (vgl. Halliwell, a.a.O., S. 756).

[13] Hillier, Bevis: Art Deco of the 20s and 30s. London (Herbert Press) 1985.

[14] In der britischen Sitcom Goodnight Sweetheart, in der die Hauptfigur durch eine Zeitreise aus der Gegenwart in die 1940er-Jahre transportiert wurde, erklärt er den Menschen der Vergangenheit seinen erstaunlichen Wohlstand mit der Behauptung, er sei aus Amerika.

[15] „They proved beyond doubt the importance of romantic notions in the British consciousness and (had architects taken heed) forwarned of the demise of the emerging Internationalist style. Today the highrise 'machines for living in' from the 1950s and 1960s are being pulled down because few people want to live in them whereas inter-war homes generally retain their value and status in the domestic market. Possibly the 1930s home will always be a pleasant place to live – because it reflects the romance in our nature rather than just our needs." (Stevenson, Greg: The 1930s Home. Princes Risborough (Shire) 2000, S. 39).

[16] Vgl. Marsden, Rhodri: How long can the 'Keep Calm' trend carry on? In: independent.co.uk. 05.01.2014 (http://www.independent.co.uk/news/uk/this-britain/how-long-can-the-keep-calm-trend-carry-on-8627557.html; [abgerufen 07.01.2014, 14:43h]).

[17] O'Connor, Kira: Keep Calm and Get a Trademark: The IP Woes of Keep Calm and Carry On In: article 3, 22.01.2013 (http://www.article-3.com/keep-calm-and-get-a-trademark-the-intellectual-property-woes-of-keep-calm-and-carry-on-910963 [abgerufen 08.01.2014, 17:22h]).

[18] Vgl. Ebd.

[19] Vgl. Ebd.

[20] Es geht dabei vor allem um den Gedanken, dass aufgrund seiner Geschichte der Slogan entweder als Allgemeineigentum oder als Eigentum der Krone betrachtet werden sollte; allerdings erlischt auch deren Urheberrecht nach 50 Jahren. Rein rechtlich ist damit dem geschäftlich geschickten Schachzug des Mr. Coop nicht zu begegnen, sofern man grundsätzlich die Möglichkeit eines Titel- oder Markenschutzes einräumt, wie hier geschehen (vgl. dazu O'Connor, a.a.O.).

[21] Dies schrieb der berühmte Komponist in einem Brief, siehe: Grant, Barry Keith (Hrsg.): Britton on Film. The Complete Film Criticism of Andrew Britton. Detroit (Wayne State University Press)

2009, S. 157.

22 „The Strand" ist ein Straßenabschnitt, der früher, als beides noch getrennte Städte waren, die City of Westminster (zu der er gehört) mit der City of London verband. Er liegt damit heute im Zentrum der Metropole und verbindet den Trafalgar Square mit der nicht minder berühmten Fleet Street, dem Presse-Zentrum Londons.

23 „Charity Shops" (also übersetzt: „Wohltätigkeits-Geschäfte") ist die Sammelbezeichnung für Läden, die von caritativen Organisationen überall in England unterhalten werden. In ihnen werden alle Arten von Sachspenden zum Kauf angeboten, die von Bürgern zur Verfügung gestellt werden. Das Sortiment reicht daher von Bekleidung bis zu Möbeln, von Büchern bis zu Haushaltsartikeln und Krimskrams. Im Grunde sind sie so etwas wie ständige Flohmärkte, in denen man gebrauchte Gegenstände aller Art kaufen und damit einen guten Zweck unterstützen kann. Das macht sie natürlich auch zu einer Fundgrube für alle Arten von Vintage-Artikeln.

24 Vgl. Halliwell, a.a.O., S. 129.

25 Fotos von Frauen in meist erotischer Pose.

26 Vgl. Halliwell, a.a.O., S. 541.

27 Vgl. Hahn, Ronold M., Jansen, Volker: Lexikon des Science-Fiction Films. München (Heyne) 1997, S. 110.

28 Vgl. http://www.cineclub.de/filmarchiv/wild_wild_west.html [abgerufen 22.02.2014; 12:26h].

29 Vgl. http://www.film-zeit.de/Film/13471/SKY-CAPTAIN-AND-THE-WORLD-OF-TOMORROW/Kritik/ [abgerufen 23.02.2014, 21:42h].

30 Vgl. Russel, Gary: *Doctor Who Encyclopedia.* London (BBC Books) 2007.

31 Wer das nachprüfen will, muss nur in einer Suchmaschine des Internet ihren Namen eingeben und wird tausende Referenzen finden zu Artikeln und Blogs, von anerkannten Modemagazinen bis zu Menschen, die entweder Aspekte ihres Aussehens und Auftretens bewundernd beschreiben oder gezielt Tipps zur Nachahmung offerieren.

32 Eine erste hatte es bereits 1949 gegeben; für den Film aus den 1970er-Jahren schrieb Francis Ford Coppola und es spielten für Paramount Pictures Robert Redford und Mia Farrow unter der Regie von Jack Clayton (vgl. Halliwell, a.a.O., S. 341)..

33 Vgl. ebd., S. 103.

34 Vgl. ebd., S. 566.

35 Vgl. ebd., S. 915.

36 Vgl. Glombitza, Birgit: The Good German: Nostalgisch am Abgrund. In: Spiegel online, 28.02.2007

(http://www.spiegel.de/kultur/kino/the-good-german-nostalgisch-am-abgrund-a-469033.html [abgerufen 24.02.2014, 19:51h]).
[37] Vgl. http://www.filmstarts.de/kritiken/37488-The-Black-Dahlia.html [abgerufen 24.02.2014, 20:06h]).
[38] Vgl. http://www.filmstarts.de/kritiken/35807-L.A.-Confidential.html [abgerufen 24.02.2014, 20:12h]).
[39] Das ist auch der Grund, warum es bislang nicht verfilmt wurde. Es wurde von der Autorin verfügt, dass eine Kino-Adaption erst erfolgen darf, wenn der Spielbetrieb für mehr als sechs Monate ausgesetzt hat, was bislang noch nicht der Fall war.
[40] Mit der Rolle der Jessica Fletcher, einer ebenfalls Kriminalfälle lösenden Autorin in der amerikanischen Serie Murder She Wrote wurde Angela Lansbury auch dem deutschen Publikum ein Begriff. Die Figur kann durchaus als von Christie und ihrer Heldin Ariadne Oliver, ebenfalls Krimi-Autorin, inspiriert betrachtet werden.
[41] In Deutschland seit 2014 im Programm des Digitalsenders ‚Sony Entertainment TV‘.
[42] In Deutschland seit 2013 unter dem Titel „Ruf des Lebens" beim Digitalsender „Passsion" zu erleben.
[43] Die Serie wurde in Deutschland von dem Privatsender „VOX" ausgestrahlt.
[44] Der deutsche Privatsender „Comedy Central" strahlte Folgen der Serie ab 2010 aus.
[45] „Over the course of my new series about the British love of the past, I've looked at what we imagine are our all-time heroes (...); our time-honoured traditions (...); and our timeless countryside (...). I became convinced that it was too easy to dismiss all this as mere 'nostagia'. In fact I left the word out of the programme title and instead substituted the phrase 'the power of the past in Britain'". (Hislop, Ian: I love 70s. In: Radio Times, 5.-11. April 2014, S. 24f.).
[46] „Does it matter that Britain lives in the past, asks Ian Hislop" (Ebd., S. 24).
[47] Porter wurde in Deutschland vor allem durch seine Rolle als Soames Forsyte in der bereits zitierten ersten Fernseh-Adaption der Forsyte-Saga bekannt; in der Neu-Bearbeitung wurde diese Rolle von Damian Lewis übernommen, dessen Name durch seine Darstellungen in Serien wie „Life" und „Homeland" auch in Deutschland ein Begriff ist.
[48] Vgl. McCrum, Mark and Sturgis, Matthew: 1900 House. London: Random House (Channel 4 Books) 1999.
[49] Vgl. Gardiner, Juliet: The 1940s House. London: Random House (Channel 4 Books) 2000.
[50] „I love old things. Modern things are so cold. I need things that

have lived." Barbara Hulanicki, zitiert nach: Eastoe, Jane und Gristwood, Sarah: Fabulous Frocks. London (Pavillon Books) 2008, S. 106.

[51] National Heritage (Nationales Erbe) ist die Sammelbezeichnung für alle erhaltenswerten und besonders geschützten Gegenstände, Anlagen und Gebäude; hierzu zählen denkmalsgeschützte Bauten, Museen mit ihren verschiedenen Sammlungen, bestimmte Formen gestalteter, be- oder umbauter Landschaft.

[52] „Even that has not satisfied demand in many parts of Britain, though, so more and more railways have developed additional services ... such as Christmas Day lunch dining car trains, 'Mince Pieand Sherry' specials (...) and 'New Year' specials. Put together, such operations are now a key part of almost every major heritage line's operation – one that is budgeted for annually in its own right by the railway companies, rather than viewed as an end-of-the-year bonus as it once was." (Milner, Chris: The 'Santa Special' Phenomenon. In: The Railway Magazine No. 12/2013. December 2013, S. 63).

[53] Es ist vielleicht etwas verwirrend: Die Mutter der heutigen Königin hieß ebenfalls Elizabeth (Bowes-Lyon), war aber selbst nicht Regentin, sondern die Gemahlin des Regenten, weshalb nicht sie Elizabeth II. wurde, sondern ihre Tochter, als diese die Regentschaft übernahm.

[54] Vgl. Appleyard, Diana: Time Warp Wives: Meet the women who really live in the past. In: dailymail.co.uk. 08.08.2008. URL: http://www.dailymail.co.uk/femail/article-1042702/Time-Warp-Wives-Meet-women-really-live-past.html. [abgerufen 24.02.2014, 21:34h]

[55] Vgl. Severs, Dennis: 18 Folgate Street. The Tale of a Hose in Spitalfields. London (Chatto & Windus) 2001.

[56] Das Imperial War Museum ist, wie der Name bereits erahnen lässt, ein Militärmuseum, es liegt etwa 20 km von der Universitätsstadt Cambridge entfernt; verwaltungstechnisch gesehen ist es eine Außenstelle des Militärmuseums in London.

[57]Bananafama ist der Name eines kommerziellen Veranstalters in Norwich, der sich auf Vintage-Events spezialisiert hat.

58 Benannt nach dem amerikanischen Automobilherstellers Henry Ford; er verwirklichte in seinen Produktionsstätten nicht nur durch den Einsatz von Fließbändern und die daraus resultierende Entwicklung zu gesteuerten Abläufen, die schließlich in die Konstruktion von Produktionsstraßen mündeten, die für die Zeit modernste und wegweisende technologische Einrichtung, sondern er realisierte in seinen Werken auch eine soziale Vision, die auf einer familiären Interpretation des Verhältnisses zwischen

Unternehmer (Vaterfigur) und seinen Betriebsangehörigen (Kinder) beruhte. In diesem Patriarchat sorgte der Firmenchef dafür, dass seine Beschäftigten in einem bestimmten bescheidenen Wohlstand gut versorgt leben konnten, solange sie ihm im Gegenzug ihre Arbeitskraft in jeder Form und mit großem Engagement zur Verfügung stellten.

59 Benannt nach der japanischen Automarke Toyota, deren Manager speziell an der Entwicklung der neuen Doktrin beteiligt waren und als deren Vorreiter den Wandel zu einer neuen Sichtweise innerhalb ihrer Produktion praktisch vorführten. Hier steht im Gegensatz zum väterlich-orientierten Führungsmodell des Fordismus die Flexibilität des Einzelnen in sich den Bedingungen anpassenden Teamstrukturen im Mittelpunkt des Handelns.

60 Vgl. Eco, Umberto: Nachschrift zum *Namen der Rose*. 10. Aufl., München (dtv) 2007, S.77.

61 Frankenberger, Ralf, Meyer, Gerd: Postmoderne und Persönlichkeit. Theorie – Empirie – Perspektiven. Baden-Baden (Nomos) 2008, S. 56 (kursive Hervorhebung im Original).

62 Ransmayr, Christoph: Die letzte Welt. Frankfurt am Main (S. Fischer) 1988.

63 Frankenberger/Meyer, a.a.O., S. 55f.

[64] Ebd. S. 33f.

[65] Vgl. König, René: Kleider und Leute. Zur Soziologie der Mode. Frankfurt a.M. (Fischer) 1967, S. 17.

[66] Veblen, Thorstein: Theory of the Leisure Class.New York (Dover Publications) 1994 (Ein ungekürzter Nachdruck des Originaltextes von 1899).

[67] Im Original *conspicuous consumption* - ein Terminus, den er geprägt hat und der seitdem aus den soziologischen, ökonomischen und kultur-anthropologischen Theorie nicht mehr wegzudenken ist, was die Hellsichtigkeit des Autor und die Klugheit seiner Thesen belegen dürfte.

[68] Ferchoff, Wilfried u. Drewe, Bernd: Postmoderne Stile in Jugendkulturen. In: Helsper, Werner (Hrsg.): Jugend zwischen Moderne und Postmoderne. Obladen (Leske und Budrich) 1991, S. 198.

[69] Ebd., S. 187.

[70] Vgl. http://www.hemingwaydesign.co.uk/projects/events/the-vintage-festival [abgerufen 24.04.2014, 16:14 Uhr].

[71] „Self-direction is a central value for men of higher class position, who see themselves as competent members of an essentially indifferent or threatening society. Self-direction, in short, is consonant with an orientational system premised on the possibilities of accomplishing what one sets out to do; conformity,

with an orientational system premised on the danger of stepping out of line." (Kohn, Melvin L.: Class and Conformity. A Study in Values. Georgetwon (Dorseys Press) 1969, S. 87).

[72] Frankenberger/Meyer 2008, S. 45.

[73] Vgl. ebd., S. 48.

[74] Ebd.

75 „Coronation Street" wird seit September 1960 für den Privatsender ITV produziert; es ist die am längsten laufende Seifenoper überhaupt und gewissermaßen das Vorbild für alle ähnlichen Formate, wie etwa die wöchentliche deutsche Soap Lindenstraße, die vom Westdeutschen Rundfunk für die ARD produziert wird. Zwei der wesentlich jüngeren Ableger in England sind EastEnders, das seit 1985 für die öffentlich-rechtliche BBC produziert wird und Hollyoaks, das seit 1995 von dem ebenfalls privaten Sender Channel 4 ausgestrahlt wird.

76 Bei solchen TV-Formaten werden die Inhalte der einzelnen Folgen festgelegt, die Dialoge aber überwiegend improvisiert, um den Eindruck von Unmittelbarkeit herzustellen; ein Beispiel aus dem deutschen Fernsehen ist etwa die von RTL II ausgestrahlte Sendereihe Die Geissens – Eine glamouröse Familie.

77 Diese Sendereihe richtet sich gezielt an ein junges Publikum; sie ist in etwa vergleichbar mit der Reihe Berlin bei Tag und Nacht, die für RTL II produziert wird.

Zu den Autoren

John Martin Faulkner war als auf Art Déco spezialisierter Illustrator/Graphiker und professioneller Show-Tänzer im Stil Fred Astaires einer der Pioniere der englischen Vintage-Bewegung. Heute arbeitet er als Künstler/Designer und Kurator/Fachberater namhafter Museen und Sammlungen in Norfolk, England, wo er auch als Therapeut und Coach tätig ist.

Herbert Jost-Hof hat als Ethnologe über die Auslandsberichterstattung im deutschen Fernsehen promoviert. Er arbeitet heute als Kommunikationsberater, freier Dozent, Autor und Künstler.